法文化(歴史・比較・情報)叢書 ⑯

# 刑罰をめぐる法文化

高塩 博 編

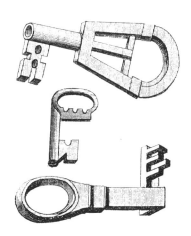

国際書院

Law and Culture Series ⑯

Leagal Culture of Punishment
by
Hiroshi Takashio (ed.)
Copyright © 2018 by Society for the Study of Legal Culture
ISBN4-87791-293-2 C3032 Printed in Japan

## 叢書刊行にあたって

法文化学会理事長　真　田　芳　憲

　世紀末の現在から20世紀紀全体を振り返ってみますと、世界が大きく変わりつつある、という印象を強く受けます。20世紀は、自律的で自己完結的な国家、主権を絶対視する西欧的国民国家主導の時代でした。列強は、それぞれ政治、経済の分野で勢力を競い合い、結局、自らの生存をかけて二度にわたる大規模な戦争をおこしました。法もまた、当然のように、それぞれの国で完全に完結した体系とみなされました。学問的にもそれを自明とする解釈学が主流で、法を歴史的、文化的に理解しようとする試みですら、その完結した体系に連なる、一国の法や法文化の歴史に限定されがちでした。

　しかし、21世紀をむかえるいま、国民国家は国際社会という枠組みに強く拘束され、諸国家は協調と相互依存への道を歩んでいます。経済や政治のグローバル化とEUの成立は、その動きをさらに強めているようです。しかも、その一方で、ベルリンの壁とソ連の崩壊は、資本主義と社会主義という冷戦構造を解体し、その対立のなかで抑えこまれていた、民族紛争や宗教的対立を顕在化させることになりました。国家はもはや、民族と信仰の上にたって、内部対立を越える高い価値を体現するものではなくなりました。少なくとも、なくなりつつあります。むしろ、民族や信仰が国家の枠を越えた広いつながりをもち、文化や文明という概念に大きな意味を与え始めています。その動きを強く意識して、「文明の衝突」への危惧の念が語られたのもつい最近のことです。

　いま、19・20世紀型国民国家の完結性と普遍性への信仰は大きく揺るぎ、その信仰と固く結びついた西欧中心主義的な歴史観は反省を迫られています。すべてが国民国家に流れ込むという立場、すべてを国民国家から理解す

るというこれまでの思考形態では、この現代と未来を捉えることはもはや不可能ではないでしょうか。21世紀を前にして、私たちは、政治的な国家という単位や枠組みでは捉え切れない、民族と宗教、文明と文化、地域と世界、そしてそれらの法・文化・経済的な交流と対立に視座を据えた研究に向かわなければなりません。

このことが、法システムとその認識形態である法観念に関しても適合することはいうまでもありません。国民国家的法システムと法観念を歴史的にも地域的にも相対化し、過去と現在と未来、欧米とアジアと日本、イスラム世界やアフリカなどの非欧米地域の法とそのあり方、諸地域や諸文化、諸文明の法と法観念の対立と交流を総合的に考察することは、21世紀の研究にとって不可欠の課題と思われます。この作業は、対象の広がりからみても、非常に大掛かりなものとならざるをえません。一人一人の研究者が個別的に試みるだけではとうてい十分ではないでしょう。問題関心を共有する人々が集い、多角的に議論、検討し、その成果を発表することが必要です。いま求められているのは、そのための場なのです。

そのような思いから、法を国家的実定法の狭い枠にとどめず、法文化という、地域や集団の歴史的過去や文化構造を含み込む概念を基軸とした研究交流の場として設立されたのが、法文化学会です。

私たちが目指している法文化研究の基礎視角は、一言でいえば、「法のクロノトポス（時空）」的研究です。それは、各時代・各地域の時空に視点を据えて、法文化の時間的、空間的個性に注目するものです。この時空的研究は、歴史的かつ比較的に行われますが、言葉や態度の表現や意味、交流や通信という情報的視点からのアプローチも重視します。また、この研究は、未来に開かれた現代という時空において展開される、たとえば環境問題や企業法務などの実務的分野が直面している先端的な法文化現象も考察と議論の対象とします。この意味において、法文化学会は、学術的であると同時に実務にとっても有益な、法文化の総合的研究を目的とします。

法文化学会は、この「法文化の総合的研究」の成果を、叢書『法文化―歴史・比較・情報』によって発信することにしました。これは、学会誌ですが学術雑誌ではなく、あくまで特定のテーマを主題とする研究書です。学会の共通テーマに関する成果を叢書のなかの一冊として発表していく、というのが本叢書の趣旨です。編者もまた、そのテーマごとに最もそれにふさわしい研究者に委ねることにしました。テーマは学会員から公募します。私たちは、このような形をとることによって、本叢書が21世紀の幕開けにふさわしいものになることを願い、かつ確信しております。

　最後に、非常に厳しい出版事情のもとにありながら、このような企画に全面的に協力してくださることになった国際書院社長の石井彰氏にお礼を申し上げます。

1999年9月14日

# 刑罰をめぐる法文化

## 目　次

序　　　刑罰をめぐる法文化……………………………………高塩　博　9

第1章　旧刑法における罰金刑の成立過程………………………髙田久実　21

第2章　1880年代における監獄改良論者の人脈と思想的基盤について
　　　　………………………………………………………………児玉圭司　67

第3章　清朝時代の裁判と刑罰：
　　　　「五年審録」・「熱審」・「朝審」・「秋審」から ………赤城美恵子　99

第4章　文化としての犯罪、刑罰、死刑：
　　　　日本と中国の比較を通じて…………………………… 王　雲海　123

第5章　企業犯罪から見る韓国の法文化………………………… 藤原　凛　151

第6章　中世イングランドにおける窃盗罪と刑罰……………… 加藤哲実　181

第7章　近世・近代刑事法改革における量刑論と罪刑均衡…藤本幸二　213

第8章　スウェーデンの刑罰理論について：
　　　　刑罰文化を踏まえた一考察………………………… 松澤　伸　237

編者・執筆者紹介………………………………………………………　255

索引………………………………………………………………………　259

# 刑罰をめぐる法文化

　　　　　　　　　　　　　　　　　　　　　　　高　塩　　博

　本書は、法文化学会の第19回研究大会の成果を基礎としている。同研究大会は、「刑罰の法文化」のテーマのもと、2016年11月19日（土）、國學院大學渋谷キャンパス（130周年記念5号館301教室）において開催された。岩谷十郎理事長の挨拶とともに開会し、開催校の高塩から趣旨説明が行われ、下記の報告がなされた。今大会の報告は、すべてテーマ報告であった（所属は報告時のものである）。

　第1報告：髙田久実氏（中央学院大学）「明治初期財産刑における「贖い」と「刑罰」」

　第2報告：藤本幸二氏（岩手大学）「近世・近代刑事法改革における量刑論と「罪刑均衡」」

　第3報告：王雲海氏（一橋大学）「犯罪と刑罰の法文化─中国・日本・米国の比較から─」

　第4報告：松澤伸氏（早稲田大学）「スウェーデンの刑罰理論について─刑罰文化を踏まえた一考察─」

　第5報告：河合幹雄氏（桐蔭横浜大学）「現在日本の一般人と統治者の刑罰観」

　「刑罰の法文化」という統一テーマのもとではあるが、5本の報告は題材、

地域、時代、研究手法のいずれをとっても多彩なもので、質疑応答も盛んにおこなわれた。申し訳ないことに、時間の制約から質疑をうちきる場面もあった。そのため、懇親会の開始時刻を遅らせる有様であった。

「刑罰」を議論する場合、問題意識、研究者の学問領域、研究手法などによって、分析方法や論点は実に様々である。それ故、本書に収載の8本の論文も多岐にわたっている。

以下、各論文を紹介して序に代えよう。

第1論文の髙田久実氏「旧刑法における罰金刑の成立過程」は、大会報告をもととして更に考察を進めたものである。明治初年の律系刑法典である「新律綱領」「改定律例」には「金銭の剥奪」を内容とする「贖罪」「収贖」という刑罰が存する。また、律系刑法典に代わって明治15年1月1日から施行された「刑法」（以下、「旧刑法」と称す）にも「罰金」「科料」という「金銭の剥奪」を内容とする刑罰が定められている。前者は、様々な事由によって実刑を科すことができない場合に、換刑として金銭を納める刑罰である。後者は、正刑として「旧刑法」に採用された刑罰である。本稿は、この金銭剥奪を内容とする刑罰の連続面と断絶面とを、主として「旧刑法」の編纂過程におけるボアソナードと鶴田皓との議論をつうじて解明しようとしている。

お雇い法律顧問のボアソナードはフランス法を基礎とした主張であり、日本側の編纂責任者である鶴田皓の主張とでは、意見が異なっていた。意見の相違は、資力不足による支払い不能の場合と納付すべき受刑者の死亡の場合、それらの措置をどのようにするかという点において顕著に見られた。両人は、罰金の支払いがなされない場合に、代納および換刑を認めるという点については合意していた。ボアソナードは、支払い能力を欠く場合には換刑として「身代限」を適用すべきことを主張し、納付者死亡の場合には相続財産より納付することを主張した。一方の鶴田皓はこれらを否定した。「母国

法に基づく法的思考の差異が存在していた」(56頁) ための相違であるが、「刑法附則」(明治14年12月19日の太政官67号布告) の第20条が罰金、科料の納付以前に犯人死亡の場合は、「之ヲ徴収セス」と定め、「旧刑法」「刑法附則」に「身代限」が定められることがなかったから、結局は鶴田の主張が反映された形となった。とはいうものの、お雇い法律顧問ボアソナードの議論を聴きながら罰金刑についての理解を深め、それを正刑として刑法典に位置付けたわけであって、決して西洋法を排斥したのではないと指摘する。

第2論文の児玉圭司氏「1880年代における監獄改良論者の人脈と思想的基盤について」は、「1880年代 (明治13年から同22年) に監獄改良を論じた人々の人脈や、彼らに共有された思想的な基盤」を把握しようとした論文である。1880年代を考察の対象としたのは、次のような理由からである。「西洋法を初めて本格的に継受した刑法典 (いわゆる旧刑法) が1880 (明治13) 年に公布され、これに合わせる形で1881 (明治14) 年9月に「監獄則」が改定されたこと」(67〜68頁) を始期としてとらえ、終期をお雇い外国人のゼーバッハが来日した1889 (明治22) 年11月とする。それは、翌年4月より監獄官練習所においてゼーバッハがドイツ監獄学の教授を開始したことにより、同年以降、日本の監獄改良論をとりまく状況に変化がおとずれるからである。

はじめに、明治14年監獄則、同22年監獄則における外国法受容に関し、新知見を提示して従来の見解に修正をせまる。すなわち、14年監獄則が小野田元熙の報告書に影響を受けたフランス・ベルギー法制の引き写しではないこと、22年監獄則が小河滋次郎によるドイツ監獄法制の直接的な継受ではなかったことを指摘する。

つづいて、監獄改良論者の人脈を、①大日本監獄協会の主要構成員、②司法省・内務省など政府部内において英仏監獄論の翻訳と調査に携わった人々、

③明治13年から15年にかけての感化院設立運動にかかわった人々、④東京府会議員と代言人などに探り、①の中に、司法省・内務省の関係者、感化事業への協力者・賛同者、嚶鳴社や共存同衆・東京大学などで英米思想に触れた人々、仏教やキリスト教など信仰に根ざした活動に従事する人々といった各層が存在することを指摘する。

最後に、小原重哉、穂積陳重、市島謙吉、江木衷の著作などを検討することを通じて、「行刑史研究において従来あまり注目されてこなかったベンサムやスペンサーといった英米思想の影響が、同時代の監獄改良論に少なからず影響を与えている可能性」(87頁)を指摘した。

第3論文の赤城美恵子氏「清朝時代の裁判と刑罰─「五年審録」、「熱審」、「朝審」・「秋審」から─」は、清朝時代における刑事手続きである「五年審録」と「熱審」、および「朝審」・「秋審」を考察対象とした論文である。唐王朝以来の沿革を視野にいれながら、その内容を明らかとし、制度としての消長を追究するとともに、裁判制度上における意義などを考察した論文である。

「五年審録」とは、五年に一度、刑事司法をつかさどる中央の役所である刑部・大理寺から、地方各省に「恤刑官」という役人を派遣して司法行政を監察させる制度である。その監察により、笞罪囚については放免し、「軍流」以下の罪囚については機械的に減軽して刑を執行する。また、死罪囚については、次のような2通りの処遇に仕分けられる。第1は「情実罪当」の場合であり、これまで通りに収監する。第2は「可矜（罪状にあわれむべき点がある）」「可疑（罪状にうたがうべき点がある）」場合、および証拠・証人が無くて判断を下せない事案について恤刑官の審理によって地方官の原案を変更する場合であり、これらの場合には、皇帝にその旨を報告して指示を仰ぐという措置がとられる。「熱審」とは、4月半ばころより立秋前日まで間に、罪囚の刑罰を減免する制度であり、笞罪については放免、「軍流」以下は減

刑して執行、死罪囚については「可矜」「可疑」に該当すれば皇帝に報告して判断を仰いだ。「五年審録」と「熱審」は、唐王朝以来、元王朝まで用いられてきた「疑罪」に代替する手続きとして採用された制度であり、清朝における目的は滞獄の解消である。しかし、「五年審録」は康熙初年に廃止となり、「熱審」は雍正3年（1725）までにその適用範囲が大幅に縮減されたと指摘する。

「朝審」「秋審」とは、秋後処決の死刑囚を刑に処すべきであるかを改めて審査する制度であり、京師事案を「朝審」と称し、地方事案を「秋審」という。秋後処決の死刑囚は、「朝審」において死刑執行相当の「情真」と減軽ないしは再審理相当とする「可矜」「可疑」とに分類された。「秋審」においても「朝審」と同じく分類されたが、「情真」のうち「罪重」と判断された死罪囚については刑を執行し、それ以外は皇帝に上申して判断を仰いだ。

本論文は清朝のおけるこの制度の変容についても考察を加えている。死刑判決の確定後、朝審・秋審によってその判決を改めて審査するという仕組みは、清朝における刑事司法の特徴と言えるであろう。

第4論文の王雲海氏「**文化としての犯罪、刑罰、死刑—日本と中国の比較を通じて—**」は、「文化とは何か、法文化とは何か、ひいては、どこの社会でも文化、法文化があって、等しく法律と関係があるのか」という問いのもと、①「犯罪」・「犯罪観」、②「刑罰」・「刑罰観」、③「死刑」・「死刑観」について、日本と中国を比較する。その結果、次のように分析する。

日本の①は「質」的観念であって、刑事法または刑事政策は「広くて軽い」という特徴をもつ。つまり、犯罪とされる行為の範囲が極めて広いが、「犯罪」と認定されてもすぐに重い刑罰が科される訳ではない。一方、中国の①は、「狭くて重い」という特徴が存する。すなわち、「犯罪」は「質」＋「量」の統一体であって、「量」・「程度」が犯罪の成立にとって重要であり、よほど大きな違法行為でないと「犯罪」とはされない。しかし、「犯罪」と

認定された際にはすぐに重い刑罰が科せられるのである。

　日本の②に関しては、司法機関などによって言い渡される「見える刑罰」はかなり軽いけれども、「見えざる刑罰」としての社会的効果がかなり重いという特徴が存する。片や中国の②は、日本とは逆の特徴が見られる。すなわち、「見える刑罰」はかなり重いけれども、「見えざる刑罰」はかなり軽いのである。それは、中国社会における罰は、その意義が主に刑事司法機関にとって実現されており、一般国民にとっては大きな意義を持たないからである。

　③をめぐる情勢・局面は、日本と中国とで全く逆である。日本においては、死刑を決して多用しない一方、それを廃止しようとは決してしない。中国においては、法の改正によって死刑適用を減少させつつあるも、依然として世界で最も死刑を多用している。

　日本と中国との違いについて、「社会体制論」や「文化論」をもってしては説明ができない。社会の原点は何か、その社会における最も通じる社会力を見る「社会特質論」をもって説明が可能である。その「社会特質論」によると、日本は「文化社会」であり、中国は「権力社会」である。この社会特質の差異が①②③の差異を生み出しているというのである。「文化社会」「権力社会」の内容については本文をお読みいただくとして、著者は最後に、「「文化」・「法文化」が果たしてどこの社会でも存在する共通的・普遍的なものなのかという疑問」（147頁）を提起する。

　第5論文の藤原凜氏「企業犯罪から見る韓国の法文化」は、法文化の定義を「法律の背後にある構成員の法意識」（174頁）とした上で、財閥企業の企業犯罪に対する韓国国民の法文化を追究したものである。まず、法人犯罪の検察処理件数を統計によって示し、法人犯罪の件数が減少しているのにもかかわらず、公判請求が増加しているという近年の傾向に着目する。

　次に、現代自動車グループ会長の横領背任事件、サムスングループ会長の

背任脱税事件、Hanwha グループ会長の背任脱税事件、SK グループ会長の横領事件などの韓国財閥の企業犯罪 6 件（うち 1 件は判決未確定）の判例を分析することを通じて、財閥犯罪の 10 の特徴を抽出する。それらは、①財閥企業の企業犯罪は、企業のトップによる計画的な犯行であること、②その犯罪は、横領・背任・脱税・賄賂といった伝統的な犯罪類型の一つ、もしくは複数を犯していること、③その財閥企業は、犯行後も資産を増やし続け、国内における資産順位も上昇させていること、④懲役 3 年、執行猶予 5 年以下の判決を言い渡される確率が非常に高く、実刑判決の場合も、何らかの方法により収監期間が短くなっていること、⑤恩赦が必ず適用されていること、⑥有罪判決を受けた財閥企業のトップは、なんらの阻害要因もなく経営に復帰していることなどである。

　これらの財閥犯罪の特徴を捉えて、財閥企業の法意識は、「粉飾決算が社会的な非難に値する違法行為であるという認識さえ共有されなかった」70 年代の時期にとどまっていると読み解く（174 頁）。一方、グローバル化した情報社会に生きる韓国国民は、大企業においてはその規模に見合った社会的責任が存するということをすでに学習している。それ故、韓国の一般国民の非難は、財閥一家の非倫理的な経営手法と非常識な行動の数々に向けられているのであり、その法意識は「反財閥」といってよいと指摘する。

　第 6 論文の**加藤哲実氏「中世イングランドにおける窃盗罪と刑罰」**は、国王裁判所の記録 7 点と荘園裁判所の記録 14 点の分析を通じ、窃盗犯罪について、国王裁判所の訴訟手続きと対比しつつ、主として荘園裁判所における訴訟手続きを解明する。

　中世イングランドにおける窃盗犯罪について、国王裁判所における訴訟手続きはコモン・ローに基づくが、地方の荘園裁判所における手続きはコモン・ローの影響を受けつつも、地域に固有の慣習法に基づいて行われていた。①荘園裁判所における私訴追の登場人物、盗品の種類を示した後、②告訴人の

被告人に対する私訴追の手続きに始まって、⑫裁判官である執事ないし荘官による判決の宣言、⑬刑罰の執行までの手続きを史料に依拠して明示し、①～⑬について解説を加えて多くの興味深い事実を指摘する。

その考察によると、荘園裁判所の裁判は実質的に村の裁判であった。村内に発生した刑事事件は、村共同体の人々の心を不安な状態にする出来事であり、裁判に対する村人の関心は強く、村人が裁判に立ち会うのが当然のことであった。したがって、その刑事裁判には幾つかの点において共同体的な様相を垣間見ることができるという。

荘園裁判所における手続きで、注目すべきは、陪審による厳罰軽減の事実が指摘されていることである。盗みの金額が12ペンス以上であって死刑相当の重窃盗事件において、これが陪審の評決によって10ペンスの軽窃盗となり、死刑が回避されたのである。「軽々しく死刑をおこなわない慣行が陪審を中心に中世イングランドの刑事裁判においてゆきわたっていたように思われる」(194頁) というのである。中世イングランドにおいては、国王裁判所レベルでも荘園裁判所のレベルでも、固有の刑罰文化が存在していたと指摘する。

第7論文の藤本幸二氏「近世・近代刑事法改革における量刑論と罪刑均衡」は、16世紀バムベルゲンシスおよびカロリーナの両刑事法典、17世紀の刑事法学者ベネディクト・カルプツォフ、18世紀の刑事法学者カール・フェルナンド・ホンメルを考察の対象として、ドイツにおける量刑論と罪刑均衡の理論について分析を加えしたものである。

カロリーナ法典は、その第105条に「一定の要件が満たされた場合に、裁判官が己の裁量に従い、法定刑から減軽された刑罰を科すことを可能にする制度」(218頁) である Poena extraordinaria (「例外刑」) について定めている。この条文は、「正義の尊重及び公益への配慮」に基づいた科刑を正当化し、科刑の程度は「犯行の状況及び重大性」に応じていることを求めた。こ

の条文こそが、続く時代の刑事法学者たちが犯罪と刑罰の均衡を追究する契機となったものである。

カルプツォフは『新ザクセン刑事実務』を著して、カロリーナ刑事法典とザクセンの裁判慣行を主な法源とした刑事法理論を展開し、継受ローマ法のみに依拠することのない「ドイツ刑事法学」を確立した法学者である。彼は、Poena extraordinaria を柔軟に利用することにより、カロリーナ及びその他の法・慣習における法定刑に捉われることなく、責任と罰の均衡の実現に道を開いた。

ホンメルは、拷問および糾問訴訟の廃止に尽力し、ベッカリーアの著書を翻訳したことで知られている。彼の刑事法理論は、自然法および啓蒙主義からの影響を受けており、宗教犯罪や倫理的犯罪の伝統的な意義に対する批判、科刑における寛刑主義を強調することに特色をもつ。その理論は、矯正・改善、威嚇といった目的刑論的な刑罰のあり方を指向しており、近代学派の刑法学を先取りするものであり、その罪刑均衡の議論は画期的であった。

近代刑事法の礎となった啓蒙期の刑事法改革は、過酷な刑罰の濫用に歯止めをかけるという目的意識を有したのであり、そのため、個々の犯罪についてそれぞれの状況に応じた量刑が求められるべきであるという主張を強調したと指摘する。

第8論文の松澤伸氏「スウェーデンの刑罰理論について―刑罰文化を踏まえた一考察―」は、北欧諸国のひとつとして、ヨーロッパ大陸法諸国の中でも独自の法文化を有しているといわれるスウェーデン法の刑罰理論を、その歴史的沿革をたどりながら考察する。スウェーデンの現行刑法典は、「犯罪法典」と名づけられた1962年制定、1964年施行の法律である。この名称は、刑罰と処分を一元化して、これを制裁と呼ぶという発想からきているものであり、この考え方はいわゆる特別予防論の発展と軌を一にする。

スウェーデンはその後、刑罰の予防効果が実証されないことから、特別予防論の限界に直面した。そのため、刑罰を新たな方向からとらえなおし、「新古典主義」と呼ばれる刑罰理論が登場した。この理論は、絶対的応報刑論の単なる焼き直しであるという誤解がみられるが、それとはまったく異なった思想である。「新古典主義」は、「行為を行ったことに対する報いとしての刑罰ではなく、行為の刑罰価値に相応する刑罰を科すことが正義にかなうという思想である」(243頁)。

「新古典主義」の思想により、スウェーデンでは制裁主義から刑罰主義への移行が生じ、1988年、量刑に関する規定が大改正された。量刑は「刑罰価値」に基づくというのが基本的な概念である。刑罰価値の考え方によると、量刑は「犯罪の重要性」および「行為者の責任」によって決定されることとなる。すなわち、「刑罰価値を基礎において、これに均衡する刑罰を科することを量刑の基本原則としている」(247頁)のである。

スウェーデンにおいては、「刑罰価値」に加えて考慮されるべき事情として「衡平理由」という概念が導入されている。①重大な身体障害、②高齢又は健康不良、③時間の経過、④罪の有害な作用の防止、⑤自首と犯罪に関する情報提供など9項目にわたる「衡平理由」が存する場合、裁判所は法定刑よりも軽い刑を宣告することができるのである。この「衡平理由」の根拠の一つとして考えられるのが「ヒューマニティ」である。「「ヒューマニティ」という概念は、極めてスウェーデン的、あるいは北欧的な考え方」で、それはすなわち「人間重視の思想、人間を大事にする思想である」(250頁)。この人間重視の思想は、1864年の旧刑法典制定のときにすでに確認されている、スウェーデン刑法における原則であり、それが「犯罪法典」にも受け継がれ、「刑罰価値」に基づく相応刑という考え方にも見られる一貫した思想である。著者は提言として、「明快かつ洗練されたスウェーデン流の均衡原理に基づく量刑理論は、日本においても有効であると考えられ、これを根付かせることも十分に可能であると思われる」と述べている(251頁)。

以上、各論文の紹介を試みたのであるが、曲解や誤解の存することを恐れる。そうであるならば、執筆者および読者にお詫びしなければならない。本書は一定の方向性を示すものではない。興味の赴くところから読み進んでいただければ幸いである。

## 第1章

# 旧刑法における罰金刑の成立過程

髙 田 久 実

## はじめに

　明治政府は西洋法を参照しながら法整備を進めていったが、そのなかでも刑罰の近代化については、特に身体刑から自由刑への転換が注目されてきた[1]。明治5年（1872）4月太政官第113号布告により[2]、その時に現行法であった同3年制定の新律綱領の「笞」と「杖」が懲役に改められたことを受け、同6年に頒布された改定律例には「懲役」が設けられたが[3]、わが国で最初の西洋近代的な法典といわれる同15年施行の刑法典（以下、旧刑法と呼称）を待つことなく、刑法の近代化は進みつつあったのである。

　一方、罰金刑に目を向けると、「我が国では、旧刑法（明治13年太政官布告第36号）において、罰金刑が初めて採用され（旧刑法8条3号、10条5号、26条）、現行法へと受け継がれた（刑法9条、15条）」といわれ[4]、旧刑法の制定をもってわが国に初めて罰金刑が設けられたと解されている[5]。もっとも、罰金刑の内容を「金銭の剥奪」という制裁であると考えるならば、新律綱領・改定律例が定めていた「贖罪」と「収贖」を検討する必要があろう。新律綱領と改定律例は、旧刑法が施行される明治15年まで効力を有し、中国律の系譜にある刑事法典であったが、同5年以降は前述のように懲役と生

命刑が定められ、それらの刑罰が一定の事由によって実行できないときに「贖罪」あるいは「収贖」という「金銭の剥奪」を行うことが定められていた。また、本論で詳しく述べるように、明治政府がその都度に発した法令にも、「罰金」などの名称をもった「金銭の剥奪」を内容とする制裁が見える。実際のところ、「新旧法ヲ比照」するために定められた明治14年12月28日太政官第81号布告では、旧刑法の罰金は、「旧法」の「贖罪収贖罰金科料二円以上」にあたるとも説明されていた[6]。

当然のことではあるが、新律綱領・改定律例における換刑や単行の法令によって定められる「金銭の剥奪」を、西洋近代的な刑法典に規定された刑罰としての罰金刑と同一視することはできない。しかし、「金銭の剥奪」という機能に着目するとき、これらを関係付ける視座が拓けるのではないだろうか[7]。換言するならば、旧刑法の罰金刑は、「金銭の剥奪」を内容とする律系刑法典における「贖罪・収贖」との間に、いかなる連続的ないし断絶的な契機を以て実現したのかを問うことは、非西洋社会における西洋法の受容についての興味深い考察になると考えたい。

そして、近代化という文脈で罰金刑を検討するならば、刑罰の一身専属性および刑の量定という問題についても考えなければならない[8]。匿名性をその特徴としてもつ「金銭」を剥奪する罰金刑は、受刑者本人以外の者が事実上の支払いを行う可能性を完全に否定することはできない。また、金銭は各人によってその保有量が顕著に異なるため、罰金として金銭を剥奪する際に、各人の資力に応じて制裁としての効力が変化するおそれがある。これらの問題点は、責任主義を掲げた近代刑法学以降の罰金刑に内在している「矛盾」といっても過言ではないだろう。そして、本論で詳しく述べるように、このような法制度に内在する矛盾は、罰金刑を導入した明治期のわが国においてもすでに認識されており、そこに展開した議論から現在の我々が学ぶべきことも少なくないと考える。以上のような問題意識のもと、検討を始めることとしたい。

## 1 旧刑法の編纂と罰金刑

### (1) 旧刑法における罰金刑

旧刑法は、司法省で起案されたのち、太政官内の刑法草案審査局で審査されたうえ、元老院による議決を経て公布された[9]。司法省における草案の起草は明治8年に着手されたが、起案の方法が途中で変更された[10]。当初は司法省官吏のみで編纂が行われていたが、それまで「教師」としてフランス法を日本人たちに講じていたお雇い法律顧問のボアソナード[11]が実質的な編纂作業に加わったのである。それ以降は、ボアソナードが起案したフランス語の草案を和訳し、それを手許に置きながら司法省官吏・鶴田皓[12]が通訳を介してボアソナードと議論を行い、その成果を反映する草案をボアソナードが作成するという手順が採られた。なお、この時の議事録は『日本刑法草案会議筆記』（以下、『会議筆記』と表記）として現在に伝わっている[13]。そして、司法省でまとめられた「日本刑法草案」は、日本人のみで構成された刑法草案審査局へ明治10年に付された。刑法草案審査局で日本刑法草案に修正を加えた「刑法審査修正案」が翌年に作成されたのち、元老院による議決を経て明治13年の公布に至った。

ここで、旧刑法における罰金刑の規定を確認しておこう。まず、罰金の金額として、旧刑法第26条に「罰金ハ二円以上ト為シ仍ホ各本条ニ於テ其多寡ヲ区別ス」と定められている[14]。続く第27条では「罰金ハ裁判確定ノ日ヨリ一月内ニ納完セシム若シ納完セサル者ハ一円ヲ一日ニ折算シ之ヲ軽禁錮ニ換フ其一円ニ満サル者ト雖モ仍ホ一日ニ計算ス」と、第1項で罰金を納入する期限および支払われない場合は軽禁錮に換刑することが規定され、同条第2項「罰金ヲ禁錮ニ換フル者ハ更ニ裁判ヲ用ヒス検察官ノ求ニ因リ裁判官之ヲ命ス但禁錮ノ期限ハ二年ニ過クルコトヲ得ス」、第3項「若シ禁錮限内罰金ヲ納メタル時ハ其経過シタル日数ヲ控除シテ禁錮ヲ免ス親属其他ノ者代

テ罰金ヲ納メタル時亦同シ」[15]として、換刑が認められる手続、換刑として科される禁錮の最長期間、およびその禁錮が解除される条件が定められている。

以上は旧刑法の規定であるが、これらに加えて、旧刑法の附則として出された明治14年12月19日太政官第67号布告（以下、附則と呼称）にも罰金に関する規定が見られる。すなわち、附則第20条には「罰金科料ノ宣告ヲ受ケ未タ納完セサル前ニ於テ犯人身死スル時ハ之ヲ徴収セス付加ノ罰金ニ於ル亦同シ」とあり[16]、罰金刑を宣告されたものの、納入が完了する前に宣告された者が死亡した場合、罰金を支払う必要がなくなると明記されている。

以上のように、旧刑法、およびその附則における罰金刑は、2円の最少額を設定されたうえで、支払いがなされない場合には禁錮への換刑あるいは親属による代納が認められるとともに、受刑者が罰金を支払う前に死亡した場合は当該受刑者の財産を相続した者に支払う義務がないことが定められていた。このような罰金刑に関する条文の構造ないし趣意は、上述の日本刑法草案[17]および刑法審査修正案[18]からほぼ変化がなかった。前述した旧刑法の編纂過程を踏まえるならば、旧刑法の罰金刑については司法省の編纂会議で基本的な枠組みが定められたと考えてよいだろう[19]。しかしながら、後に詳しく述べるように、受刑者に支払う資力がない場合および受刑者が納入する前に死亡した場合について、司法省の編纂会議上で鶴田とボアソナードは異なる意見を持っていたことが『会議筆記』から見て取れるので、検討を試みたい。

（2）　鶴田とボアソナードの議論

①　資力の不足による支払いの不能

『会議筆記』に記された罰金刑に関する編纂議論を見ると、受刑者に支払う資力がない場合および受刑者が納入の前に死亡した場合に関し、鶴田とボアソナードは意見を異にしていた。ここではまず、罰金が支払われない場合

をめぐる彼らの理解を整理していこう。

　受刑者が罰金を支払わない場合の対応として、禁錮への換刑および親属による代納という措置が旧刑法上で認められていたことは前述の通りである。これらを定める規定は、ボアソナードが編纂議論に参加した以降にまとめられた司法省案の第1稿、第2稿、日本刑法草案のすべてにわたって確認できる[20]。この事実は、禁錮への換刑および親属による代納を旧刑法に規定することについては、鶴田とボアソナードの間に意見の齟齬はなかったことを示していよう。また、鶴田は「日本ニテハ罰金ニ換ヘタル禁錮ハ固ヨリ役ニ服セシムルニアラス」と発言しているが[21]、これに対するボアソナードの反駁も見られないので、換刑した後の禁錮を労役の伴わない自由刑とすることにも両者は合意していたと見てよいだろう[22]。

　ところが、禁錮に換刑した後の対応については、ボアソナードと鶴田が積極的に論を交えた形跡が見える。具体的には、ボアソナードは禁錮へ換刑した後も罰金額を徴収するべきであると主張する一方、鶴田は換刑後のさらなる徴収には否定的であった。すなわち、ボアソナードは、「罰金ヲ抛棄スル時ハ政府又ハ「ソシエテー」ニテ其損害ヲ受クル設ケナレハ必ス之ヲ抛棄セスシテ夫丈ケヲ身体ニテ償ヒ了ラシムルヘキ」ものであり[23]、「罰金ヲ三十日ニ完納セサル時ハ禁錮ニ換ヘ而シテ裁判所ヨリ其財産ヲ差押ヘ身代限ト為スヘキ」と述べた[24]。その際、彼は「罰金ハ恰モ政府ノ貸金ヲ追徴スルカ如キ者ニ付身代限迠ニ至ルハ不可ナシ」とも述べつつ、この方法が「日本ニテ現今通常行ノ所」であるとも付言している[25]。

　このように、罰金が支払われないとき、政府または「ソシエテ―」が損害を受けるので、その補填として自由刑を科したうえで、罰金という「貸金」の追徴としてさらに「身代限」[26]を行うことが適切であり、かつその方法は当時のわが国で行われている方法とも合致するとボアソナードは理解していた。これに対し、鶴田は次のような疑問を呈している。すなわち、「罰金ヲ禁錮ニ換ユルハ元来実決ノ刑ト為スノ主意ニアラス只其本人ノ力ヲ以テ之ヲ

払□シムル迠」のことに過ぎない[27]。そして、罰金を「禁錮ニ換フル以上ハ身代限迠ニ至ルハ過酷」であろうと述べ[28]、換刑は単に「払」う方途の変更であり、禁錮に換刑したうえでの「身代限」の実施には批判的な意見を示した。

　以上を整理すると、罰金が支払えない場合、ボアソナードは自由刑に換刑したうえで「身代限」によって財産を差し押さえて支払いに充当することを求めたが、鶴田は換刑した以上は残余の金額を徴収することに消極的であった。そして、このような議論が編纂時に存在し、かつ、実際に制定された旧刑法に罰金を徴収する方法として「身代限」が定められていないことを考慮すると、結果として、ボアソナードの意見は制定条文に反映されなかったと考えられるのではないだろうか。このような推察は、次に検討する相続財産をめぐり、ボアソナードと対立していた鶴田の意見が、最終的に附則に明文化されたこととも順接的であると見られるので、節を改めて詳しく分析していきたい。

　②　相続財産と罰金

　まず、相続財産と罰金の関係をめぐるボアソナードと鶴田の議論を整理しておこう。具体的な争点となったのは、罰金を納入する前に受刑者が死亡した場合に、受刑者の財産を相続した者から罰金の金額を徴収することの可否であり、ボアソナードはそれを認め、鶴田は反対していた。

　ボアソナードは、「罰金ハ必ス子孫ニ掛リ取立ツヘシ何故ナレハ罰金ハ財産ニ対シテ其罪ヲ罰シ其刑ヲ宣告スルノ本旨ニ付仮令死後ト雖モ必ス其犯人ノ財産中ヨリ取立ヘキモノ」であり[29]、「刑事裁判費用ハ兎モ角モ罰金ヲ死後ニ至テ子孫ニ掛リ取立テサルコトト為スハ真ノ法律ニアラス」と述べている[30]。加えて、受刑者が死去したとしても、「罰金科料没収ノ如キ金額物品ヲ以テ贖フヘキ刑ハ消滅セサルモノトス故ニ其相続人ヨリ直チニ納ルト否トニ関セス政府ヨリ人民ヘ貸シ置キタルモノト見為スヘキ」ものであるから、「其義務ノ相続人ニ帰スルハ自ラ言外ニ存スヘキ」ことであり、「罰金ハ必ス

子孫ニ係リ取立ツヘキコトト為ササレハ真ノ刑法ノ条理ニ適セサルナリ」と断言している[31]。このように、罰金とは政府による人民への「貸シ置キ」であるので、受刑者が死亡した場合はその財産を相続した者から罰金を徴収すべきであるとボアソナードと理解していた。

　これに対し、鶴田は「罰金ハ日本ニテ従前明文アル刑名ナレトモ之ヲ子孫ニ掛リ取立ツルノ法ナシ故ニ矢張従前ノ如ク罰金ハ子孫ニ掛リ取立サル積リナリ」とまず述べる[32]。もっとも、鶴田はボアソナードの主張をひとまず考慮して「罰金ハ別規則ニテ子孫ニ係ルト否トヲ定ムヘキコトト為シ其論ハ暫ク置」くことを提案する[33]。すなわち、「罰金科料ヲ相続人ニ係ラシムルノ一議」は、「夫カ為メ子孫ノ難儀ヲ生スルコト少ナ」くないが、「教師（ボアソナード：筆者注）ノ説モ固ヨリ一理アルコト」なので、鶴田は「別規則ニ付テ論決」するとして結論を先延ばしにしたのである[34]。残念ながら、これ以上の議論が『会議筆記』には収められていないが、鶴田はボアソナードに譲歩を見せつつも、受刑者の死後に罰金をその相続人から徴収することに消極的であった。

　しかし、このような鶴田の「譲歩」にもかかわらず、前述の通り、附則第20条は「罰金科料ノ宣告ヲ受ケ未タ納完セサル前ニ於テ犯人死スル時ハ之ヲ徴収セス付加ノ罰金ニ於ル亦同シ」と定め[35]、受刑者は死亡した場合は残余の罰金額を支払う必要がないと明記していた。すなわち、相続財産から罰金額を徴収することはないとされたのである。残念ながら、附則の制定過程を詳らかにする資料を発見するには至っていないが、旧刑法の編纂時にボアソナードと鶴田の意見が異なった論点を「別規則ニテ論決」することとしたうえで、そのときに述べられていた鶴田の理解と合致する規定が「別規則」すなわち附則に設けられたということは、旧刑法における罰金刑の性格を理解する際に興味深い事実であるといえるのではないだろうか。

　ここで、司法省における編纂会議から読み取ることのできるボアソナードと鶴田の罰金刑に関する意見を整理しておこう。受刑者が罰金を支払わない

場合について、禁錮に換刑することおよび親属が代納することに両者とも異論はなかったと推察できる。しかし、換刑をした後の取扱いについて両者は意見を異にし、ボアソナードはさらに「身代限」を行って罰金額の金銭を取り立てるべきであると考える一方、鶴田は換刑をしたのであればもはや、金銭を取り立てる必要は認められないと述べていた。また、相続財産と罰金の関係についても二人の理解は異なっていた。受刑者が死亡した場合、ボアソナードは相続された受刑者の財産から徴収すべきと主張するが、鶴田は受刑者が死亡した以上は徴収する必要がないという意見であった。このように、換刑後の追徴および相続財産からの徴収について、ボアソナードと鶴田は異なる理解を示し、結果として、実際に制定された旧刑法の規定は、この鶴田による発言の延長上に位置づけられるものであったと考えられる。

　以上のように、ボアソナードと鶴田において、罰金刑を定めることに異議はなかったが、その制度趣旨をめぐっては、細かな点で対立していたといえる。そこで次章では、旧刑法における罰金刑の法的性格をより具体的に理解することを目的として、司法省の編纂会議で議論された争点に着目し、罰金刑という刑罰に対するボアソナードと鶴田の認識を考察していこう。

## 2　草案起草段階における罰金をめぐる刑罰観の相克

### （1）　ボアソナードによる罰金刑理解

① 罰金の徴収

1　他者によって支払われる罰金

　明治19年に司法省から刊行された『刑法草案註釈』は、ボアソナードが著した旧刑法の注釈書であるとともに、旧刑法の改正を期し、自説を付していることから、彼の理解を把握するために重要であると考えられるので[36]、前章で抽出した編纂議論における争点に関する同書の記述をまず整理しよう。

はじめに、相続財産からの徴収について確認する。司法省での議論でボアソナードは、罰金を支払う前に受刑者が死亡した後、その財産を相続した者は未納分を支払わなければならないと主張していたが、この点について『刑法草案註釈』では、「受刑者死去ノ後ニ至リ其相続人ハ民事上罰金ノ負債者」になると述べている[37]。すなわち、受刑者が死亡した後、その相続人は政府に対する民事上の債務者となる（ses héritiers ne sont débiteurs que civilement）として[38]、受刑者が死亡した後、その財産を相続した者は罰金を支払う債務が民事上に生じるとされている。このように、受刑者の死亡後にその相続財産から徴収することは司法省における編纂議論の発言と『刑法草案註釈』の記述は合致するものの、『会議筆記』上では相続人が民事上の債務を負うということまでは述べられていない。この点を理解するため、罰金と民事上の債務に関する他の記述を『刑法草案註釈』に探すと、受刑者以外が支払う場合の代納について次のような説明が見つかる。すなわち、「罰金ハ受刑者ノ外他ノ者ヨリ之ヲ納完スルヲ禁スル」ことができないので、「他人ヲシテ之ヲ代納セシムルトキハ其責罰ノ効ヲ失フヘシト言フモノアラン夫レ然リ然レトモ他人又ハ親族ノ代テ納完スルトキハ受刑者ハ民事上之ニ対シテ返還ノ義務ヲ追フモノナリ且ツ此事ヲ禁スルモ他人ヨリ受刑者ニ金額ヲ貸与シ又ハ贈与スルトキハ容易ニ法禁ヲ逃避スルヲ得ヘキナリ」[39]とボアソナードは述べている。このように、たとえ法で禁止しても、他者から渡された金銭で罰金を支払うことは起こり得るので、代納した者に対して受刑者は「民事上」の「返還ノ義務」（le condamné est civilement tenu, envers celui-ci, au remboursement）を生じさせると記している[40]。すなわち、他者が代わりに支払う場合に罰金は民事上の債務として構成され、罰金額の不納を回避することが目指されていた。

以上をまとめると、ボアソナードによれば、受刑者以外の者が罰金を支払う場合は、民事上の債務が生じる。そして、その義務の相手方は、相続人の場合は「政府」であり、代納の場合は支払いをした者であるが、受刑者以外

が負担する場合、罰金額は民事上の債務として再構成されている。それでは、受刑者本人が支払う罰金をボアソナードはどのように理解しているのであろうか。司法省での編纂議論では、罰金が支払われない場合に「禁錮」へ換刑した後の対応について、彼は「罰金ハ恰モ政府ノ貸金ヲ追徴スルカ如キ者ニ付身代限迠ニ至ルハ不可ナシ」と述べていたが[41]、罰金が「政府ノ貸金」であるというこのような説明は、『刑法草案註釈』で講じられた他者の支払いによる場合と矛盾しないと考えられよう。すなわち、いずれの場合においても、罰金は返済すべき義務として理解されているのである。この点について、検討を進めるために、罰金刑の換刑を次に取り上げることとしたい。

2　換刑の目的

前節で述べたように、ここでは換刑について考察を試みる。実のところ、『刑法草案註釈』では、彼は受刑者が罰金を支払わない場合を二通りに分け、一方のみに換刑を施すべきと書いている。すなわち、罰金が受刑者本人によって支払われない場合を、現実に資力がなくて罰金を支払えないときと、悪意のもとで無資力を装って罰金を支払わないときに区別したうえで、それぞれに次のような対応を設定する。まず、前者については資力を得るまで納入を猶予する。そして、後者については、禁錮という名称の制裁（le nom même "d'emprisonnement"）を科す[42]。なお、禁錮へ換刑した後でも本当に資力がなかったことが明らかになり、かつ解放した後に受刑者が支払いのために働くことに確信が持てたときは、禁錮を中止することができるとも断っている[43]。このように、悪意による不払いであった場合に限り、罰金刑を禁錮に代替すると『刑法草案註釈』では述べられていたが、その際に換刑された禁錮は「刑罰」であることを彼は強調した。つまり、「我輩ハ草案編纂者ノ意考ニ於テハ該禁錮タル悪意ノ負債者即チ罰金完納ノ方法ヲ隠秘スル所ノ者ノミニ対スル厳例、刑罰タルモノト信」じ[44]、「悪意又ハ単ニ弁済ヲ欲セサルノ心ニ出テタルノ証拠明瞭ナルトキハ禁錮」を科し、「反対ノ場合

ニ於テハ受刑者資力ヲ得ルニ至ルヲ待ツヘキ」といい[45]、悪意による罰金の不払いに対する「刑罰」としての役割を換刑に与えているのである。なお、このときに科せられる「禁錮」は「軽禁錮即チ定役ナキモノ」であると断られており、自由刑が換刑とされていることがわかる[46]。

　このように、悪意をもって罰金を支払わない者に対する制裁として、禁錮への換刑が行われると説明されているが、それが「刑罰」であることをボアソナードが強調する背景には母国における「肉体強迫」（la contrainte par corps）[47]との差異を示す意図があったと推察できる。そもそも、"la contrainte par corps" は現在では「滞納留置」と翻訳され、悪意によって罰金が支払われない場合に、受刑者を一定の期間で拘束する「処分」であり、刑罰ではない[48]。これに関し、ボアソナードは「受刑者ノ無資力ニ因リ又ハ其悪意ニ出テ詐欺ヲ以テ其資産ヲ隠匿シ罰金ヲ完納セサルコト往々之レアリ是レ須ラク予定スルヲ要スル者」であり、「仏蘭西ニ於テハ之ヲ待ツニ肉体強迫即チ負債償却ノ禁錮ヲ以テス〇此禁錮タル刑事上ノ性質ヲ有スルモノニ非ラス其仏蘭西語（コントレント強迫ノ義）ノ字義ニ於テモ既ニ明了ナルカ如ク悪意ノ義務者ヲ強テ弁済ヲ為サシムル間接ノ方法」と説明している[49]。もっとも、先に確認したように、ボアソナードは、「刑罰」としての換刑に積極的な評価を与えていたことから、「刑事上ノ性質ヲ有スルモノニ非ラス」という母国の「肉体強迫即チ負債償却ノ禁錮」（la contrainte par corps）には否定的であったと推察できる。その理由については、少し時間を遡るものの、ボアソナードが井上毅に宛てた明治9年の書簡に詳しく書かれている。すなわち、「我仏国ニ於テ要償ノ勾留ハ、以テ罰金ノ刑ヲ科セラレタル者ノ不良心ヲ御スルニ未ダ甚夕充分ナラザルノ方法」であり、「某月日間要償ノ勾留ニ処セラレ、其後本人ノ意存ヨリシ、若クハ財産勾収ノ手段ニ因リ、弁償ヲ為スト雖、猶ホ負債ノ一分（即チ罰金）ヲ負ヘハ、裁判所ニ於テ定メタル勾留ノ期、全ク満ルニ及ヒ、始メテ僅カニ罰金追徴ヲ赦免スルトスル」ことが不都合なので、「今日、欧州律典改正ニ於テ、専ラ行ハルル所ノ説ハ、要

償ノ勾留ニ代フルニ禁獄ノ罰金〔アマンド、パルラ、プリゾン〕」を用いることが述べられている[50]。このように、母国で行われている「要償ノ勾留〔コントラント、パル、コール〕」は実効性が低いとして、「禁獄ノ罰金〔アマンド、パルラ、プリゾン〕」に積極的な評価を与えていることが看取できよう。

　ここで、『刑法草案註釈』に立ち戻りたい。換刑された禁錮について、「草案編纂者ノ意考ニ於テハ該禁錮タル悪意ノ負債者即チ罰金完納ノ方法ヲ隠秘スル所ノ者ノミニ対スル厳例、刑罰タルモノ」と説明されるとともに、その「禁錮」が「刑罰」であることが肯定的に述べられていた[51]。このような記述は、前述した井上宛の書簡の中で述べられていることと整合的であるといえる。しかし、«Projet révisé de Code pénal pour l'Empire du Japon» における当該部分を見ると、"il n'y a eu dans cet emprisonnement qu'une rigueur qu'une peine（accepetons le mot）contre les débiteurs de[sic] mauvaise foi, contre ceux qui dissimulent leurs moyens de payer l'amende."と記述されていることに注意しなければならない[52]。試訳すれば、「この禁錮に専ら認められるものは、悪意の債務者および罰金の支払い能力を隠匿した者に対する科せられる厳格さ、つまり（文字通り受け取るならば）刑罰なのである」ともなろうが、ここでは、悪意で罰金を支払わない者が「債務者（débiteurs）」として表現されており、支払われない罰金が「債務」として認識されていることがわかる。実際のところ、他の箇所でもボアソナードは同様の記述をしている。例えば、禁錮へ換刑した後に受刑者が支払いのために働くことに確信が持てたときは、禁錮を途中でやめることができるとされていたが[53]、これに関してフランス語では "on pourrait dire dans la loi que l'individu dont l'emprisonnement aura cessé par cette voie ne pourra plus être incarcéré pour la même dette; car il serait trop pénible pour lui d'être, tour à tour, emprisonné, libéré, et respris pour une même amende" と述べられている[54]。「この手段によって禁錮が中止された個人については、その負債のために投獄されることはもはやない、なぜならば同一の罰金について禁錮、釈放、再収容が繰り返して行われることは、厳酷に失するからであ

る」とも試訳できようが、ここでは「負債」(la même dette) と「罰金」(une même amende) とが同義として表現されていることが明らかであろう。

　以上のように、ボアソナードは罰金を債務として理解し、支払いが滞る場合には刑罰を与えても支払わせるものであると捉えていた。それでは、このような罰金を科す刑罰である「罰金刑」とはどのような制裁として刑罰体系上に位置づけられていたのであろうか。

② 罰金刑の法的性格

1 刑罰としての罰金刑

　ボアソナードは、罰金刑を「受刑者ノ財産ニ付キ之ヲ罰スル所ノ刑」と定義づけたうえで、「刑罰ニ望ム可キ性格ヲ具有スルノ最タルモノ」であると評している[55]。そもそも、彼は「刑罰ノ具有ス可キ性格」として、第1に「一身ニ止マルヘキコト（ペルソンネール※括弧内は左ルビ：筆者注[56]）」、第2に「裁判上ノ錯誤アル場合」に「取消スヲ得ヘク（レボカーブル）且補償スルヲ得ヘキ（レパラーブル）」こと、第3に「受刑者終始行状端正ナルカ又ハ賞スルニ足ルヘキ或ル行為アリタル」場合に「赦免（レミツシーブル）スルヲ得ヘキ」こと、第4に「平等ナル（エガール）」こと、第5に「一身上ノ罪責ノ少差異ニ応セシムルヲ得ルカ為メ分割スルヲ得ヘキ（ヂビジーブル）」こと、第6に「改良スルニ足ルヘク（レフオルマトリース）即チ懲改スルニ足ルヘキ（コレクチーブ）」こと、第7に「鑑戒タラン（エクザンブレール）」ことを挙げているが[57]、罰金刑はこれらのすべてを併せ持つと述べているのである。

　もっとも、第1点目、第2点目、第4点目、第6点目、第7点目については不十分であると以下のように断っている。まず、第1点目および第2点目に関しては、「貧家ノ長タル者ニ科スル」場合は「全ク其一身ニ止マルト云フヲ穏当」としないとともに、「裁判錯誤ノ場合ニ於テ充分補償スルヲ得ヘキモノト謂フ可カラス」と説明する[58]。その理由としては、「不法ニ金額ノ

剥奪ヲ受クル」ときは「私益ニ非常ノ損害ヲ加ヘラルルコト」があるとともに、「後日ノ賠償ヲ以テ能ク充分ニ補償スル」ことができない場合があり、さらには必要な時に子の教育や治療を施すことができなくなることが挙げられる[59]。続いて、第4点目については、罰金刑が「不平等ノ非難ヲ免カルルコト難キモノ」であると指摘する。第1点目および第2点目とも関連するが、「貧民ノ為メニハ其最少額スラ猶ホ負担スルコト甚タ重ク之ニ反シテ富裕ノ人ニ於テハ最多額ト雖トモ敢テ重シトセサルコト多」いために、「平等」性が損なわれると述べる[60]。もっとも、この難点を解消する方法として「罰金ノ最多額ト最少額ト充分隔絶スルニ因リ裁判官ヲシテ多少ノ余裕ヲ得セシムル」ことを草案では採用したと解説している[61]。そして、第6点目は「又直接ニ受刑者ノ心意ヲ責ムルモノニ非ラサルカ故ニ敢テ性質上懲改スルニ足ルヘキモノト謂フコト」ができないと欠点を述べている[62]。ただし、「金額ノ損失ヲ来サンコトヲ恐レテ再ヒ同様ノ罪ヲ犯サンコトヲ未然ニ防クコト」は可能であると付言する[63]。最後の第7点目については、「鑑戒タルコト僅少ナルモノ」であると判ずる。とはいえ、その効果が皆無であるわけではないとしていることに留意すべきであろう。そもそも、「鑑戒」とは「悪事ノ途ニ陥ヒラントスル者ヲ威怖セシムル」ことであり、「立法者罰スルノ権利アリ又本分アルノ過失ニ対スルニ方テハ人民ノ容易ニ執行如何ヲ知ルヲ得且ツ悪漢ヲ威怖シ併セテ善且ツ弱ナル者ヲシテ安セシムル」効果を生じさせるものと説明されている[64]。そして、「法律カ多少汎博ナル方法ヲ以テ処刑ノ言渡ヲ公示スルモ鑑戒」であるとともに、「法律中各犯罪ノ刑ヲ予メ開示シ其性質ト其効果トノ精詳ナル指定ヲ為スノ一事ニテモ亦夕既ニ鑑戒」であるが、「毫モ公衆ニ示ス所ノ手続ナク一時ニ納完セシムル」罰金刑については、「訟廷ノ審判ヲ公開シ裁判ヲ公行シ及ヒ新聞紙上ニ之ヲ広告」を掲載するなどの方策を促している[65]。

　このように、罰金刑は刑罰が持つべきとする7個の性格をすべて備えているものの、そのうちの5個については不十分な点があるとボアソナードは理

解していた。もっとも、そのうちの「平等」、「懲改」、「鑑戒」をめぐる短所を解決するための対応を彼は併記している。その一方で、刑罰の効果が一身に止まらず、補償しがたい場合があるという罰金刑の欠点を改める方策は明記されていない。しかしながら、そもそもボアソナードは上述した刑罰が具備すべき7個の性質のうち、「鑑戒」を除くと、「理論上希求スヘキ刑罰ノ性格中其一身ニ止マル可キノ性格ハ正義ニ基クノ最モ重キモノ」であると位置づけていた。すなわち、「刑罰ハ独リ犯人ニノミ及ホシ敢テ無辜ナル其親族ニ及ホス可カラサル」ものであり、「法律ノ沿革史ヲ見ルニ往昔ノ在テハ殆ント何レノ国ヲ問ハス一家ノ主人タル者罪科アルノ故ニ全家挙ツテ死刑ニ処セラレ甚シキニ至テハ主人ニ非ラサル者ノ罪科ノ為メニ全家ノ刑ヲ被フリタル最モ憎ムヘキ活劇ヲ呈」していたが[66]、「今日ニ至テハ全ク野蛮猛悪ナルノ民ヲ除クノ外何レノ国ト雖トモ一家ノ主人ニ於テ罪アルカ為メ其一族ヲ挙テ之ヲ殺スモノアラス」という状況に到達したと解説している[67]。また、「諸国中半ハ開明ノ域ニ赴キタルニ過キサル」状況であるとしても、「其無辜ナル家族ヲシテ貧困難苦ニ陥ヒラシム」ことを防ぐために「受刑者ノ財産全部ノ没収」を行うことは廃止されているとも述べられている[68]。このような「正義ニ基クノ最モ重キモノ」である「一身ニ止マル可キノ性格」が罰金刑には欠けていると彼は考えていたのであろうか。残念ながら、一身性に関する短所を説明する際に挙げられていた具体的な問題を解決するための方策に関する記述は管見の及ぶ限りでは見当たらない。しかし、ここで受刑者以外の者が罰金を支払う場合は民事上の債務が生じるとボアソナードが理解していたことを思い起こすと、罰金刑と「一身」の関係に関する彼の考えが表明されており、罰金が債務であると主張する彼の意図を理解する端緒を得られると考えられるので、次に検討しよう。

  2　債務としての罰金

　すでに確認したように、罰金を代わりに支払った他者に対して受刑者本人は「民事上」の「返還ノ義務」（le condamné est civilement tenu, envers celui-ci, au remboursement)[69]を負うとボアソナードは説明していた[70]。その理由は、現実的に「他人ヨリ受刑者ニ金額ヲ貸与シ又ハ贈与スルトキハ容易ニ法禁ヲ逃避スルヲ得ヘキ」ため、「他人ヲシテ之ヲ代納セシムルトキハ其責罰ノ効ヲ失フヘシト言フモノ」があろうとも、最初から「受刑者ノ外他ノ者ヨリ之ヲ納完スルヲ禁スルヲ得ス」と述べていたことは前述の通りである[71]。こうした事情は、金銭がもつ匿名性といった特徴的な性格に基づくといえよう。一方、ボアソナードの言を借りるのであれば「一身ニ止マル可キノ性格」は刑罰がもつ「正義ニ基クノ最モ重キモノ」であり、「金銭の剥奪」を内容とする罰金刑はこの矛盾をはらんでいるといわざるをえない。この問題を解決するため、ボアソナードは上述のような主張を行ったと推察できる。すなわち、受刑者が代納者に対して民事上の負債を負うことに止まらせ、罰金刑が科せられる者をあくまで受刑者本人に限ることにより、罰金刑の「一身」性を確保していると考えられるのではないだろうか。

　また、「受刑者死去ノ後ニ至リ其相続人ハ民事上罰金ノ負債者」になるので、政府に対する民事上の債務者（ses héritiers ne sont débiteurs que civilement）[72]として相続財産から罰金を支払わなければならないともされていた[73]。この点につき、ボアソナードは前述した換刑との関連に言及している。より厳密にいうのであれば、換刑した「禁錮」が刑罰であることの証左として、相続人が民事上の負債者であることを挙げている。すでに確認したように、罰金が悪意によって支払われない場合に、悪意のもとで不払いを行うことに対して刑罰である「禁錮」を科すとボアソナードは述べていた。このとき、彼は母国で実施されていた「悪意ノ義務者ヲ強テ弁済ヲ為サシムル間接ノ方法」である「肉体強迫即チ負債償却ノ禁錮」に否定的な意見を述べていた[74]。そのため、「日本法案」では「編纂委員ハ其困難ニ付キ充分ノ注意ヲ為サス該処分ノ果シテ刑法上ノ性質ヲ有スルヤ否ヤニ付キ多少ノ疑義ヲ存セシメ」ているが、「「禁錮」ノ称ヲ見又其罰金ニ換フルノ一事ヲ見ルモ其刑事上ノ性質ヲ有スルヲ知ルニ足ル」として、「日本法案」に罰金刑の換

刑として刑罰である「禁錮」が用意されたことを積極的に評価した[75]。そして、まさにこの「禁錮」が刑罰であることから導き出せる結果として、「受刑者死去ノ後ニ至リ其相続人ハ民事上罰金ノ負債者タルニ過キシテ之ヲ弁償サセルモ禁錮ニ処セラレサルコト」を挙げており[76]、換刑された禁錮が刑罰であるため、受刑者本人ではない相続人が支払いをせずとも当該「禁錮」は科されず、ただ民事上の返済義務のみが負わせられると述べるのである。

　罰金刑を受刑した者が死亡した場合にその相続人が罰金を支払うべきであるという考えは、19世紀後半のフランスにおける判例および学説で展開されており、その根拠として罰金が国庫の利益であることが挙げられていた[77]。また、そのような罰金が支払われない場合には、国庫の債権を実現するため、税収吏などが滞納留置（la contrainte par corps）を行うが、支払い能力がないと証明された場合は解除されるべきであり、当該処分は刑罰ではないと説明されていたのである[78]。前述した『刑法草案註釈』における「肉体強迫」ないし井上毅宛ての書簡における「要償ノ勾留（コントラント、パル、コール）」は、19世紀後半のフランスにおける罰金の徴収方法を指していると解してよいだろう。そして、ボアソナードがこれらに否定的な見解を述べて、自説を提示していたことはこれまで確認してきた通りであり、そこにボアソナードの立法者としての自律性を見出すことが可能ではないだろうか。すなわち、ボアソナードは母国における「罰金」を前提としながら、それに自己の解釈を混ぜるかたちで旧刑法の立法に臨んでいたのである[79]。

　ただし、彼がわが国の現実に目を配り、編纂作業に従事していたことも忘れてはならない。『会議筆記』には、「禁錮」への換刑を議論する際、換刑した後にさらに追徴を行うことについて、「罰金ハ恰モ政府ノ貸金ヲ追徴スルカ如キ者ニ付身代限迄ニ至ルハ不可」はなく、この方法は「日本ニテ現今通常行ノ所」であるというボアソナードの発言が記されていた[80]。

　ここで、先に検討した明治9年に井上毅へ宛てられた書簡の具体的な日付に着目したい。そこには、「千八百七十六年五月二十六日」と記されている

が、その中でボアソナードは「此問題ハ、明日司法省ニ於テ発スル筈」と述べている[81]。ボアソナードは同年5月から司法省における旧刑法の編纂議論へ本格的に参加し、翌月30日には経過報告として途中の仮案が正院へ提出され、同年12月に第一稿がまとめられたが[82]、この作業の間に当該書簡が井上毅とボアソナードの間でやり取りされたのであり、上述の「此問題ハ、明日司法省ニ於テ発スル筈」とは司法省における編纂議論を想定していると推定できよう。『会議筆記』に掲載されていた換刑をめぐるボアソナードの発言を思い返すと、「罰金ヲ抛棄スル時ハ政府又ハ「ソシエテー」ニテ其損害ヲ受クル設ケナレハ必ス之ヲ抛棄セスシテ夫丈ケヲ身体ニテ償ヒ了ラシムルヘキ」ものであり[83]、「罰金ヲ三十日間ニ完納セサル時ハ禁錮ニ換ヘ而シテ裁判所ヨリ其財産ヲ差押ヘ身代限ト為ス」という流れは[84]、書簡に書かれていた「要償ノ勾留（コントラント､パル､コール）」と矛盾しないといえるのではないだろうか。

このように考えると、ボアソナードは旧刑法の編纂会議上でも「要償ノ勾留（コントラント､パル､コール）」および「禁獄ノ罰金（アマンド､パルラ､プリゾン）」について発言したと推察できる。しかしながら、司法省側が残した記録である『会議筆記』では「身代限」という語句が用いられており、ボアソナードが述べたはずの「要償ノ勾留（コントラント､パル､コール）」および「禁獄ノ罰金（アマンド､パルラ､プリゾン）」が、日本人によって「身代限」と翻訳されたと考える余地があろう。何よりも、ボアソナードの言葉通り、それが「日本ニテ現今通常行ノ所」のものであるとするならば[85]、日本人編纂者たちはそれまでのわが国における法知識を前提として、外国人の法律顧問がもたらした未知の法と向き合っていたのではないだろうか。そこで、旧刑法の編纂に携わった日本人編纂者における「罰金」の法観念を次節で考察することとしたい。

（2） 鶴田皓による罰金刑理解の背景
① 明治初年期における「金銭の剝奪」
1 「贖」としての「金銭の剝奪」
司法省で行われた編纂会議でボアソナードと議論を交わした鶴田が旧刑法

の注釈書を著した事実はこれまでのところ、確認されていない。そこで、以下では、実際に法が運用された局面で、法の解釈ないし法的判断にあたって指針とされた司法省の指令などを踏まえながら[86]、それらと編纂会議で見られた鶴田の発言との比較を通し、「立法者」としての鶴田の意思をより具体的に把握することとしたい。

まず、旧刑法が編纂されていたその時に現行法であった新律綱領・改定律例における「金銭の剥奪」について確認しておこう。前述した通り、明治3年に制定された新律綱領と、同6年に頒布された改定律例は中国律の系譜にある刑事法典といわれているが[87]、そこでは「贖罪」と「収贖」という「金銭の剥奪」が定められており、これらは「犯罪時の主観状態や受刑能力という観点から見た場合の犯罪人の人格的属性に着目して用いられる換刑」としての「罰金刑」と理解されている[88]。そして、贖罪は過失などのように情状を鑑みて本刑を科し難い場合に、収贖は老人や子供、婦人、病人などの本刑を科すことが適当でない場合にそれぞれ行われる。また、改定律例には勅奏判官吏および華族が職務をそのまま遂行することと両立しうるための「贖」が加えられた[89]。

そもそも、新律綱領には刑罰として「笞・杖・徒・流・死」の「五刑」が定められていたが[90]、明治5年4月太政官第113号布告によって「笞」と「杖」が懲役刑に改められ[91]、同6年頒布の改定律例では死刑と懲役が刑罰として規定されるに至った[92]。そして、これらを科すことが適当でないと判断される場合に、代替の処分として贖罪・収贖がなされたのである。

もっとも、これらの贖罪・収贖にもさらなる代替の手段が用意されていた。新律綱領の名例律には、「庶人犯罪不的決」として「凡庶人。罪ヲ犯シ。過誤。失錯。連累。其他不幸ニ出テ。事矜憫ス可ク。情原諒ス可クシテ。的決シ難キ者ハ。法ニ依リ。贖罪ヲ準ス。」と定められていたが[93]、改定律例には第30条から第34条にわたって「平民犯罪不実断条例（原庶人犯罪不的決律※括弧内は割注：筆者注）」が設けられ、「無力ニシテ贖フコト能ハサル者」

への対応が規定された[94]。第30条で「凡平民罪ヲ犯シ贖罪ス可キ者無力ニシテ贖フコト能ハサル者ハ律ニ依リ実断スト雖モ死罪ハ一等減シテ懲役ニ服ス」と定められたうえで、第31条では「凡老小癈疾者」が「無力」である場合に懲役へ戻す際の換算方法[95]、第32条では「過失殺傷」を原因として収贖となった者が「無力」である場合には懲治監に入れることとされている。また、婦女犯罪条例として、第39条では「収贖ス可キ」婦女が「無力」であった場合における懲役の日数換算に関する規定が置かれた[96]。なお、司法省がまとめた明治9年分の犯罪等に関する統計表では、「抑贖罪収贖ハ刑律ノ恩典」であるが、「贖フヘキ資力ナキヨリ此恩典ニ漏レ更ニ実決ノ刑ヲ受クル者」が「前年ヨリ倍加セシハ其因由ヲ確認」できないものの、「果シテ民力ノ盛衰ニ関スルモノトセハ亦歎息スヘキニアラスヤ」とも付言されている[97]。

そして、改定律例第34条では、受刑者本人に支払い能力がない場合はその代わりに親属が支払うことが認められている。そもそも、親属による代納に関する規定は新律綱領の「庶人犯罪不的決」に見られなかったが、明治6年1月12日司法省指令は「親族」による代納を認めた[98]。そして、前述した改定律例第34条には「凡贖罪収贖ス可キ者無力ニシテ贖フコト能ハス親属代テ贖フコトヲ願フ者アレハ聴ス」と規定されており、親属が受刑者に代わって支払いをすることが許されている。なお、明治6年12月5日付の「贖罪収贖スヘキ者無力ニシテ贖フ能ハス親属代テ贖フコトヲ願フ者アレハ之ヲ聴スト雖モ牙保贖フコトヲ願フアルモ之ヲ聴シ可然哉」という島根県の伺に対し、明治7年11月12日司法省指令では、「他人ト雖モ代テ贖フコトヲ願フ者アレハ聴ス」として[99]、親属が受刑者に代わって支払うことが確認されている。

ところで、表①は、司法省で作成された統計表から「金銭の剥奪」に関する項目を抽出して作成したものである。集計上では、大別して「処断」と「罰則犯罪」という区分がなされているが[100]、主として適用されていた「金

銭の剥奪」が、「処断」では「贖罪・収贖」であり、「罰則犯罪」では「罰金」であったことを看取できる。ここではまず、「処断」から分析を始めていこう。収録されている犯罪名称から考えて「処断」は新律綱領・改定律例に関する統計であることが判明し、新律綱領・改定律例において中心的に用いられていた「金銭の剥奪」は、贖罪・収贖であったことが読み取れる。なお、新律綱領・改定律例の表を見ると、そこには「罰金」という項目が設けられているが、個別の罪名についての集計を見ると、表②で示すように、「罰金」のみが科せられている実数は、「讒謗律」の「人ヲ讒謗ス」という項目で数えられている人数とほぼ合致することから、新律綱領・改定律例として集計された「罰金」とは、極めて限定された範疇であったといえるのではないだろうか[101]。

　以上の考察から、「金銭の剥奪」を内容とした制裁については、新律綱領・改定律例では贖罪・収贖が中軸として体系づけられ、「罰金」も用いられていたが、両者は異なる範疇として扱われていたと推察できよう。そもそも、新律綱領の収贖は、「老、小、癈、疾者なる犯人が正刑に当る罪を犯した場合は収贖法に依りて換刑を科し得るとした事は本法の頗る特徴とす可き点であつて、東洋的な刑罰思想の一端が明截に此処に露呈して」おり、「東洋的可罰類型に於ては年齢上から、将又肉体的疾患の状態から、刑罰を阻却する原因を定めているのであるが、かかる思想は儒教的思想の端的な表象であるとしても、此の原則は侵す能はざる既定の条件とし総ての日本、支那、朝鮮に於ける東洋的刑法典の上に表はれていた」と説明され[102]、実際のところ、新律綱領の編纂時に参照の一つとされた明律をめぐっては[103]、「贖制に『収贖』と『贖罪』（また「納贖」）の区別」があった[104]。「贖罪」とは、「刑罰の執行という社会にとって痛みでしかない国権の発動に代えて、犯人の資力と労働力を国家の需要に向けて生産的に動員しようとする手法」であり、「明朝の創出物」であると位置づけられている[105]。一方、「収贖」は「唐律を、変えるべきところを変えて継承したもの」として理解されているが[106]、

表① 新律綱領・改定律例および諸罰則「金銭の剝奪」の運用状況

| | 「処断」(新律綱領・改定律例) | | | | | | | 「罰則犯罪」 | | | | | | | |
|---|---|---|---|---|---|---|---|---|---|---|---|---|---|---|---|
| | 「処断全員」 | 禁獄罰金 | 罰金 | 贖罪 | 収贖 | 罰金のみの割合 | 「贖」の割合(贖罪+収贖) | 「犯則処断」の「全員」 | 罰金 | 沒収 | 禁獄罰金 | 禁獄 | 禁獄沒収 | 呵責 | 罰金のみの割合 |
| 明治 8 年 | 124532 | 1 | 4 | | | 0.00003 | | 11167 | 10302 | 2 | 3 | 4 | 0 | 1 | 92% |
| 明治 9 年 | 111668 | 17 | 13 | 45871 | 7715 | 0.00012 | 48% | 12916 | 12486 | 3 | 20 | 24 | 0 | 9 | 97% |
| 明治10年 | 89186 | 18 | 35 | 18845 | 7284 | 0.00039 | 29% | 81374 | 80383 | 38 | 3 | 18 | 0 | 71 | 99% |
| 明治11年 | 101081 | 14 | 96 | 14082 | 7801 | 0.00095 | 22% | 101063 | 97535 | 93 | 11 | 17 | 0 | 83 | 97% |
| 明治12年 | 117855 | 13 | 204 | 16241 | 10048 | 0.00173 | 22% | 93728 | 89401 | 136 | 2 | 12 | 0 | 35 | 95% |
| 明治13年 | 119173 | 25 | 290 | 16233 | 10646 | 0.00243 | 23% | 100341 | 96248 | 85 | 5 | 55 | 11 | 54 | 96% |
| 明治14年 | 119101 | 10 | 398 | 16357 | 10686 | 0.00334 | 23% | 99034 | 95260 | 76 | 12 | 34 | 4 | 30 | 96% |

出典

「処断」
「司法省第五刑事統計表」　明治十二年
「同法省第五刑事統計年報」　明治十二年
※新律綱領・改定律例の項目中、「全免」と「不論罪」は割愛した。なお、明治13年に「懲役」、明治14年に「除名」の項目が立てられている。

「罰則犯罪」
「明治九年刑事統計表」
「同法省第八刑事統計年報」　明治十三年
「明治十年刑事総刑表」
「同法省第七刑事統計年報」　明治十四年
※「罰則犯罪」の項目については、罰金および贖罪・収贖に関する項目のみ抽出している。
※明治8年から明治12年の「処断」の「全員」に関しては「司法省第五刑事統計年報　明治十二年」を参照した。
※表記している数字は人数を表す。

表②　新律綱領・改定律例における罰金の状況

|  | 讒謗律人ヲ讒謗ス | 「処断全員」中の罰金のみ | 罰金における讒謗律の割合 |
| --- | --- | --- | --- |
| 明治 8 年 | 4 | 4 | 100% |
| 明治 9 年 | 13 | 13 | 100% |
| 明治 10 年 | 34 | 35 | 97% |
| 明治 11 年 | 96 | 96 | 100% |
| 明治 12 年 | 204 | 204 | 100% |
| 明治 13 年 | 290 | 290 | 100% |
| 明治 14 年 | 398 | 398 | 100% |

※明治 9 年および同 10 年の讒謗律は「罰則」に分類。
※表記している数字は人数を表す。

　唐律では、特権的な身分者、老幼不具者、過失殺傷、誣告に関する贖銅が定められており[107]、「老幼者の精神力の低弱を考慮すると同時に、倫理的観念をもこれに加味」し[108]、「過失殺傷および誣告の場合に被害者に贖金を容れて罪過を贖うこと」がそれらの背景として指摘されている[109]。そして、明律ではそのうちの老幼不具者、過失殺傷のみを受け継ぎ、追加として存留養親、天文生、婦人の流罪、誣告に関する贖の方式が増えた[110]。

　先に確認したように、新律綱領・改定律例の贖罪・収贖は、第一次的な刑を科すことが適当でない場合に用いられており、以上のような中国律の「贖」の系譜にあるといえよう。もっとも、明治初年期のわが国においては、中国律の完璧な再現であったとは言い難い点が存在するようにも思われる。例えば、贖罪・収贖それぞれに定められた内容が前述の明律ないし唐律とは異なっていることが見て取れよう。さらに、「贖」の名前を掲げながらも、「金銭の剥奪」を第一次的な制裁としていた違式詿違条例という「条例」が存在していたことも併せて指摘したい。

　違式詿違条例は[111]、明治 5 年 11 月 8 日東京府達東京違式詿違条例と[112]、同 6 年 7 月 19 日太政官第 256 号布告地方違式詿違条例とを[113]、主たる根拠として運用されたが、「贖金」という名称の制裁が規定されており、その内

容は「金銭の剥奪」であった。すなわち、東京違式詿違条例には、第１条「違式ノ罪ヲ犯ス者ハ七十五銭ヨリ少ナカラス百五十銭ヨリ多カラサル贖金ヲ追徴ス」、第２条「詿違ノ罪ヲ犯スモノハ六銭二厘五毛ヨリ少ナカラス十二銭五厘ヨリ多カラサル贖金ヲ追徴ス」として、同条例の冒頭で「贖金」という「金銭の剥奪」が制裁として規定されていた[114]。そして、東京違式詿違条例と地方違式詿違条例はともに「違式詿違ノ罪ヲ犯シ無力ノ者ハ実決スルコト左ノ如シ」として、支払いができないときは「実決」に換えることが認められた[115]。その「実決」の内容は、当初は違式罪が笞罪、詿違罪が拘留であったが、明治９年に違式罪を懲役、詿違罪を拘留と改められたのち[116]、同11年以降は違式罪および詿違罪ともに拘留に揃えられた[117]。また、このような換刑は、「贖金ヲ出スコトヲ肯セサル者」にも認められることが同11年５月27日太政官第14号布告で宣言されている[118]。そして、代納も許されており、明治８年９月28日警視庁規第1674号達では「親戚朋友等ノ代テ贖ハンコトヲ請フ者ハ之ヲ聴ス」ことが東京違式詿違条例について認められていた[119]。以上のように、代納に関しては東京違式詿違条例にしか確認できないものの、換刑の仕組みや「贖」という名称については東京違式詿違条例および地方違式詿違条例ともに、先に確認した新律綱領・改定律例の贖罪・収贖と合致した運用がなされていたといえよう。

しかしながら、制裁という観点から見たとき、違式詿違条例が「金銭の剥奪」を第一次的な制裁としたことは、新律綱領・改定律例に定められた制裁の原則とは、大きく異なる点であるといわざるをえない。さらに、その制裁の名称から「贖」という字が失われることとなった。すなわち、「贖金」という名称が、明治11年10月21日太政官第33号布告によって「科料ト改」められたのである[120]。当該布告は、前述した換刑を拘留にするために出されたものであり、その理由としては、「抑違詿罪ハ一種ノ微罪タルニヨリ唯其贖金ヲ追スルヲ以テ本法トス」るものであるから、「本律相当ノ刑ニ照シテ懲役ニ処スルハ法ノ過厳ニシテ違詿罪ノ原則ニ適（傍点：筆者）」さない

とともに、「違註罪ノ種質タルヤ概子一時ノ無心ニ出ツル」ことにあり、たとえ「顕官紳士」でも犯す可能性を拭い去れないので、懲役という刑罰を科して徒に「栄誉」を損なわせることは不適当であることが挙げられている。そして、その末尾に「贖金ノ名義モ亦妥当ナラサルヲ以テ改メテ科料」とすることが併せて述べられたのである[121]。

このように、「本律相当ノ刑」を違式詿違条例に定めることを否定する文脈において、「贖金」の名称が「科料」に改められており、やはりここにも「本律」、すなわち新律綱領・改定律例と違式詿違条例は、異種の規定であるものとして認識されていたことを看取できよう。なお、表③は明治16年にまとめられた「内務省統計書上巻」から[122]、違式詿違条例に関する制裁の適用実績を抽出したものだが、「金銭の剥奪」である「科料」が適用実数において中心を占めている事実とともに、同9年から同10年までの「贖金」を「科料」と読み替えて差し支えないという認識が存在していたことが窺われよう。

ところで、違式詿違条例の違犯が二罪以上、同時に行われたときに関して[123]、警視庁が「違式犯罪ノ者二罪以上倶発候節ハ本律二罪倶発ノ例ヲ以

表③　違式詿違条例の科料の科刑状況

| 「全国違警罪犯処分ノ類別」 | 全体処分数 | 科料 | 拘留 | 啊責 | 全体処分数における科料の割合 |
|---|---|---|---|---|---|
| 明治 9 年 | 26427 | 26332 | 95 | 0 | 100% |
| 明治 10 年 | 53164 | 52559 | 605 | 0 | 99% |
| 明治 11 年 | 79363 | 69133 | 258 | 9972 | 87% |
| 明治 12 年 | 76257 | 66199 | 806 | 9252 | 87% |
| 明治 13 年 | 76471 | 67117 | 348 | 9006 | 88% |
| 明治 14 年 | 64390 | 56210 | 361 | 7819 | 87% |

出典
大日方純夫他編『内務省年報・報告書別巻1』（三一書房、1984）、104-105頁。
大日方純夫解題『明治前期警視庁・大阪府・京都府警察統計Ⅰ』（柏書房、1985）、48-49頁。
※表記している数字は人数を表す。

処分」してきたが、「元来違詿条例ノ儀ハ律外一種ノ罰則ト見做候時ハ二罪以上倶発ノ者モ各別ニ論（傍点：筆者）」ずることが「相当」ではないかと司法省に伺い出たところ、「違詿犯罪ノ者二罪以上倶発スル時ハ各自ニ科ス可シ」と明治8年1月24日司法省指令で返答があった[124]。この伺を見ると、違式詿違条例は「罰則」の一種と位置づける理解が存在していたことに気づく。そして、その「罰則」こそ、先に表①で見た「罰則犯罪」を指していると考えられるので、次節で詳しく検討していきたい。

2　罰則における罰金

表①で確認したように、司法省の統計上では、「罰金」は「罰則犯罪」に対して科す主たる制裁として用いられていた。統計表中の「罰則犯罪」では「犯罪ノ性質」という名目のもと、例えば「出版及新聞」や「銃砲及鳥獣猟」、「酒類及煙草」、「証券印税」という項目が設けられており[125]、「諸規則」への違犯が集計されている[126]。ところで、『法規分類大全第55巻刑法門（2）』には「罰則」という項目が設けられ、明治「元年から二十年までの各種単行刑事法と罰則を伴う法令の罰則部分」が収録されているが[127]、これまでの検討を併せて考えるならば、この「罰則」に違犯することが司法省の刑事統計年報上の「罰則犯罪」であり、その主たる制裁が「罰金」であったと導き出すことができよう。

そして、その「罰金」と合算が可能であると認識されていた「金銭の剥奪」も見られる。山形県が「行刑表中罰金ノ部御加相成候旨一昨明治六年御省第百十四号ヲ以御達相成候所科料金ノ部ハ不相見」と司法省に伺い出たところ、明治8年1月18日司法省指令で「科料金ハ罰金ト合算掲載スヘシ」と述べられており[128]、「罰金」と「科料」が合わせられる関係として捉えられていた。その一方、このような「科料」は「贖金」とは区別されるべきとの理解も見受けられる。明治6年3月3日司法省第25号では「自今取立候諸科料之類」を「別紙書式之通取調」たうえで、「贖金上納之期月」に司法省へ納めることが指示されたが、その際に「但贓贖金ト不混淆様区別ヲ立可

差出事」と付言されていることから[129]、「科料」と「贖金」を分別する意識がはたらいていたことがわかる。すでに確認したように、違式詿違条例に定められた「金銭の剥奪」という第一次的な制裁は、明治 11 年に「科料」と改められるまでは「贖金」という名称であった。上記の山形県に対する指令と明治 6 年 3 月 3 日司法省第 25 号はともに明治 11 年以前に発せられたものであるから、そこに見える「科料」は違式詿違条例の制裁を指しているわけではなく、罰則の違犯者に対する「金銭の剥奪」であったと考えられる。実際のところ、例えば明治 8 年 2 月 20 日太政官第 26 号布告酒類税則では、第 1 条で「免許鑑札ヲ受ケス密造営業致シ候者」に「一石ニ付金七十五銭ノ割ヲ以テ科料可申付事」と定められていた[130]。このように、罰則の違犯者に対しては、罰金ないし科料が科されることとされていた[131]。

そして、それらが支払われない場合にこそ、司法省の旧刑法編纂会議で言及された「身代限」が行われていたのである。「無力ニシテ他ニ親戚等無之罰金出来カタキ者」への対処について名東県が尋ねると、司法省は「身代限取上ヘシ」としたうえで「取上クヘキ物品無之候ハハ其侭放免」と明治 6 年 8 月 8 日司法省指令で指示した。そもそも、身代限とは、現在でいうところの破産と強制執行を意味し、その淵源は江戸時代に遡るといわれるが、明治 5 年 6 月 23 日太政官第 187 号布告の「華士族平民身代限規則」が明治政府の最初に定めた身代限に関する法令であった。その後、改正や関連法規の追加によって旧民事訴訟法が同 24 年に施行されるまで身代限は存続した[132]。その身代限に関し、明治 9 年 9 月 19 日司法省指令は、「罰金科料ニ処断ノ者五日内完納」できなければ「直ニ民法身代限リノ処分ニ依リ六十日間掲示」し、当該期間中に完納すれば「身代限リノ処分ニ及サス」と示した[133]。

ただし、罰則違犯に際する身代限に限った取扱いも見られる[134]。そもそも、華士族平民身代限規則には、身代限の結果として配当金がないか、不足する場合についての規定がなかったが、指令によってそのような場合の対応が指示され、それを成文化して定められた明治 6 年 6 月 8 日太政官第 195 号

布告の金穀貸借請人証人弁償規則第4条により、身代限の際に取り上げる物がなかった場合、「身代持直シ」たときは貸主へ不足分を支払い、完済しなければならないとされた[135]。これに対し、「無力ニシテ他ニ親戚等無之罰金出来カタキ者」については、「身代限取上ヘシ但シ身代限申付ル上取上クヘキ物品無之候ハヽ其侭放免スヘシ且罰金ニ限リ爾後其者身代持直シ候トモ再度取立ルニ及ハサル事」という明治6年8月8日司法省指令が出されており[136]、罰則犯罪に対する身代限は、取り上げる物がなかった場合にはそのまま放免とし、後に「身代持直シ」たとしても、再び取り上げる必要はないと指示されていたのである。

　また、前述した明治6年6月8日太政官第195号布告の金穀貸借請人証人弁償規則第4条と併せて定められた「別紙裏書雛形」には「其相続人共ニ至ル迄身代身代持直シ次第」という文言があり[137]、身代限をした場合に生じる不足分は「其相続人」が弁済することも示されていた[138]。一方、罰則違犯に際する身代限は「子孫」にはなされなかったと考えられる。明治11年1月28日付の水戸裁判所伺は「明治十年第五号公布」の違犯を挙げ、身代限の短所を指摘し、改善を求めた。すなわち、「罰金追徴ノ儀ハ民事身代限ノ法ニ依ルヘク且罰金ニ限リ子孫ニ及ハサル旨本省日誌中御指令ニ散見」するが、「不納ニ付身代限申付ル処財産追徴スヘキノ資力ナシ依テ直ニ放免ノ処分」をしても、繰り返して「同罪ヲ犯シ其都度無資力ナルヲ以テ放免ノ処分ニ及フ」ことがあり、「法律ノ設ケアルモ徒法ニ帰シ懲戒スヘキ由」がないと難じたのである[139]。これに対して、明治11年2月21日司法省指令は「民事身代限」に倣うことはとりわけ指示しないまま、「伺ノ趣身代限ノ処分ニ止ル」と述べており[140]、このやり取りからは、罰金に際する身代限については、身代限がなされた時点で不足だった分を子孫は負担せずともよいとされていたことを見て取れよう。

　以上のように、罰則違犯が罰金を支払えない場合には身代限がなされ、その身代限で罰金額が充当できなくても、その不足分を後に補充する必要はな

く、また「子孫」が支払いの義務を負うこともないとされていた。ここで、新律綱領・改定律例の贖罪・収贖について、支払えないときには換刑あるいは代納が認められていたことを思い起こすと、支払いができない場合に、罰則違反者には身代限、新律綱領・改定律例の贖罪・収贖には換刑を行うといった棲み分けが、意識されていたことが窺われる。例えば、兵庫裁判所が鳥獣猟規則第 21 条の違犯者が「無力ニシテ徴スル事能ハサル」ときに換刑をするべきかと伺い出ると、「無力ノ者ハ実決スル」のではなく、身代限を行い、ただし「取上クヘキ物品無之候ハハ其侭放免スヘシ且罰金ニ限リ示後其者身代立テ直シ候共再度取上ルニ及ハサル事」と明治 6 年 9 月 7 日司法省指令で回答がなされている[141]。一方、贖罪・収贖について、度会県が「贖罪収贖セシムヘキモ無力ナレハ云々」あるが、「此無力ト称スルモ本人ノ身代限追徴シ可然哉又ハ延期ヲ願フモ難納旨申立レハ身代限迄ノ処分ニ不及直ニ本罪ヲ実断シ可然哉」と司法省に尋ねたところ、「身代限迄ニ及」ぶのではなく、「贖フ能ハサル者ハ改定律第三十条三十一条ノ通リ処分ス」という回答が明治 9 年 1 月 22 日司法省指令としてなされた[142]。

　これまでの考察をまとめると、新律綱領・改定律例には贖罪・収贖、罰則には罰金という「金銭の剥奪」がそれぞれ用いられていたが、それらの「金銭の剥奪」は名称の違いに止まらず、支払いがなされない場合の対応も異なっており、罰金には身代限を、贖罪・収贖には換刑あるいは代納を行うこととされていた。そもそも、贖罪・収贖はあくまで第一次的な制裁を科すことができない場合の代替手段である一方、罰金は罰則の違反者に対して科せられる第一次的な制裁である点で大きく異なる。また、「金銭の剥奪」を第一次的な制裁とし、その名称も贖金から科料へ改められることとなった違式詿違条例も存在したが、支払いがなされない場合には新律綱領・改定律例と同様に換刑あるいは代納が認められていた。

　ここで再び、「罰金」が支払われない場合は「身代限」をなすことが「日本ニテ現今通常行ノ所」であるという発言が『会議筆記』に記録されてい

ことを思い返したい。その時の司法省編纂会議でボアソナードが母国の"la contrainte par corps"のことを述べていたと推察できることは前述の通りだが、本節での検討を併せて考えるならば、その際に日本人たちが翻訳の拠り所としたのは、その当時に「律外」ともいわれていた罰則における罰金への追徴方法であったのではないだろうか。そして、旧刑法の編纂を契機として「刑法典」と「罰則」の関係も、整理されていくこととなる。節を改めて考察を行う。

② 刑法典の編纂と制裁の統一

1 身代限の否定と「金銭の剥奪」

司法省の旧刑法編纂会議では、罰金刑について、鶴田は受刑者が死亡した後に相続財産から罰金を追徴することには否定的であり、また、換刑後のさらなる「身代限」にも消極的であった。そのような身代限について、鶴田は、旧刑法が施行される以前の明治14年3月に、罰金が支払われない場合の手続および身代限実施の可否に関する質問に対して次のように回答している。すなわち、「検察官ハ納完セサル原由ノ如何ヲ論セズ限内納完セサルトキニハ禁錮ニ換フルノ請求ヲナスヘキナリ。本条ハ実際煩雑ニ陥ラサル様制定シタルモノナリ。若シ資力アルモノハ必ス罰金ニテ取立テントスルニ於テハ財産調ヲナシ身代限ノ処分ヲナスニ至ラザレバ資力ノ有無判然セサルベシ。斯ノ如キ煩雑ノ手数ヲナストモ利益ヲ見ル事ナキカ故ニ納完セサルノ原由如何ヲ論セズ納完セサルモノハ禁錮ニ換フルトシタルモノナリ。」と説明した[143]。

このように、鶴田は、旧刑法の罰金刑について、罰金が支払われない理由に関係なく、期限内に納入されない場合はただちに禁錮へ換刑を行うと説明したうえで、身代限を用いてさらに追徴することは、「煩雑」であるとともに、「利益」もないため、効率化を目的として換刑を行うべきであると述べている。換刑後に身代限を行わないという点では、前述の編纂会議における発言と一貫した姿勢を保っているといえよう。

さらに、「身代限」は罰則の違犯者に対しても用いられなくなる。前節で確認したように、身代限は罰則の違犯者が罰金を支払えない場合になされていたが、その取扱いが明治13年に改められることとなり、その際には、太政官における旧刑法の草案であった刑法審査修正案に準じるというかたちがとられた。すなわち、明治13年3月31日太政官第11号布告は「諸罰則ヲ犯シ罰金科料ニ処セラレル者処分左ノ通相定候条此旨布告候事」として次の3項を規定した[144]。第1に「罰金科料ハ宣告ノ日ヨリ一月内ニ納完セシム若シ限内納完セサル者ハ一円ヲ一日ニ折算シ禁獄ニ換フ其一円以下ト雖モ仍ホ一日ニ計算ス」、第2に「禁獄限内罰金科料ヲ納完シ又ハ親属等代テ納完スル時ハ経過シタル日数ヲ控除シテ禁獄ヲ免ス」、第3に「罰金科料ヲ実決ノ刑ニ併科シタル時納完セサル者ハ刑期満限ノ後例ニ照シテ禁獄ス」として、罰則違反者が罰金を支払えない場合について、禁獄への換刑、他者による代納、併科に関する対応が定められたのである。当該布告は、司法省が起案したものだが、その理由書には、「諸罰則ヲ犯シ罰金科料ニ処セラレ納完スルコト能ハサル者ハ身代限ヲ以テ取立ツル成規」だが、「人民未タ民権ヲ重セサル」ために「身代限ノ汚辱ナルヲ知ラサル者」が少なくなく、「罰金ノ為メ身代限ヲ為スモ借金ノ為メ身代限ヲ為スモ乃チ一ナリ敢テ身ニ痛痒ナキコト」であり、不適当であると述べられている。これを受けて、法制局が「其処分方法ハ過日上奏ノ刑法審査案ニ準拠セシ者ニシテ穏当ノ儀」と承認し、当該布告が成立した[145]。

刑法審査修正案は第27条として、「罰金ハ裁判確定ノ日ヨリ一月内ニ納完セシム若シ限内納完セサル者ハ一円ヲ一日ニ折算シ之ヲ軽禁錮ニ換フ其一円ニ満サル者ト雖モ仍ホ一日ニ計算ス」、「罰金ヲ禁錮ニ換フル者ハ更ニ裁判ヲ用ヒス検事ノ求ニ因リ裁判官之ヲ命ス」、「若シ禁錮限内罰金ヲ納メタル時ハ其経過シタル日数ヲ控除シ禁錮ヲ免ス但親属其他ノ者代テ罰金ヲ納メタル時亦同シ」という3項にわたる規定を置いていたが[146]、これらの事項は、その趣旨において前述の明治13年3月31日太政官第11号布告と合致している。

よって、実際に刑法審査修正案に準拠するかたちで、「罰金」の換刑が定められたといえよう。

以上のように、鶴田は旧刑法の罰金刑について身代限を用いることを明確に否定しており、旧刑法の成文およびその附則上には、身代限に関する規定が設置されなかった。旧刑法上の罰金刑には、代納および換刑が認められ、相続財産への追徴を否定するという仕組みが明記されているが、身代限に関する規定は旧刑法および附則には見られなかったことの背景に、旧刑法の編纂会議で見られた鶴田による発言の趣旨が実現したと考えられる余地は充分にあろう。加えて、そのような旧刑法の草案に準じ、罰則違犯者になされていた身代限が用いられなくなった。そして、旧刑法の序列の下に罰則が包摂されていく手続きは、旧刑法第4編の違警罪を媒介としても行われた。

2　違式詿違条例と罰則の包摂

すでに確認したように、違式詿違条例は「金銭の剥奪」を第一次的な制裁とする一方、代納を許し、換刑を認めるという点では新律綱領・改定律例の贖罪・収贖と同じであり、当初は制裁の名称も「贖金」とされていた。そして、そのような違式詿違条例は、旧刑法の違警罪をめぐる編纂議論で参照され[147]、旧刑法の「編纂作業において、同法典第四編『違警罪』へいったん統合され再編され」たことがすでに先学によって明らかにされている[148]。そして、このような違警罪への包摂は、違式詿違条例のみならず、罰則も同様だった[149]。制定された旧刑法第4編違警罪には、「法典外のいろいろな規則の違反行為」を処罰することを目的に[150]、個別具体的な規則名を挙げている条文が存在する。このような「諸罰則の『入れ子』構造」は、「民衆の社会・経済生活に密接にかかわる多くの行政的な取締規則」を「国家の基本刑法典体内への取込みによって、国家規範上の位置づけ」を与えたと理解されている[151]。

そして、次に示す明治14年12月28日太政官第72号布告により[152]、「金銭の剥奪」は旧刑法を基準とした統一化が進むことになった[153]。

明治十五年一月一日ヨリ刑法施行候ニ付法律規則中罰例ニ係ルモノ
　ハ左ノ例ニ照シテ処断スヘシ
　第三条　凡罰金及ヒ科料ハ二円以上ヲ罰金ニ処シ二円未満ヲ五銭以上
　　一円九十五銭以下ノ科料ニ処ス
　第四条　法ニ照シ律ニ照シ若クハ違令違式ニ照シ処断ストアリ及ヒ咎
　　可申付トアルハ総テ二円以上百円以下ノ罰金ニ処ス
　第六条　法律規則中罰例アリト雖モ刑法ニ正条アルモノハ刑法ニ依テ
　　処断ス

　第 3 条で規定された罰金および科料の金額は、旧刑法の罰金および科料の金額と同一であり、旧刑法に基準を置いた罰金という制裁の統一化が見て取れる。一方、そのような制裁としての統一化が図られながらも、法典と罰則という関係性が整理され、「法律規則中罰例ニ係ルモノ」は、「刑法」とは区別が図られ、適用に際する調整の方法が第 6 条に定められた[154]。

　当該布告の冒頭では「法律規則中罰例」と表記されているが、明治 14 年 12 月 23 日の参事院による上申書には、「従来ノ諸罰則ヲ以テ之ヲ改正刑法ニ比照スルニ刑ノ権衡平準ヲ失スル」とともに、「抵触ノ廉」があるため、「明治十五年一月一日ヨリ刑法実施セラルルニ至テハ障碍ヲ生ス」ることが見込まれることから、「諸罰則ヲ改正セサルヘカラス」と考えられるが、「逐条審議セントスル時ハ許多ノ時日ヲ費シ到底期日迄」に間に合わないので、「茲ニ一時便宜ノ方法ヲ設ケ本案ノ布告ヲ発行」し、「焦眉ノ急ヲ救」うために起案したと述べられている[155]。すなわち、「罰則」と旧刑法の関係を整理するために当該布告が定められたと考えられよう。

　以上のように、罰則と違式詿違条例は、旧刑法の編纂を契機として刑法法典のなかに位置づけられた。また、違警罪に包摂されなかった罰則は、明治 14 年 12 月 28 日太政官第 72 号布告によって「刑法」との関係性を整理され

る。そして、その際には「金銭の剥奪」という刑事罰を共通項として、いわゆる「普通」刑法典としての旧刑法とその他の「法律規則中罰例」を繋ぐ媒介の役割を果したのではないだろうか。

　もとより、「罰金」をめぐる刑法典と罰則の関係性については、すでに司法省の編纂会議においても言及されていた。「凡法律ニ於テ罰ス可キ所為ヲ罪トス罪ヲ三種ニ別チ之ヲ重罪軽罪違警罪トス」という日本刑法草案第1条第1項に関する議論において、「諸罰則」をめぐり、鶴田とボアソナードが次のようなやりとりを行っている[156]。

　まず、ボアソナードは、「諸罰則」の違犯者を取り扱う裁判所の管轄を明らかにするため、刑法典の重罪・軽罪・違警罪の区分上に罰則を位置づけるように求めた[157]。しかし、鶴田は「然シ日本ニテハ現今諸罰則ノ内ニハ一円ヨリ百円ノ罰金モアルコトナレハ此刑法ニ定メタル三種ノ区別ノ如ク為スヲ得ス」と述べたうえで、罰則上の罰金額が広範となっているため、刑法典の「三種ノ区別」を罰則に適用することを否定する[158]。これに対してボアソナードは、「一体諸罰則ノ罰金ト此刑法ノ罰金ト金額ニ違ヒアルハ宜カラス然シ現今ノ諸罰則中ニ一円ヨリ百円ノ罰金アレハ矢張之ヲ此刑法軽罪ト同様ニ見做スヘシ何故ナレハ其多数ハ即此刑法ノ軽罪ノ罰金ト同シケレハナリ」と述べ[159]、罰則上の罰金を「刑法ノ軽罪」と見做すことを主張し続けたところ、最終的に鶴田は応じ、次のように述べた。すなわち、「其諸罰則中ノ罰金ニ当ル犯人モ此刑法ノ三種ノ内ノ軽罪ト見做シ軽罪裁判所ニテ裁判スルコトハ一定スレハ即チ此刑法ノ区別ニ依ルモノ」であるとして了解の意を鶴田は示したのである[160]。

　以上のように、当初は「諸罰則」を刑法典における「罪」の区分に包括させることに否定的であった鶴田は、ボアソナードの説明を聞いて「諸罰則」を「軽罪」として取り扱うことを認め、罰則上の罰金と刑法典上の罰金が同旨の制裁であるという了解が編纂会議中に形成された。そして、このような理解と矛盾することなく、明治13年3月31日太政官第11号布告および同

14年12月28日太政官第72号布告により、「金銭の剥奪」という制裁は旧刑法における罰金刑に準拠するかたちで統一されていく。ただし、明治6年から同11年という、司法省の旧刑法編纂会議が行われていた時期に発せられた伺と指令において、罰則上の罰金は、当時の基本刑事法典であった新律綱領・改定律例の贖罪・収贖とは異なった「金銭の剥奪」を内容とする制裁として運用されていたことは、すでに確認した通りである。そのようななか、ボアソナードとの対話を通し、鶴田が罰則の罰金を旧刑法における「軽罪」に相当する制裁と見做したことには、現前の法秩序を前提としつつも、お雇い法律顧問がもたらした西洋法を取り込みながら、「金銭の剥奪」という制裁を媒介として新たな法令間の関係を結びつける立法者の姿を見い出せるのではないだろうか。

## むすび

本稿では、旧刑法の編纂における近代的罰金刑の成立過程を明らかにしてきた。編纂議論のなかでは、罰金が支払われないときに、代納および換刑を認めることにボアソナードと鶴田との間に異論はなかった。しかし、ボアソナードが相続財産へ追徴することと、換刑後に「身代限」でさらに罰金を追徴する旨を主張したことに対し、鶴田は否定的であった。そして、立法は、このような鶴田の考えに沿って進んだと考えられる。相続財産に関しては、明治14年12月19日太政官第67号布告刑法附則第20条で「罰金科料ノ宣告ヲ受ケ未タ納完セサル前ニ於テ犯人死スル時ハ之ヲ徴収セス付加ノ罰金ニ於ル亦同シ」と定められ[161]、受刑者の死亡後に相続財産へ追徴することが明確に否定された。また、「身代限」については明文規定が旧刑法および附則には見当たらず、鶴田の発言と矛盾しない結果となったのである。

さらに、そのような旧刑法が定める罰金刑の趣旨に依拠して、明治初年期における刑事法秩序が整序されていった。「金銭の剥奪」を第一次的な制裁

としていた違式詿違条例と罰則は、旧刑法の第4編違警罪に収斂される。また、身代限が認められていた罰則上の罰金は、明治13年の時点で旧刑法の草案に準拠することにより、前述の追徴方法が採用され、従来の身代限が否定された。また、旧刑法の違警罪には包摂されなかったものの、「金銭の剥奪」という制裁を規定していた「法律規則」については、旧刑法における罰金・科料の規定に拠りつつ、法典との区別が設けられた。

　前述のように、新律綱領・改定律例は中国律の系譜にある刑事法典であった。しかし、例えば代納を認めることは、司法省の指令によって示され、後に改定律例上に立法化された。また、新律綱領・改定律例が運用されるかたわら、違式詿違条例では「贖金」という「金銭の剥奪」が第一次的な制裁として定められ、かつその名称は後に「科料」と改められる。すなわち、明治初年期における律系刑法は、必要とされた変更がその都度に加えられながら、弾力的かつ流動的に運用されていたのである。そして、そのような背景のもとで、フランス刑法典を参照しながら旧刑法の編纂が進められた。その状況は明治7年ないし8年頃に書かれたとされる井上毅の意見書の中で[162]、まさに「我邦ハ往時支那ノ文明ヲ取リ国民ノ性質ヲ創造セリ今又欧州ノ文明ヲ取リ之ヲ改良スルコト難カラス」と表現されている[163]。

　冒頭で示したように、近代刑法における罰金刑には矛盾が内在しているが、本稿で検討してきた代納や換刑、相続財産への追徴などは、まさにその矛盾に整合性をもたせるための、あるいはその解消を図るための試行錯誤であった。そして、それらの論点にこそ、お雇い法律顧問と日本人編纂者は意見を違えており、その背景にはそれぞれの母国法に基づく法的思考の差異が存在していたのである。結果として、それらの点については日本人編纂者の意見が旧刑法の罰金刑の趣旨に反映されているとともに、新律綱領・改定律例における贖罪・収贖の運用方法とも整合的であることが明らかになった。しかし、だからといって、ボアソナードがもたらした西洋法的な思惟が排斥されたわけではない。旧刑法の編纂が行われた同時期の伺・指令裁判では、

新律綱領・改定律例の贖罪・収贖と、罰則における罰金は、その機能においては「金銭の剝奪」として同一であるものの、中国律的な運用のもとにおける「律」と「律外」の区別に基づいた異なる性質のものとして意識されていた。しかしながら、司法省における旧刑法の編纂過程においてお雇い法律顧問の話を聞きながら、罰則における「罰金」と旧刑法上の「罰金」を同一視するという認識が日本人編者編纂者によって是認された。何よりも、「金銭の剝奪」を第一次的な制裁とする刑罰がわが国の刑事基本法典に設けられたことは、西洋法に則った法典編纂を契機としたものであった。

とはいえ、今回は立法過程に着目した考察に止まり、施行後の運用実態については言及できなかった。また、罰金や贖罪・収贖の金額についても整理を行い、計量的な分析を通して、刑事制裁としての実態的な効果を明確にする必要がある。そして、ボアソナードにおける民法上の「債務」という概念の援用が、その後のわが国における罰金刑の法的性格をめぐる議論に与えた影響についても考察を試みるべきであろう。これらの論点を今後の課題として示し、結びに代えることとしたい。

〈注〉

1　平松義郎「刑罰の歴史——日本（近代的自由刑の成立）」荘子邦雄他編『刑罰の理論と現実』（岩波書店、1972）。安丸良夫『一揆・監獄・コスモロジー——周縁性の歴史学』（朝日新聞社、1999）。重松一義『日本獄制史の研究』（吉川弘文館、2005）。ダニエル・V・ボツマン著・小林朋則訳『血塗られた慈悲、笞打つ帝国。——江戸から明治へ、刑罰はいかに権力を変えたのか？』（インターシフト、2009）。姫嶋瑞穂『明治監獄法成立史の研究——欧州監獄制度の導入と条約改正をめぐって』（成文堂、2011）。兒玉圭司「明治前期の監獄における規律の導入と展開」『法制史研究』第 64 号（2014）1-57 頁などを参照。

2　内閣記録局編『法規分類大全第 54 巻刑法門（1）』覆刻版（原書房、1980）198-200 頁。なお、以下では特に断らないかぎり、『法規分類大全』を用いる場合には覆刻版に拠り、書名と巻数のみを記載する。また、引用する際は、旧字と異体字は原則として新字に改める。

3　『法規分類大全第 54 巻』271-272 頁。
4　永田憲史「財産刑」『罪と罰』第 52 巻第 2 号（2015）119 頁。
5　わが国の罰金刑に関する近年の代表的な研究として、永田憲史『財産的刑事制裁の研究──主に罰金刑と被害弁償命令に焦点を当てて』（関西大学出版部、2013）。
6　『法規分類大全第 54 巻』443-446 頁。
7　旧刑法における罰金刑の制定過程は、小野坂弘「罰金刑制度の再検討（一）」『法学』第 29 巻第 3 号（1965）330-332 頁を参照。
8　永田・前掲注（5）221-245 頁。
9　旧刑法の編纂過程は主に次の文献に依拠する。新井勉「旧刑法の編纂（1）、（2）」『法学論叢』第 98 巻第 1 号、第 4 号（1975、1976）54-76 頁、98-110 頁。吉井蒼生夫他「明治 13 年刑法の編纂過程」吉井蒼生夫他編『旧刑法別冊（1）刑法草按注解上日本立法資料全集 8』（信山社、1992）。吉井蒼生夫他「「日本帝国刑法初案」の編纂過程および資料解題」西原春夫他編『旧刑法［明治 13 年］（1）日本立法資料全集 29』（信山社、1994）3-9 頁。吉井蒼生夫他「「日本刑法草案」（確定稿）の編纂過程および資料解題」西原春夫他編『旧刑法［明治 13 年］（2）－Ⅰ日本立法資料全集 30』（信山社、1995）3-41 頁。
10　霞信彦『明治初期刑事法の基礎的研究』（慶應義塾大学法学研究会、1990）17 頁。
11　ボアソナードの来歴は、大久保泰甫『ボワソナアド』（岩波書店、1977）を参照。
12　鶴田の来歴は、鶴田徹『続元老院議官鶴田皓』（鶴鳴社、2008）などを参照。
13　早稲田大学鶴田文書研究会編『日本刑法草案会議筆記』（早稲田大学出版部、1976-1977）。なお、以下で同書を引用する際は『会議筆記』と表記し、巻数を併記する。
14　なお、罰金は軽罪の主刑である一方、違警罪には 5 銭以上 1 円 95 銭以下の範囲で「科料」という「金銭の剥奪」が刑罰として定められていたが（『法規分類大全第 54 巻』393、395 頁）、今回は罰金に主眼を置いて考察を試みる。
15　『法規分類大全第 54 巻』395 頁。
16　『法規分類大全第 54 巻』486 頁。
17　『会議筆記第Ⅳ分冊』3104、3106-3107 頁。
18　早稲田大学鶴田文書研究会『刑法審査修正関係諸案』（早稲田大学比較法研究所、1983）204-205 頁。
19　ただし、罰金に支払われない場合の換刑に関し、日本刑法草案は任意規定だ

が、刑法審査修正案と旧刑法は必要規定とされている。そして、禁錮中に罰金額が支払われる場合、日本刑法草案では親属等と受刑者本による支払いが並列的に記載されているが、刑法審査修正案と旧刑法では、受刑者本人が禁錮中に支払うことが原則とされ、但書として、親属等が支払った場合を同様に扱うという形式に変更されている。また、日本刑法草案第35条の「罰金ヲ実決ノ刑ニ併科シタル時納完セサル者ハ刑期満限ノ後ニ於テ之ヲ禁錮ニ換フ」という規定が、刑法審査修正案と日本刑法草案では削除された。これらの点については、稿を改めて検討を行いたい。

20 『会議筆記第Ⅳ分冊』2947-2948、3030、3106頁。
21 『会議筆記第Ⅰ分冊』112-113頁。
22 後述のように、ボアソナードによる旧刑法の注釈書では換刑後の禁錮は労役を伴わないと説明されている。
23 『会議筆記第Ⅰ分冊』108頁。
24 『会議筆記第Ⅰ分冊』114頁。
25 『会議筆記第Ⅰ分冊』114頁。
26 明治期の身代限については次の文献を参照。瀧川叡一「明治初期の身代限法」同『明治初期民事訴訟の研究－続・日本裁判制度史論考』(信山社出版、2000) 1-60頁、梅田康夫「明治期における民事執行機関の形成について (一)」『金沢法学』第45巻第2号 (2003) 311-335頁、小栁春一郎「明治期の国税滞納処分制度について」『税大ジャーナル』第14号 (2010) 1-28頁など。
27 『会議筆記第Ⅰ分冊』209頁。
28 『会議筆記第Ⅰ分冊』114頁。
29 『会議筆記第Ⅰ分冊』156頁。
30 『会議筆記第Ⅰ分冊』156頁。
31 『会議筆記第Ⅰ分冊』180頁。
32 『会議筆記第Ⅰ分冊』156頁。
33 『会議筆記第Ⅰ分冊』156頁。
34 『会議筆記第Ⅰ分冊』180頁。
35 『法規分類大全第54巻』486頁。
36 ボアソナード『刑法草案註釈(上巻)〔復刻版〕(ボアソナード文献双書⑱)』(宗文館書店、1988) として現在に伝わっている。以下では、復刻版を用いるとともに、『刑法草案註釈』と表記するとともに、とくに断らない限りは上巻の頁

数を記載。
37 『刑法草案註釈』207 頁。
38 『仏文・刑法草案註釈〔復刻版〕(ボアソナード文献双書⑰) *Projet révisé de Code pénal pour l'Empire du Japon*』(宗文館書店、1988)、159 頁。以下で引用する際は復刻版を用い、«*Projet révisé*» と表記する。
39 『刑法草案註釈』213 頁。
40 «*Projet révisé*», p.164.
41 『会議筆記第Ⅰ分冊』114 頁。
42 «*Projet révisé*», p.159.
43 «*Projet révisé*», p.161.
44 『刑法草案註釈』208 頁。
45 『刑法草案註釈』209 頁。
46 『刑法草案註釈』213 頁。
47 «*Projet révisé*», p.157.
48 山口俊夫編『フランス法辞典』(東京大学出版会、2011) 123 頁。
49 『刑法草案註釈』204-205 頁、肉体強迫には「コントレント、パル、コール」のルビ。
50 國學院大學日本文化研究所編『近代日本法制史料集第九』(國學院大學、1987) 198 頁。以下『近代日本法制史料集第九』と表記。なお、ルビは原文のまま。
51 『刑法草案註釈』208 頁。
52 «*Projet révisé*», p.160.
53 «*Projet révisé*», p.161.
54 «*Projet révisé*», pp.161-162.
55 『刑法草案註釈』145 頁。
56 以下、第 7 番目の特性まで同様の表記とする。なお、以下では特に断らない限り、傍点は原文まま。
57 『刑法草案註釈』132-134 頁。
58 『刑法草案註釈』145-146 頁。
59 『刑法草案註釈』146 頁。
60 『刑法草案註釈』146 頁。
61 『刑法草案註釈』147 頁。
62 『刑法草案註釈』147 頁。

63 『刑法草案註釈』147 頁。
64 『刑法草案註釈』134 頁。
65 『刑法草案註釈』135 頁。
66 『刑法草案註釈』132 頁。
67 『刑法草案註釈』136 頁。
68 『刑法草案註釈』136-137 頁。
69 «Projet révisé», p.164.
70 『刑法草案註釈』213 頁。
71 『刑法草案註釈』213 頁。
72 «Projet révisé», p.159.
73 『刑法草案註釈』207 頁。
74 『刑法草案註釈』204-205 頁。
75 『刑法草案註釈』207 頁。
76 『刑法草案註釈』207 頁。
77 Chauveau(A.) et Hélie (F.), *Théorie du Code pénal*, tome 1$^{er}$, Paris, 1872, pp.242-214.
78 Chauveau et Hélie, *Théorie du Code pénal*, tome 1$^{er}$, pp.296-297.
79 永田・前掲注 (5) 221-228 頁を参照。
80 『会議筆記第 I 分冊』114 頁。
81 『近代日本法制史料集第九』198 頁。
82 ボアソナードが本格的に編纂議論に参加した明治 9 年 5 月から、その成果を仮に正院へ提出する明治 9 年 6 月 30 日の間に位置することから、まさに司法省での編纂作業中であると推定できよう。吉井・前掲注 (9)「「日本刑法草案」(確定稿) の編纂過程および資料解題」6 頁。
83 『会議筆記第 I 分冊』108 頁。
84 『会議筆記第 I 分冊』114 頁。
85 『会議筆記第 I 分冊』114 頁。
86 伺と指令については次を参照。沼正也「家族関係法における近代的思惟の確立過程(その一)」および同「司法省指令の形成をめぐる明法寮の役割」同『財産法の原理と家族法の原理(新版)』(三和書房、1980) 206-405、662-696 頁。霞信彦『明治初期伺・指令裁判体制の一掬』(慶應義塾大学出版会、2016) など。
87 新律綱領と改定律例に関する代表的な論考を以下に示す。水林彪「新律綱領・

改定律例の世界」石井紫郎・水林彪編『法と秩序日本近代思想大系7』（岩波書店、1992）、藤田弘道『新律綱領・改定律例編纂史』（慶應義塾大学出版会、2001）、奥村郁三「新律綱領と明律」同『日本史上の中国』（阿吽社、2015）。

88　水林・前掲注（87）477-478頁に依拠。

89　具体的には、改定律例に、改正贖罪収贖例図、改正過失殺傷収贖例図、官吏公罪贖例図、官吏私罪贖例図、華族贖罪例図、改正懲役限内老疾収贖例図、改正誣軽為重収贖例図が規定されていた（『法規分類大全第54巻』、145-146、198-200、258-267、271-273頁）。なお、官吏公罪贖例図は、明治9年4月太政官第48号布告をもって廃止（同書、260頁）。

90　『法規分類大全第54巻』145-146頁。

91　『法規分類大全第54巻』198-200頁。

92　『法規分類大全第54巻』271-273頁。

93　『法規分類大全第54巻』149頁。

94　『法規分類大全第54巻』277頁。

95　なお、改定律例第45条から第48条の老小廃疾収贖条例と、同第49条から同50条の犯罪時未老疾条例に、さらに細かな換算方法等が定められている（『法規分類大全第54巻』277-278頁）。

96　『法規分類大全第54巻』277頁。

97　『司法省第二年報明治九年』12頁。

98　日本史籍協会編『司法省日誌一』（東京大学出版会、1983）128-129頁。なお、以下で司法省日誌を引用する場合は、特に断わらない限り、日本史籍協会の覆刻版による。

99　『司法省日誌十一』141、143、145頁。

100　『司法省第五刑事統計年報』目1頁。

101　明治8年6月28太政官第110号布告の讒謗律は違反者に罰金と禁獄を科している（『法令全書明治八年』内閣官報局、1987、150-151頁）。新律綱領・改定律例の表における分類なども踏まえ、讒謗律の運用については、稿を改めて考察する。なお、以下で法令全書から引用する際は、書名と年数のみを表記する。

102　小早川欣吾『明治法制史論公法之部（下巻）』（嚴松堂書店、1940）985頁。

103　小早川・前掲注（102）985頁。石井良助『明治文化史第二巻法制編』（洋々社、1954）277頁。

104　滋賀秀三『中国法制史論集（法典と刑罰）』（創文社、2003）232頁。

105　滋賀・前掲注（104）233 頁。
106　滋賀・前掲注（104）234-235 頁。
107　仁井田陞『補訂中国法制史研究刑法』（東京大学出版会、1980）243-247 頁。
108　仁井田・前掲注（107）203 頁。
109　仁井田・前掲注（107）371 頁。
110　滋賀・前掲注（104）232-234 頁。
111　違式詿違条例に関する近年の代表的な研究は次の通りである。岩谷十郎「明治時代の罪と罰」水林彪他編『新日本体系日本史２法社会史』（山川出版社、2001）431-480 頁。内田誠「明治一五年刑法第四編違警罪の編纂とボアソナード」『早稲田大学大学院法研論集』第 33 号（1984）1-25 頁、同「明治前期における行政警察的取締法令の形成－違式詿違条例から旧刑法第四編違警罪へ」『早稲田法学会雑誌』第 33 巻（1982）29-59 頁。神谷力「地方違式詿違条例の法的構造」『社会科学論集』第 16 号（1976）52-76 頁、同「地方違式詿違条例の法的構造（二）」『社会科学論集』第 17 号（1977）82-97 頁。坂詰智美「東京違式詿違条例の創定過程について」『専修総合科学研究』第 11 号（2003）241-272 頁、同「東京違式詿違条例の施行状況に関する一考察」『専修総合科学研究』第 12 号（2004）228-256 頁、同「福島県の違式詿違条例について」『専修法学論集』第 119 号（2013）55-73 頁、同「『法』に関わった西村兼文―『勧解』書類と『京都府違式詿違条例図解　全』」青木美智男・森謙二編『三くだり半の世界とその周縁』（日本経済評論社、2012）77-101 頁、同「千葉県違式詿違条例考－芝山町・多古町の史料を手掛かりに」『専修法学論集』第 121 号（2014）49-74 頁、同「宮城県の違式詿違条例について」『専修総合科学研究』第 23 号（2015）187-204 頁、同「『違式詿違条例』のなかのジェンダー」『専修法学論集』第 128 号（2016）1-24 頁。山火正則「軽微な犯罪類型の系譜－地方違式詿違条例から軽犯罪法へ」『神奈川法学』第 46 巻 1 号（2013）231-290 頁。
112　『法規分類大全第 55 巻』4-7 頁。
113　『法規分類大全第 55 巻』50-55 頁。
114　『法規分類大全第 55 巻』4 頁。なお、地方違式詿違条例では、「違式ノ罪」に 75 銭以上 150 銭以下、「詿違ノ罪」に 6 銭 2 厘 5 毛以上 12 銭 5 厘以下の贖金が科せられることとされていたが、明治 9 年には「詿違ノ罪」の贖金は 5 銭以上 70 銭以下と改められた（同書 50、62 頁）。
115　『法規分類大全第 55 巻』4、50 頁。

116 『法規分類大全第 55 巻』64 頁。

117 明治 11 年 10 月 24 日警視庁第 152 号達（『法規分類大全第 55 巻』43 頁）。明治 11 年 10 月 21 日太政官第 32 号布告（同書 66 頁）。なお、本稿では「拘留」と統一して表記したい。

118 『法規分類大全第 55 巻』65-66 頁。

119 『法規分類大全第 55 巻』29 頁。また、このとき、「老幼（老ハ七十年以上八十年以下幼八十五年未満十年以上※括弧内は割注：筆者注）癈疾及ヒ婦女」や「八十年以上十年未満ノ者」が「無力」である場合に行われる換刑の算定方法等も定められた。

120 『法規分類大全第 55 巻』66 頁。なお、本布告の欄外には「地方違式違詿条例中ノ贖金ヲ科料ニ懲役ヲ拘留ニ改メ第三条ヲ改正ス」と表記されているが、明治 11 年 10 月 24 日警視本署第 152 号達の「贖金並実断表」中では、「贖金」ではなく「科料」と表記されていることから、東京違式違詿条例にも適用されたと見てよいだろう（同書 43 頁）。

121 『法規分類大全第 55 巻』66 頁。

122 大日方純夫他編『内務省年報・報告書別巻 1』（三一書房、1984）9-10 頁。

123 違式違詿条例は新律綱領・改定律例は適用上で別異の規定であると示す指令が見られる。この点については稿を改めて検討する。

124 『司法省日誌十四』247-248 頁。

125 『司法省第五刑事統計年報』21-22 頁。

126 『司法省第五刑事統計年報』20 頁。

127 手塚豊「法規分類大全＜刑法門＞解題」（『法規分類大全第 55 巻』）7 頁。

128 『司法省日誌十四』202-203 頁。

129 『法令全書明治六年』1720 頁。

130 『法規分類大全第 55 巻』276-277 頁。

131 以下では、司法省の統計に従い、罰則上の罰金と科料を併せて「罰金」と呼称する。ただし、罰則違犯に対して「過料」が科せられる場合もあった。「過料」とは、「綱領・律例の定める刑事罰と別個に行政庁が定める諸規則の違犯に対して、行政庁とくに地方庁自身が裁判手続に依らずに徴収する金銭罰の総称」と説明されている（中原英典「明治 9 年第 1 号布告の成立事情」手塚豊『明治法制史政治史の諸問題』慶應通信、1977、218 頁）。もっとも、少なくとも司法統計上では罰金と科料が類するものとして把握され、最終的に旧刑法には「科料」とい

う名称が規定されたことから、本稿ではひとまず「罰金」および「科料」を前提として論を進めることとしたい。罰金と科料の関係については、小野坂・前掲注(7)330-367頁を参照。なお、過料と科料の区別については稿を改めて詳しく検討する予定である。

132　瀧川・前掲注(26)1-3頁。
133　『法規分類大全第55巻』148頁。『司法省日誌二』602-604頁。
134　「民法身代限」と罰則違犯に対する身代限の比較は、稿を改めて検討をする。
135　瀧川・前掲注(26)37-40頁。
136　『司法省日誌二』603-604頁。
137　『法令全書明治六年』216-218頁。
138　なお、当該布告は明治8年6月8日太政官第102号布告によって「改正」されたが、本文で言及した身代限に関する点はそのまま引き継がれた(『法令全書明治八年』126-128頁)。
139　『刑事指令録明治十一年自第六十号至第六十八号』第六十五号、2-3頁。
140　『刑事指令録明治十一年自第六十号至第六十八号』第六十五号、3頁。
141　『司法省日誌三』303-305頁。
142　『司法省日誌十八』131、134-135、137頁。
143　鶴田・前掲注(12)149頁。
144　以下、本布告の引用は『法規分類大全第55巻』148-149頁による。
145　法務図書館所蔵『修補課意見書類第一巻』には、当該布告の成立過程を示す史料が綴じられている。これらについては稿を改めて詳しく検討を試みる。なお、手塚豊「司法省修補課(明治十二、三年)関係資料」同『明治刑法史の研究(下)』(慶應通信、1986)261-269、283-285頁を参照。
146　早稲田大学鶴田文書研究会・前掲注(18)205頁。
147　内田・前掲注(111)「明治一五年刑法第四編違警罪の編纂とボアソナード」、内田・前掲注(111)「明治前期における行政警察的取締法令の形成」を参照。
148　岩谷・前掲注(111)446頁。
149　岩谷・前掲注(111)452-455頁。
150　岩谷・前掲注(111)452頁。
151　岩谷・前掲注(111)452-453頁。
152　『法規分類大全第55巻』149-151頁。
153　なお、当該布告第1条では「懲役」を重禁錮あるいは拘留に、第2条で「禁

獄及ヒ禁錮」を軽禁錮あるいは拘留に読み替えることとされた。これらの規定については、讒謗律などを踏まえながら稿を改めて検討する。

154　司法省の統計が示しているように、罰則の基本的な制裁は「金銭の剥奪」であったことに疑いはないが、第4条のように「規則」の違犯に違式・違令が科せられる場合があった。この点については、新律綱領・改定律例の違制・違令・違式との関係を踏まえ、稿を改めて詳しく考察を行う。

155　『法規分類大全第55巻』149-150頁。

156　『会議筆記第Ⅰ分冊』23頁。

157　『会議筆記第Ⅰ分冊』24頁。

158　『会議筆記第Ⅰ分冊』24頁。

159　『会議筆記第Ⅰ分冊』24頁。

160　『会議筆記第Ⅰ分冊』24頁。

161　『法規分類大全第54巻』486頁。

162　國學院大學圖書館内井上毅傳記編集委員會『井上毅傳史料篇第一』（國學院大學圖書館、1966）47-54頁。以下、『井上毅傳史料篇第一』と呼称。

163　『井上毅傳史料篇第一』54頁。

## 第 2 章

# 1880 年代における監獄改良論者の人脈と思想的基盤について

児 玉 圭 司

## はじめに

　明治前期の日本では、刑罰に関して、自由刑の一般的採用という大きな転換が生じた[1]。そして、自由刑の一般化に伴い、刑罰の目的についても議論が交わされるようになる。そこで生じた議論の前提に、他のあらゆる法制度と同様、西洋の監獄制度・監獄改良に関する知見があったことは想像に難くない。

　それでは、当時の監獄改良論はいかなる人々によって、どのような思想的背景のもとで発信されたのであろうか。のちの「監獄学」や「刑事政策学」につながる明治前期の監獄改良論とその論者については、先行研究でも言及されており、個々の人物に関する研究も深まりつつある[2]。しかし一方で、その系譜や学説史といった観点からの包括的な研究は十分とはいえない。かかる問題意識のもと、本稿ではその端緒として、1880 年代（明治 13 年から同 22 年）に監獄改良を論じた人々の人脈や、彼らに共有された思想的な基盤の把握に努めたい。

　なお、考察対象を 1880 年代に限定した理由の一つは、西洋法を初めて本

格的に継受した刑法典（いわゆる旧刑法）が1880（明治13）年に公布され、これに合わせる形で1881（明治14）年9月に「監獄則」が改定されたことにある[3]。また、考察の終期に関しては、1889（明治22）年11月にお雇い外国人のゼーバッハ（Kurt von Seebach）が来日し、翌年4月から監獄官練習所においてドイツ監獄学の教授がはじまるなど[4]、1890（明治23）年以降、日本の監獄改良論を取りまく状況に明確な変化がおとずれるためである。

日本では、たとえば徳川期の徒刑や人足寄場の存在が近代的自由刑の起源として位置づけられるように[5]、明治期以降の監獄制度に固有法的要素をみてとる研究が少なくない[6]。本稿での考察を通じて、そうした見方がなされる——または、そのように理解することの可能な立法や運用が行われた——原因についても、手がかりを得たいと考える。

## 1　1880年代の監獄改良をめぐる先行研究と新知見

### （1）　先行研究の整理

本節ではまず、先行研究において、1880年代の監獄改良論がどのように把握されてきたかを確認しておきたい。

1880年代を扱った行刑史（監獄制度史）研究は、主として法制史学（法史学）の研究者に担われてきたが、そこでは政府が定める法令の変遷に焦点があてられてきた。その際に重視されたのが、1881（明治14）年に制定された「監獄則」（以下、本稿では明治14年監獄則と表記する）と、その改正法にあたる1889（明治22）年の「監獄則」[7]（以下、本稿では明治22年監獄則と表記する）である。

このうち明治14年監獄則について、先行研究は「旧監獄則も小原が起草した。（中略）旧監獄則は明治一二（一八七九）年ヨーロッパ監獄を視察した一等警視補小野田元煕の報告書、のちに「泰西監獄問答録」として公刊さ

れる文書に強く依存している」[8]と記すなど、①小原重哉が起草したこと、②小野田元熙の海外視察報告書を参照したこと、③フランス・ベルギーの制度を母法としていること、などを指摘する[9]。

その後、穂積陳重による「監獄学」の紹介、および穂積の推薦で内務省に入った小河滋次郎がドイツ監獄学の普及に努めたこと[10]、さらには明治22年監獄則が小河の関与のもとドイツ法に依拠して制定されたこと[11]などを契機として、1890年代には日本の監獄制度がドイツを範とするにいたったと説明される。

そのほか、市井の動きとして、1884年に刊行された市島謙吉の『獄政論』[12]や馬場辰猪の「日本監獄論」[13]など、自由民権運動家らが自身の滞獄経験や監獄改良論を新聞紙面等で数多く発表したことも指摘されている[14]。

しかし、これら一連の動きや著作は必ずしも連続的には把握されておらず、個々の動きにいかなる関連、思想・知識面での基盤があったのかについて、踏み込んだ考察はなされていない。

（２）　監獄則編纂者に関する新知見

ここで、明治14年および明治22年の監獄則に関わった人物とその典拠について、上に掲げた先行研究の理解に修正を迫る、新たな情報を示しておきたい。まず、明治14年監獄則に関して、史料上から明らかになる関係者の動向は次の通りである[15]。

　　　1878年 2 月15日　　小原重哉、「改正監獄則草案専修」（司法省）を命じられる[16]。
　　　1879年 8 月 5 日　　小原重哉、「改正監獄則草案取調担任」（内務省）を命じられる。
　　　1880年 8 月21日　　小野田元熙、帰朝[17]。
　　　1880年11月17日　　小原重哉・小野田元熙、「改正監獄則審査委員」

（太政官）を命じられる。

　ここからは、小野田の帰朝までに、小原が司法省において「監獄則草案専修」を命じられてから2年と6か月、内務省で「改正監獄則草案取調担任」を命じられてからも1年ほどの月日が経っていることを読み取れる。この間、何らかの作業は進められていたと考えるべきであろう。また、1880年11月に小原・小野田の両名が太政官から「改正監獄則"審査"委員」に任じられているということは、この時点までに内務省の草案は完成して太政官に上申されており、これ以降、太政官内部での審査に移ったものと推定できる。

　では、草案の太政官への上申までに、小野田は監獄則にどの程度関与できたのであろうか。これに関する手がかりが、矯正資料館所蔵『本署改正ノ要目』[18]に記されている。同文書は「小野田」と記された罫紙[19]に綴られ、「明治十三年十一月八日」の日付けと、一等警視補小野田元熈の署名がある。その内容は、帰朝後の小野田が認めた警視本署の機構改革に関する建議書であり、同文書には

　　（前略）囚獄ノ師トスル所ハ独リ白耳義国ヲシテ各国ニ魁タルモノトス故ニ元熈ノ専務タル囚獄事務ハ主トシテ此国ニ就キ取調ヲナシ已ニ其要目ヲ録シ漸ク以テ報告其半ハニ至ル爾来該報告ノ遅延スル所以ハ帰朝後計算残務ヲ担当シ事務鞅掌ニシテ報告スルニ遑マアラサリシモ即今残務殆ント局ヲ結ハントスルニ際シ今ヨリ汲々報告ヲ済シ然ル後本国警察上ニ適用スヘキ要件ヲ建議セント欲セシ処返テ其時機ノ遅延ヲ恐レ報告ニ先チ今般聊カ其竟見ノ要点ヲ記載シテ以テ呈進ス（中略）
　　追テ獄舎ニ付テノ更正意見ハ単ニ元熈カ主務ニ係ルヲ以テ他日又別ニ建議セントス此段添申仕候也[20]

第 2 章　1880 年代における監獄改良論者の人脈と思想的基盤について　71

との記述がある。ここから、監獄に関する小野田の調査報告が 1880 年 11 月 8 日の段階で半ばにとどまっていること、未だ関連する建議を行えていないことを確認できる。もちろん、明治 14 年監獄則の審査段階で小野田が影響を与えた可能性は残るが、少なくとも当初の草案において、小野田が欧米各国を視察して得た情報の影響は限定的であったとみてよいであろう[21]。

　一方で、同法令の草案・審査に作成した人物を、近年の調査によって新たに二人確認できた。そのうち一人は、内務省監獄局の一等属・阪部寔である。1881 年前後の阪部の履歴は

　　　1878 年 1 月 20 日　宮城中央監獄設置取調申付（警視庁）
　　　1878 年 3 月 30 日　任一等警視属（警視局）・獄事掛申付
　　　1879 年 7 月 19 日　任内務一等属（内務省）・監獄局詰申付
　　　1879 年 8 月 2 日　別段掛申付（監獄局）
　　　　　　　　　　　　別席ニ於テ監獄則改正取調ニ従事ス
　　　1884 年 1 月 19 日　兵庫仮留監建設掛申付（監獄局）
　　　1884 年 7 月 7 日　任仮留監典獄（太政官）[22]

となっており、小原とともに内務省監獄局において草案作成に従事したものと推察される。

　次に、太政官法制局一等属であった廣瀬進一[23]が、明治 14 年監獄則の「審査員」として関与したことを確認できる[24]。廣瀬は、共存同衆の設立者の一人に数えられるほか[25]、小野梓の法制局仕官を仲介するなど、小野と親しい人物とされる[26]。廣瀬が関与した段階は確定できないが、その履歴からみて、1880 年から翌年にかけて行われた草案の審査に関わったものと考えてよいであろう。以上の情報を加味するならば、明治 14 年監獄則の母法を検討するにあたり、まずは起草にあたったとおぼしき小原・阪部両名の学識や人脈、さらには廣瀬のバックボーンにある、共存同衆や小野梓に由来する

英米思想にも注目すべきと思われる。

次いで、明治22年監獄則の母法とその編纂関係者についても触れておきたい。先述した通り、かつて同法は、小河の関与のもとで編纂され、ドイツ法の影響を受けたと解されてきた[27]が、近年はその理解が修正されつつあり、編纂関係者として井上毅・股野琢・村田保らの名が指摘されている[28]。また、小河滋次郎の関与については、小河が1889年監獄則の注釈書である『日本監獄法講義』の例言に「公務の余暇を以て監獄学と題する一緒を篇纂せんと欲するの意思を決し、稿を起すこと既に数十葉、偶ま改正監獄則及ひ施行細則の発布に遭遇せり」[29]と記していることから、この一文を額面通りに受け取るならば、彼は明治22年監獄則の編纂に関与していなかったと考えられる。

一方、井上毅の関与は史料から確認できる。清浦奎吾が後年、「井上といふ人は、何事にも細心で、非常に注意深く殊に人道に重きを寄する人でありましたが、在監人と雖も父母の喪に当つては、慎終追遠民徳帰厚といふ論語の教則に則り、三日間の休業をさせるがいゝ、といふやうなことを主張いたしまして」[30]と回顧しているが、これは井上が1889年6月に認めた「監獄則改正意見」中、「第四　獄中の教誨は監獄改良の最要事なり教誨の目的ハ第一ハ親属を思ふの念を厚からしむる事第二ハ生計心を引起す事是なり本案三条父母の喪ニハ一日ノ免役ヲ予フトアリ三日又ハ七日の免役を与へて名教の意を寓せてハ如何ン」[31]との記述に対応している[32]。

このことをもって、明治22年監獄則に対するドイツ法の影響をただちに否定するものではないが、井上が論語の教えに則った修正を提案していることや、1887年に元老院で行われた監獄則改正案の審議[33]が、「現行（明治14年―引用者注）監獄則ハ日本ノ情勢ニ照シ適当ナル監獄則ヲ作ラントシテ出来タルモノニ非スシテ只外国公使ノ嗤笑難題ヲ防クカ為メニ旧制ヲ改正セルモノ」[34]であり、「徒ラニ外国法ニ模倣シテ我カ時勢民度ニ著眼」[35]しなかったことが受刑者の増加をもたらしたという理解のもとで行われていた事

実からは、ドイツ法の全面的な継受が目指されていたといい得る状況にはなかったように思われる[36]。

以上、明治14年・明治22年監獄則に関していくつかの新知見を示してきた。ここで掲げた事実は、少なくとも、明治14年監獄則が小野田の報告書に影響を受けたフランス・ベルギー法制の引き写しではないこと、明治22年監獄則が小河によるドイツ監獄法制の直接的な継受ではなかったことを示している。それでは、両監獄則が制定された1880年代、監獄改良論とその論者は、いかなる知識に拠っていたのであろうか。この点について考察するため、次節では、1888年5月に設立された大日本監獄協会に関する記述から、筆を起こしてみたい。

## 2　監獄改良をめぐる1880年代の人脈

### (1)　大日本監獄協会の主要構成員

1888年5月、大日本監獄協会が発足する。同協会は「大日本帝国監獄事業ノ改進ヲ翼賛スル」[37]目的で創設されたもので、1880年代に生じた監獄改良運動の集大成ともいえる団体であった[38]。その構成員は、「比較的民間江湖の色彩を帯んでゐた」[39]と評価されるが、主だった顔ぶれは次頁に掲げる【表】のとおりである[40]。

この場に集った人々は、1880年代にそれぞれどのような場で活動を行い、いかなるネットワークに所属し、監獄の何に関心を持っていたのであろうか。以下では、前節で触れた明治14年監獄則の編纂関係者と大日本監獄協会の主要構成員に焦点をあて、それらの疑問について検討してみたい。

### (2)　政府内部での英仏監獄論の受容

まず触れておかねばならないのは、司法省・内務省など、政府内部で監獄行政を担当した人々が、どのような知識を得ていたかという点である。

**【表】大日本監獄協会会員とその人脈**

| | | 内務省 | 啓蒙団体 | M13感化院 | M18感化院 | 東京府会 | 信仰 | 参考情報 |
|---|---|---|---|---|---|---|---|---|
| 会員番号一桁 | 1 宇川盛三郎 | ○ | ○ | | ○ | | | 仏（翻訳）、共存同衆 |
| | 2 佐野尚 | △ | | | ○ | | | 仏（翻訳） |
| | 3 神谷彦太郎 | ○ | | | | | | 英（翻訳） |
| | 4 武田英一 | | | | | | | 仏（翻訳） |
| | 5 深井鑑一郎 | | | | ○ | | | 漢学者 |
| | 6 寺井宗平 | | | | ○ | | | 出版業 |
| | 9 新妻敬治 | | | | | | 基 | |
| | 10 小崎弘道 | | | ○ | | | 基 | 英米 |
| 特別会員 | 石井邦猷 | ○ | | | ○ | | | |
| | 清浦奎吾 | ○ | | | | | | 独 |
| | 小原重哉 | ○ | | ○ | | ○ | | 英 |
| | 小野田元熈 | ○ | | | ○ | ○ | | 仏 |
| | 川合鱗三 | ○ | | | | | | |
| | 中村正直 | | ○ | ○ | | | 基 | 英、明六社 |
| 公選議員 | 田口卯吉 | | ○ | | | ○ | | 嚶鳴社、共存同衆 |
| | 岡山兼吉 | | | | ○ | | | 東京大学、代言人 |
| | 銀林綱男 | ○ | | | | | | |
| | 林和一 | | | | | | | 代言人 |
| | 角田眞平 | | ○ | | | ○ | | 嚶鳴社、代言人 |
| | 青木匡 | | ○ | | | ○ | | 嚶鳴社 |
| | 末廣重恭 | | ○ | | | | | 嚶鳴社 |
| | 大浦兼武 | ○ | | | | | | |
| | 松本美凱 | ○ | | | | | | |
| | 杉本重遠 | ○ | | | | | | |
| その他 | 大内青巒 | | ○ | ○ | | | 仏 | 共存同衆 |
| | 島地黙雷 | | ○ | | ○ | | 仏 | 共存同衆 |

当時の監獄改良論に大きな影響を与えた文献として知られるのは、J.C. ベリー（John Cuting Berry）がまとめ、1876 年 8 月に内務卿・大久保利通に宛てて提出された『獄舎報告書』[41] である。ベリーは 1873 年頃から、万国監獄会議の主催者であった E.C. ワインズ（E.C.Wines）と連絡を取り合っており、『獄舎報告書』に付された見解は、ワインズを通じてえた当時最先端の学説を踏まえたものであったことが判明している[42]。さらに、1878 年にスウェーデンのストックホルムで開催される第 2 回万国監獄会議に向けて、準備委員長のワインズが日本政府に代表者の派遣を求め、これに対して政府は代表者の派遣に代えて、質問に対する回答をまとめた『囚獄報告書』および『大日本帝国獄制沿革徴略』を提出している[43]。小原は当時を顧みて、「英国にて開きし、獄制万国会議の書籍吾政府に送り来りしが、大木司法卿は司法省中の、漢学者仏学者都合四人と、仏人一人とに命じて、翻訳せしめられ十数ヶ月の間に大部の書が成ました」[44] と記しているが、長沼友兄氏の考証にしたがえば、翻訳されたのは『万国囚獄公会事務録』であったと思われる[45]。小原が後年、これらの事跡を挙げて「其前には獄制の改正論を聞きて、窃かに嗤笑せし者も、聊か此論を談柄とするに至りました、是に於て改正論者は、始て少しく色を起すありさまになりました」[46] と述べているように、当時の司法省は、ベリーやワインズを通じて、欧米の監獄に関する情報を入手していたのである。

　1876 年から東京府下で監獄行政に従事する小野田元熈もまた、様々な文献を通じて監獄について学んでいる。彼の蔵書である小野田文庫には、『治獄要務法朗西監獄築造書』と題する簿冊が存在し[47]、これには明法寮生徒が翻訳した文献、ブスケやボアソナードの著述、ベルギー獄制に関する文章などが含まれる。その内容からして、同書は司法省で蓄積された知識をまとめたものであろう。のち、1879・1880 年の欧米各国視察を経ると、小野田は自身の手でさまざまな報告書を作成する[48] と同時に、監獄に関係する数多くの文書を入手・起草した[49]。その経歴や蔵書・文書の構成からみるに、小

野田が触れた知識は、フランスに由来するものが主であったと思われる[50]。

さらに1881年以降は、内務省において海外文献の翻訳が進められた。小原は、「十四年の頃佐野尚氏は監獄学の参考となる貴重の書を多く翻訳して斯の学術を裨益せられました、（中略）十六年に至るに迫んで斯の道に熱心且つ奇特の人々多く輩出せられました中に就き神谷彦太郎佐野尚両人の如きは公庁を退て後晩夕の時間を費して監獄局員中の有志者を集めて、獄制学の訳話を為し、又十七年の春に在ては佐野神谷両人相謀りて欧米の監獄書を翻訳し」[51]たと述べて佐野尚[52]・神谷彦太郎の両名を特筆するが、佐野尚の『仏国監獄改良論』、『欧米監獄事情』、『斯徳哥爾摩万国監獄会議議事提要』、神谷彦太郎の『華氏監獄論』、『英国獄事問答』などがその成果であろう[53]。佐野はフランス語文献を、神谷は英語文献を、それぞれ得意としたようである。

このように、当時の司法省・内務省は、監獄行政に携わる部局を中心として、絶えず外国文献の翻訳や調査を行っている。その関心は、万国監獄会議をはじめとする欧米の監獄制度一般に及んでおり、強いて国名を挙げるならば、イギリス・フランス・ベルギーが注目されていた。

### （3） 1880年から1882年にかけての感化院設立計画

次に、小原と阪部が関わった、民間と共同での取り組みに目を向けたい。それは、1880年から1882年にかけて生じた、感化院の設立を目指す動きである[54]。この設立計画は実現をみずに終わるが、同計画に当初から関与したのが、小原重哉・阪部寔と加藤九郎の3名であり、とりわけ阪部・加藤は1881年5月に「感化院設立願」を提出するなど[55]、運動の中心的な役割を担っていた。

阪部とともに中心的な役割を果たした加藤九郎は、キリスト教に関心をもって外国人宣教師に日本語を教え、翻訳なども行っていたが、采風新聞の記者であった1876年、新聞紙条例に違反して禁獄3年の実刑判決を受けて

いる[56]。加藤は獄中生活を送る中で、未成年が多く収容されていることやその問題に気づき、彼らのために仮学校を設けることを署長の小野田元熈に提案したという[57]。

また、同事業に関わった人物として、このほかに津田仙、中村正直、小崎弘道、大内青巒などの名がみえるが[58]、その顔触れからはいくつかの特徴を見出すことができる。一つは、キリスト教を信仰する者の多さである（確認できる限りにおいて、阪部・加藤・津田・中村・小崎）。特に、阪部と親交が厚かったとされる小崎弘道[59]は、J.C. ベリーらアメリカン・ボードと関係が深く、監獄改良について知見を有していた可能性がある。

阪部寔もまた一貫してキリスト教を信仰しており[60]、そのことが縁で、のちにキリスト教教誨の導入に貢献している。そのきっかけは、1884年に阪部が兵庫仮留監の典獄として赴任した際、同施設の教誨師としてキリスト教徒の原胤昭を招いたことにあった。阪部と原の両名は、1884年に東京第一教会の牧師であった長田時行が引き合わせたようで[61]、いわば信仰を通じた出会いである。その結果、原は同年から兵庫仮留監に傭として赴任し、間もなく教誨師として活動をはじめた[62]。原は同地でJ.C. ベリーや、やはりアメリカン・ボードの宣教師であるD.C. グリーンらと親交を深め、彼らを通じて書籍などを入手し、監獄改良への理解を深めている[63]。さらに1888年、原は釧路集治監の教誨師として北海道に渡り、以後、原の関与もあり、北海道集治監の教誨師はキリスト教徒が独占することとなった。すなわち、阪部から原、さらには明治20年代の留岡幸助たちへとつながる監獄改良論は、明治10年代前半に東京で形成された、キリスト教を核とするネットワークが原点にあったことが知れよう。当然のことながら、そこにはJ.C. ベリーら宣教師がもたらした、英米の人道主義的な監獄改良論が色濃く反映されたはずである。

また、もう一つの傾向として、感化院設立事業への参画者には、明治初期の啓蒙団体に関わり、イギリスを中心とした欧米思想に触れる立場にあった

人物が多いことも目を惹く（例えば、大内・加藤は共存同衆、中村・津田は明六社に属する）。長沼友兄氏は、この時期に用いられた「感化院」やこれに類する語句とその原典をたどり、それらの言葉がアメリカのReform Schoolや、イギリスのReformatory Schoolなどに由来していることを指摘される[64]。ここからは、当時の彼らに影響を与えていたのが、主として英米の感化事業であったことをみてとれる。

したがって、1880年から1882年にかけての感化院設立運動は、キリスト教の信仰、英米思想への造詣といった基盤を共有する人々に担われており、内務省の官吏である小原や阪部もまた、そうしたネットワークに連なっていたものといえよう[65]。

### （4） 1885年の感化院創設と『獄事新報』

続いて、監獄改良論の発表媒体として、1887年8月に創刊された『獄事新報』に触れておく必要がある[66]。『獄事新報』はわずか10号で廃刊となったものの、「監獄に関する雑誌の嚆矢」「その後の監獄改良の導火線」[67]と評されており、その創刊には、高瀬真卿によって1885年10月に創設され、1886年10月に改称された東京感化院が深く関わっている[68][69]。

東京感化院の創設者である高瀬真卿は、明治初期に甲府や仙台で新聞記者として活動し、新聞紙条例違反で何度か有罪判決を受けている。その後、東京に出た高瀬は、1884年に内務省監獄局長の石井邦猷らと接したことで監獄や感化事業に関心をもち、同年から東京府下で教誨師として活動を開始する。高瀬は、石門心学を発展させた「感化心学」を提唱するとともに、関連団体を組織して「感化心学」による教誨を目指した。その後、感化事業にも視野を広げ、1885年10月に感化院を設立する[70]。

感化院の創設経緯を記した『東京感化院創業記』から、監獄改良に縁のある人物を挙げてみると、創業時の協力者として石井邦猷[71]、清浦奎吾、佐野尚らの名を、1887年以降に発足した慈善会の関係者として宇川盛三郎[72]、

名村泰蔵、木下広次[73]、石澤謹吾[74]、小野田元熈らの名を目にすることができる。このほか、協議員（高額寄付者）として岡山兼吉、感化院の院務に尽力した者として小山松吉、寺井宗平、深井鑑一郎[75]らの名が挙がる[76]。また、『獄事新報』の執筆陣には、宇川盛三郎、深井鑑一郎、佐野尚、高瀬真卿、島地黙雷らが名を連ねる。

この顔触れからうかがえる特徴の一つは、内務省で監獄行政・翻訳事業に携わった人物の深い関与であろう。監獄局長の石井邦猷、警保局長の清浦奎吾をはじめ、佐野尚、宇川盛三郎、石澤謹吾、小野田元熈らが該当する。内務省の関係者が感化事業に積極的である点は、1880年の感化院設立計画に小原重哉や阪部寔が関わっていたのと同様、同省の一貫した姿勢とみてよい[77]。

次に、フランス法に造詣の深い人物（佐野・宇川・名村・木下）が多数関わっていることも本事業の特色である[78]。『獄事新報』の誌面にボアソナードやアッペールの講演が掲載されていること[79]、東京感化院の規則がフランスのメットレー感化院を範にとっていること[80]などと合わせて、1880年段階の感化院設立計画に比べ、明らかにフランスの制度・知識が色濃く影響を与えている。

以上の事実から、1884年以降、高瀬および内務省関係者とその周辺で、感化院や教誨をめぐる活動が活発化していたこと、そうした機運の中で監獄改良を唱える『獄事新報』が発刊されたこと、一連の動きにフランス法制への傾斜がみられることを指摘することが可能である。

### （5） 東京府会議員と代言人

さらに、監獄改良をめぐる動きとして、東京府会での議論とその関係者にも言及しておきたい。東京府会では1885年11月に、小笠原島への別房留置監設置が議論されたが[81]、番外委員として提案を説明する小野田元熈に対して、東京府会議員の田口卯吉[82]・青木匡[83]・角田眞平[84]らが反対論を唱えて

いる。彼らは、すでに刑期を終えた別房留置者、つまり「無罪の人」を「徒刑同様に島地に配流」する点を問題視したほか、離島での処遇は、提案者が主張する費用の節減どころか増加をもたらすと主張した[85]。また、1888年に石川島監獄の移転問題が生じた際にも[86]、田口・青木・角田らは「弥生党」を称して同じ立場から論陣を張り[87]、「監獄の学説」や「監獄構造法の得失を討究」した上で建設候補地・建設時期やその建材・構造などを論じている[88]。

　彼らの主張の眼目は、監獄費の節減にあった。たとえば、1885年の議論で監獄則の不備を指摘した田口卯吉は、同時期に自身が主宰する『東京経済雑誌』上で監獄則を論じ[89]、「罪人日に増して而して地方税非常に増加し人民は其増加に苦しむべきなり」[90]と述べて監獄費の削減を意図しながら、貧民が多いにも関わらず受刑者が少ないイギリスの例を引き、苦難を与えることで被収容者を減少させるべきと主張する。

　そして、彼らの学識にも一定の共通点を見出すことができる。田口・青木・角田はいずれも、かつて嚶鳴社に加盟している[91]。この点は【表】に掲げた大日本監獄協会関係者のうち、末廣重恭も同様である[92]。また、大日本監獄協会の公選議員には角田眞平のほか岡山兼吉[93]、林和一[94]ら代言人が名を連ねるが、彼らはいわゆる「進歩派（大学派）」に属し、1889年に代言人会が2派に分かれた際、全員が東京新組合代言人会に所属している[95]。さらに、彼ら東京府会議員・代言人の一団には、青木匡が英学を修め[96]、岡山兼吉が英法派に分類される[97]ように、イギリスの思想や学問に明るいという特徴がある。

（6）　1880年代監獄改良論者のネットワークについて

　これまでの記述をふまえ、大日本監獄協会を支えた人脈についてまとめておきたい。まず、創設メンバーともいうべき会員番号一桁の会員（7,8番は不明）には、宇川（1番）、佐野（2番）、深井（5番）、寺井（6番）と、東

京感化院および『獄事新報』の関係者が一定数を占めている。したがって、『獄事新報』と『大日本監獄協会雑誌』の関係者・関心は、ある程度連続していたといえよう[98]。また、9番の新妻[99]、10番の小崎はそれぞれキリスト教を信仰する人物だが、両者が属する日本正教会・日本組合基督教会ともに、1880年の感化院設立計画段階から、監獄改良に協力してきた宗派である[100]。

特別会員の石井邦猷・清浦奎吾・小原重哉・小野田元熈・川合鱗三[101]は、いずれも内務省において監獄行政の当事者として尽力してきた面々であり、中村正直[102]もまた、1880年の感化院設立計画に関わっている。

さらに、公選議員の面々は、内務省関係者を除く全員が、東京府会議員か代言人である。彼らは、共存同衆や嚶鳴社といった啓蒙団体、あるいは東京大学において西洋の思想・学問に触れており、特にイギリスの思想・学問に影響を受けた人物が多い。なお、大日本監獄協会の一般会員には、大内青巒や島地黙雷といった仏教関係者も見受けられる[103]が、彼らもまた共存同衆の会員であるとともに、感化院設立や『獄事新報』に関わっている。

つまり、大日本監獄協会の主要構成員には、①司法省・内務省の関係者、②感化事業への協力者・賛同者、③嚶鳴社や共存同衆・東京大学などで英米思想に触れた人物、そして④仏教やキリスト教など信仰に根ざした活動に従事する人々といった層が存在し、同時期の監獄改良論は、彼らによって支えられていたといえるのである。

## 3　共有される思想的基盤

### （1）　ベンサムとスペンサー

前節では、1880年代に生じた監獄改良をめぐるいくつかの人脈・運動が、大日本監獄協会へと結実することを指摘した。その際、関係者たちが英仏をはじめとする西洋の文献・法制に影響を受けていたと述べたが、それでは、彼ら1880年代の監獄改良論者に共有されていた知識・思想としては何が挙

げられるだろうか。

　結論からいえば、当時の監獄改良論においてしばしば引用されるのは、ベンサム（Jeremy Bentham）とスペンサー（Herbert Spencer）である。以下、具体的な事例を示しつつ、監獄改良論における両者の受容について一瞥してみたい。

　まず、ベンサムに関してみておくと、明治期の監獄改良に先鞭をつけた小原重哉が、自らがベンサムの学説に触れている旨を何度か言及している。例えば、1871年の香港・シンガポール視察時の出来事として、「英国ニテ有名ナル法律家ベンターム氏ノ遺説ヲメクネール氏ヨリ之ヲ聞」[104]いたと述べており、後年には、ある人物を紹介する中で「胡璣甫は…英国雷名の故人ベンターム氏に私叔し獄制学を研尋せし人なれは図らすも予と其学派を同ふせる」[105]と述べ、間接的に自身がベンサムの学派に属することを表明している。

　次に、日本で最初に「監獄学」を紹介したとされる穂積陳重も、その著作の中で「私は英国に留学中「ベンタム」の名著「パノプチコム」を読んで、深く監獄改良の必要性を感じ」[106]たと記すほか、論文や講演でしばしばベンサムのパノプティコンに触れている[107]。なかでも、ベンサムの考案した円形の監獄が、「星形獄」、「十字形獄」へ発展したと解し、その一例として日本の鍛冶橋監獄を挙げていること[108]は、日本の監獄建築に対するベンサムの影響を考える上で示唆に富む。

　また、在野の立場で『獄政論』を著した市島謙吉も、「第八章　監獄構造法」においてベンサムの「パノプティコン」を、その学説の変遷や図式も含めて詳細に紹介している[109]ほか、高瀬真卿が創設し、1889年に移転した感化院の建築は、パノプティコンを意識していたという[110]。市島謙吉は東京大学で学び、岡山兼吉や小野梓との関係が深い[111]。このように、ベンサムの「パノプティコン」は、前節で取り上げた各層に、知識として共有されていたとみてよいであろう。

なお、江木衷が記し、小野田元熙が刊行した『監獄主義論』には、「ベンタム氏ノ如キハ本来実利主義ヲ以テ立法ノ大旨トナシ万般ノ制度ヲシテ尽ク実利ノ主義ニ基カシメントシタル人物…重等ノ労役ニ就キテモ亦甚シク批難ヲ加ヘタリ」[112]との記述がある。江木自身はその主張を否定する側に立っているが、ここからはベンサムの刑罰論についても一定の理解があったことをうかがえる。

そして、スペンサーの影響もさまざまな文献にあらわれている。まず、穂積が1882年に著した「監獄学大綱」に

> 且又醇化論の監獄学に於るや、其適用最も著明なるものあり。彼の最適者生存主義は実に監獄の制度に拠て以て其実効を奏するを得べし。監獄あるが故に社会の非適者を芟除し、最適者をして益々生存発育せしむるを得べく、監獄あるが故に社会の秩序を壊崩する者は捕て之を累紲し繋ぐを得べし。故に非適者の種裔は漸次其跡を社会に絶ち、荼毒を後世に遺流するの患なかるべし。[113]

との表現があり、ここには明らかにダーウィニズム、さらにはそれを受けたスペンサーの社会進化論に影響をみてとれる。市島謙吉の『獄政論』も、「然らば則ち監獄の眞目的は果して如何。吾人は夫の進化の理に本き社会純良の適者を保護する為め兇悪なる不適者を離隔し、之を矯正せんと欲し、其の自由を拘束するにありと云はんとす」[114]と記すほか、スペンサーの名にも言及するなど、その影響下にある[115]。これらの記述はいずれも、適者生存の原理を用いて、社会防衛という刑罰の目的を正当化する。

また、『獄事新報』の1、2号に掲載された「監獄ノ目的ヲ論ス」にも注目すべき内容が記されている。

> 野蛮ノ時代ニハ懲戒主義多ク行ハレテ何レノ国ニテモ往昔ハ罪人ヲ虐待

シテ残忍ナル取扱ヲ加ヘタルモノナレドモ世ノ開明ニ推移シテ懲戒主義ハ漸ク退縮ノ有様ヲ現シ来リ今日ニテハ感化主義ノ方ニ大ナル傾キヲ有スルニ至リシ事ナリ凡ソ進化ト云フモノハ悪キ方ニ進ムモノニアラスシテ常ニ良キ方ニ傾クガ原則ナレバ獄事モ亦必ス良キ方ニ進化スルハ勿論ノ事ナルベシ若シ百年以来欧米諸国ノ獄制概ネ懲戒主義ヲ脱シテ感化主義ニ傾向シタルヲ見テ是レ不規則ナル進歩ナリ獄治ハ宜シク懲戒ニ拠ルベシト言ハヾ誰カ其愚ヲ笑ハサルモノアラン[116]

　この記述が何に由来するものであるかは確認できないが、あたかも穂積の法律進化論のように[117]、当時論争となっていた監獄の主義（処遇方針）について、歴史的な発展段階説を用いて説明したものといえよう。

　このように、前節で触れた監獄改良論者たちは、その多くがベンサムやスペンサーの学説に親しんでいる。1880年代の日本では、ベンサムやスペンサーの翻訳書も刊行されるなど[118]功利主義や社会進化論が広く受け入れられつつあったが、刑罰や監獄に関しても、その例外ではなかったのである。先行研究が指摘する通り、当時の政府が具体的な制度を設計するにあたって、イギリス・フランスやベルギー、あるいはドイツの諸制度を参照した事実は否定できない。しかしその根底には、ベンサムやスペンサーの受容を通じた、監獄の構造や刑罰（監獄）の目的に関する共通理解があったと考えられる。

## （２）　監獄主義論とスペンサー

　最後に、1880年代に論争が生じていた監獄主義論——懲戒主義と感化主義——[119]に対して、スペンサーの理論が及ぼした影響を考えてみたい。懲戒主義・感化主義の論争は、受刑者の特別予防に向けて、苦痛の賦課と、教育・授産による更生意欲の喚起のいずれを重視するかという問題であり、1885年の山県有朋内務卿訓示を契機に懲戒主義への傾斜がみられたこと、その理

由として、受刑者の増加とこれに伴う監獄費用の増大などの問題があったことが指摘されている[120]。

そして、この論争に対する監獄改良論者たちの姿勢は二様に分かれる。『獄事新報』は、「獄事モ亦必ス良キ方ニ進化」するもので、「欧米諸国ノ獄制概ネ懲戒主義ヲ脱シテ感化主義ニ傾向シタル」として、感化主義への移行が時代の趨勢・進化の必然と理解する[121]。また、市島の『獄政論』も、監獄主義論についてスペンサーから説き起こし、世の中が復讐主義から自治主義に変わった中で、「畢竟今日監獄の通弊とする所は、自治の主義を実行せず、専ら苛峻なる懲戒主義を実行するに在り」とし、「矯正主義を主位に置き懲戒主義を従位に置」くべきであるという[122]。この二者はいずれも、社会進化論を援用しながら、感化主義に進むことが必然であると主張するものである。

一方で、同じ西洋の学問・思想を受容しながら懲戒主義の採用を主張する人々も多く、小野田元熈や田口卯吉をはじめ、政府関係者の多くがこの立場にある。彼らは、受刑者・再犯者の減少や監獄費節減のために懲戒主義の有用性を説くが、その際に、監獄の「時勢民度」[123]への適合を重視している。このような、国家や時代に適合した監獄制度の肯定は、この当時、必ずしも監獄行政との関わりが深くない人々の発言の中にも見受けられる。例えば、伊東巳代治が1889年に起草した「獄政改良意見」にも、「獄政改良ハ決シテ単独ノ事件ト看做スベカラザルナリ。則此事タル刑法並ニ一般行政ノ発達ト密接ノ関係ヲ有スルモノナリ。…凡ソ此等ノ理論ニ依レバ国家ハ各々其国ニ適スル監獄ノ制度ヲ行ハザルベカラズ。而シテ其監獄ノ制ヲ撰択スルニ当テハ、独リ犯罪ノ予防囚徒ノ改悛社会ノ保護等ニ関スル各監獄法ノ理論如何ニ拘ラズ、専ラ其実ヲ挙グルヲ以テ標準トセザルベカラズ」、「宇内各国均シク普通ノ獄政ヲ設ケントスルガ如キハ決シテ期スベカラズ。何トナレバ各国皆各々其気候風土人情等ニ異同アルヲ以テナリ」[124]との記載をみてとれるし、パテルノストロもまた1890年に行った講演で、「私が日本の監獄を拝見致し

て、随分自分だけの考では酷い事であると思った事もあるし、又宜いと感じたことも無いではありませぬ。…而して、或る当局者が私の見て感じたことを書いて呉れろと請求されましたが、私は之を固くお断り申しました。何故なれば、自分の眼には酷いと思った事も其の地の習慣よりして必要なるものであるかも知れませぬし、又自分の宜からうと思った事も或は其の地の監獄には不適当であるかも知れぬ」[125] と発言している。

こうした理解もまた、スペンサーを受容した人々にとって受け入れ可能な説明であったのではないかと、筆者は考えている。先行研究はスペンサーについて、自由主義的な要素と歴史主義的な要素とが存在していたこと[126]、歴史的な連続性を重視する漸進主義であったこと[127]、森有礼や金子堅太郎に対して「保守的な忠告」を与えたことなどを指摘する[128]。その歴史主義・漸進主義的な側面に着目すれば、異なる社会への西洋法制の単純な接ぎ木よりも、過去からの連続性をもち、社会諸制度の段階に応じた制度変更こそが求められることになろう[129]。

つまり、日本におけるスペンサーの受容は、監獄改良論に関して、一方では西洋諸国における最先端の処遇の導入を主張する側に論拠を提供するとともに、他方では、日本の当時の状況に見合った監獄制度・政策の導入を求める側に対しても、それを支える理論の提供につながったと思われる。

## 結びにかえて

以上、本稿では1880年代の監獄改良論者を取り上げ、その人脈と思想的基盤の把握に努めてきた。本稿、特に第3節で触れた事実関係は、法制史学の研究者による長年の蓄積に加え、長沼友兄氏、堀雄氏、小澤政治氏らが近年発表された緻密な研究、さらには隣接分野の研究成果をもとに再構成したもので、新たな発見は多くない。研究を参照させていただいた方々に、まずは深く御礼を申し上げたい。

その上で、キリスト教の関係者、啓蒙思想団体の関係者、感化事業に参画した人々が様々な場面で交錯しながら大日本監獄協会に結集してゆくこと、さらには、行刑史研究において従来あまり注目されてこなかったベンサムやスペンサーといった英米思想の影響が、同時代の監獄改良論に少なからず影響を与えている可能性を示せたことは、従来の研究に新たな要素をつけ加えることができたものと考えている。1880年代の監獄改良論に与えた英米思想・制度の影響については、再検討が必要であろう。

　なお、本稿で注目した知識・思想とは異なる方向から、日本独自の監獄制度を構築しようとした勢力の存在についても、今後さらに検証する必要がある。例えば、1886年に感化院を設立した高瀬真卿は、一貫して教誨問題に関心を寄せていたが、彼は活動の当初からその方法として「心学」を選び取っていた。その陣営に、のちに司法省で重きをなす小山松吉（高瀬の実弟）や、1890年代に仏教教誨へ関心を寄せる島地黙雷らが絡んでいることは興味深い。また、懲戒主義を唱え、英法派に数えられる江木衷は後年、ダーウィンやスペンサーが持てはやされていた1880年代を回顧して、まさにこの当時、親友の穂積八束とともに時代の風潮を慷慨したと証言している[130]。彼らのように、西洋の法制度を受け入れながらも、その実践に際して日本独自の道を見出そうとした人々が、1880年代以降、どのように自己規定し、いかなる立場から刑罰や監獄を論じたかという点は、行刑における「日本的特質」を考える上で重要であろうと考える。

　今後、欧米の思想や制度を取り上げた同年代の翻訳文献と、監獄改良論者が発表した文章を比較してその影響関係を精査するとともに、たとえば教誨をめぐる各論者のスタンスを整理することによって、本稿でおぼろげながらも描いた構図を、より明確な形に整えることができるものと考えている。

〈注〉
1　安丸良夫『一揆・監獄・コスモロジー』（朝日新聞社、1999年）所収「「監獄」

の誕生」128 頁以下、拙稿「明治前期の監獄における規律の導入と展開」『法制史研究』64 号（2015 年）1 頁以下など。
2　例えば、小川太郎・中尾文策『行刑改革者たちの履歴書』（矯正協会、1983 年）、姫嶋瑞穂『明治監獄法成立史の研究—欧州監獄制度の導入と条約改正をめぐって』（成文堂、2011 年）、小野修三『監獄行政官僚と明治日本—小河滋次郎研究』（慶應義塾大学出版会、2012 年）、小澤政治『行刑の近代化—刑事施設と受刑者処遇の変遷』（日本評論社、2014 年）など。また、「監獄学」の展開を論じた研究に、小川太郎編『矯正論集』（矯正協会、1968 年）所収・朝倉京一「日本監獄学の展開—小河監獄学と正木・新監獄学の対比—」311 頁以下、朝倉京一ほか編『日本の矯正と保護 第 1 巻 行刑編』（有斐閣、1980 年）所収・小川太郎「わが国の行刑の歩み」1 頁以下、倉見慶記編『矯正協会百周年記念論文集 第 2 巻』（矯正協会、1988 年）所収・吉永豊文「行刑理念」93 頁以下、前掲小澤『行刑の近代化』所収「受刑者の改善更生① 理念」251 頁以下など。
3　内閣官報局編『法令全書　第十四巻』（原書房、1976 年復刻）303 頁以下。
4　刑務協会編『日本近世行刑史稿　下』（矯正協会、1974 年復刻）227 頁以下、前掲姫嶋『明治監獄法成立史の研究』131 頁以下など。
5　たとえば、人足寄場顕彰会編『人足寄場史』（創文社、1974 年）、高塩博『江戸時代の法とその周縁—吉宗と重賢と定信と—』（汲古書院、2004 年）第Ⅰ部所収の諸論考など。
6　堀雄「明治一四年監獄則をめぐる諸問題（四）」『刑政』126 巻 11 号（2015 年）63 頁も、明治 14 年監獄則を「固有法とも評すべき」とする。なお、筆者は先だって、岩谷十郎編『再帰する法文化』（国際書院、2016 年）所収・拙稿「人足寄場をめぐる言説空間」93 頁以下において、明治期以降、人足寄場がどのように語られてきたかを論じた。
7　内閣官報局編『法令全書　第二十二巻－2』（原書房、1978 年復刻）214 頁以下。
8　大塚仁ほか編『行刑の現代的視点』（有斐閣、1981 年）所収・平松義郎「近代的自由刑の展開—日本における—」9 頁。
9　前掲姫嶋『明治監獄法成立史の研究』75 頁をはじめ、先行研究の多くも同様の見解である。
10　たとえば前掲朝倉「日本監獄学の展開」313 頁および 317 頁以下。
11　荘子邦雄ほか編『刑罰の理論と現実』（岩波書店、1972 年）所収・平松義郎「刑罰の歴史—日本（近代的自由刑の成立）—」82 頁以下、および前掲平松「近代

第 2 章　1880 年代における監獄改良論者の人脈と思想的基盤について　89

的自由刑の展開」19 頁。
12　市島謙吉『獄政論竝獄窓旧夢談』（有斐閣、1946 年）。同書について、前掲朝倉「日本監獄学の展開」315 頁以下。
13　馬場辰猪が投稿した原文は、馬場辰猪『馬場辰猪全集　第三巻』（岩波書店、1988 年）所収「In a Japanese Cage」5 頁以下、訳文およびこれに対する政府側の動向や反論文書については、馬場辰猪『馬場辰猪全集　第四巻』（岩波書店、1988 年）209 頁以下。なお、関連論文に、手塚豊『明治刑法史の新研究（下）』（慶應通信、1986 年）所収「馬場辰猪「日本監獄論」に関する新資料」159 頁以下がある。
14　近年紹介されたものに、前掲安丸「「監獄」の誕生」145 頁以下、田中亜紀子「明治十五年名古屋監獄署における行刑状況（一）─「愛知新聞」掲載　白井菊也「牢獄土産」を主たる手がかりとして─」『法経論叢』29 巻 2 号（2012 年）1 頁以下などがある。
15　拙稿「「明治一四年監獄則」の編纂・制定過程に関する基本情報─国立公文書館所蔵『公文録』に収められる一草案を用いて─」『司法法制部季報』126 号（2011 年）5 頁以下を参照。
16　我部政男・広瀬順晧編『国立公文書館所蔵　勅奏任官履歴原書・下巻』（柏書房、1995 年）158 頁以下。以下、小原の経歴は同文献による。
17　小野田元熙については、「内務省警保局長小野田元熙君履歴」『監獄学雑誌』4 巻 3 号（1892 年）1 頁以下、川島維知監・小野田元一著『小野田元熙』（藤商事、1969 年）、高橋雄豺『明治警察史研究　第四巻　前編』（令文社、1972 年）所収「小野田元熙」307 頁以下を参照。
18　矯正資料館は 2017 年 8 月に閉館し、現在、同資料は矯正研修所が保管している。なお、同資料については拙稿「矯正資料館のあゆみとその所蔵資料」『刑政』128 巻 10 号（2017 年）56 頁以下。
19　群馬県の館林市立図書館が所蔵する小野田文庫の一部資料にも同種の罫紙が用いられていることから、小野田元熙が用いたものと思われる。
20　矯正資料館所蔵『本署改正ノ要目』。同建議書の要旨は警視庁編『警視庁史稿　上巻』（内務省警保局、1927 年）279 頁以下にも採録されているが、起案日等の情報は、本史料を用いてはじめて確認できる。
21　小野田の報告書は、注 48 で後述するように何種類かの草稿・簿冊が残されており、所蔵機関の目録等では 1879 年の出版とされているが、これは小野田が各

国政府に質問を送る際に付した書簡の日付けであり、実際に報告書をまとめ、提出した日付けを示すものではない（この点につき、前掲高橋「小野田元熙」319頁）。

22　法務省保護局更生保護誌編集委員会編『更生保護史の人びと』（日本更生保護協会、1999年）所収・溝口嘉夫「阪部寔」132頁以下。

23　国立国会図書館所蔵『改正官員録 全〔明治十三年五月四日出版〕』14頁。

24　小野田元熙『泰西監獄問答録』（1889年）中「第十四章　賞罰」15頁以下。

25　明治仏教思想資料集成編集委員会編『共存雑誌　明治仏教思想資料集成別巻』（同朋舎出版、1986年）所収・中川洋子「『共存雑誌』」397頁。

26　福島正夫『福島正夫著作集　第1巻』（勁草書房、1993年）所収「明治十年の小野梓—広瀬進一関係の文書を通じて—」473頁。

27　前掲注11に同じ。

28　清浦奎吾「行刑回顧録（一）」『刑政』48巻5号（1935年）49頁。なお、清浦は彼らの名を明治14年監獄則と関連させて論じているが、これは清浦の誤解であろう。この記述を明治22年監獄則と結びつけて理解した先行研究に、前掲姫嶋『明治監獄法成立史の研究』125頁、前掲小澤『行刑の近代化』48頁がある。

29　小河滋次郎『日本監獄法講義』（日本行刑史研究会、1976年）「例言」3頁。

30　前掲清浦「行刑回顧録（一）」49頁。

31　井上毅伝記編纂委員会編『井上毅伝　史料篇第二』（国学院大学図書館、1968年）126頁。

32　明治22年監獄則第18条は「父母ノ喪ニ遭フ者ハ三日免役ス」と規定しており、井上の意見が採用されている。ただし、同史料にみる井上の関与は、起草というよりは部分的な修正意見の提出にとどまっている。

33　その顛末は、前掲姫嶋『明治監獄法成立史の研究』104頁以下。1887年に審議された改正案は、明治22年監獄則の前段階には位置づけられるが、両者がどの程度まで連続するものであるか、筆者は未だ定見をもっていない。

34　明治法制経済史研究所編『元老院会議筆記　後期第二十八巻』（元老院会議筆記刊行会、1983年）13頁以下。

35　前掲注34に同じ。

36　前掲姫嶋『明治監獄法成立史の研究』104頁以下、前掲拙稿「明治前期の監獄における規律の導入と展開」36頁以下。

37　「大日本監獄協会規則」『大日本監獄協会雑誌』1号（1888年）表紙裏面。

38　大日本監獄協会の発足および『大日本監獄協会雑誌』の創刊については、刑務協会編『刑政論集』（刑務協会、1938年）所収・岡五朗「刑務協会五十年史」515頁以下、倉持史朗『監獄のなかの子どもたち―児童福祉史としての特別幼年監、感化教育、そして「携帯乳児」』（六花出版、2016年）所収「『大日本監獄協会雑誌』と監獄改良運動」25頁以下に詳しい。

39　前掲岡「刑務協力五十年史」561頁。

40　会員番号の若い会員・特別会員およびその他一般会員は、「名簿」『大日本監獄協会雑誌』16号（1889年）2頁以下。公選議員については、宇川盛三郎「本会の臨時総集会」『大日本監獄協会雑誌』7号（1888年）2頁。

41　『獄舎報告書』は、大久保利武『日本に於けるベリー翁』（東京保護会、1929年）211頁以下に掲載されている。

42　小澤政治「ジョン・C・ベリー著『獄舎報告書』（明治九年）について」『刑政』125巻1号（2014年）70頁以下。

43　この経緯については、堀雄「明治初期における監獄の建築及び運営の状況　明治五年監獄則から明治一四年改正監獄則まで―試論―（六）」『刑政』125巻11号（2014年）27頁以下。

44　小原重哉「元元老院議官小原重哉君講話」『大日本監獄協会雑誌』43号（1891年）22頁以下。

45　同書は、1874年にセントルイスで行われた全米監獄会議の報告書と考えられている（長沼友兄「東京感化院設立当時の欧米社会事業情報―訳書『萬國囚獄公会事務録』『仏国監獄改良論』などの紹介を通じて―」『東京社会福祉史研究』4号（2010年）6頁以下）。

46　前掲小原「元元老院議官小原重哉君講話」23頁。

47　館林市立図書館所蔵小野田文庫『治獄要務法朗西監獄築造書』（小野田（家）文書1）。前掲高橋「小野田元熙」315頁も参照。

48　早稲田大学図書館所蔵鶴田皓旧蔵文書『仏国巴里府獄舎問答録』（小野田罫紙）、矯正図書館所蔵『法蘭西獄舎答弁録　全』、矯正図書館所蔵『白耳義獄舎答弁録』、国会図書館所蔵『欧米各国監獄質問録』などの存在が知られている。

49　長沼友兄「ヨーロッパ監獄事情の紹介者・小野田元熙（前）―警視庁時代を中心として―」『刑政』121巻10号（2010年）57頁以下に、小野田が所蔵していた多数の監獄関連文書・資料の件名が記されている。

50　前掲長沼「ヨーロッパ監獄事情の紹介者・小野田元熙（前）」52頁以下。

51　前掲小原「元元老院議官小原重哉君講話」23 頁。
52　佐野尚については、法務省保護局更生保護誌編集委員会編『更生保護史の人びと』（日本更生保護協会、1999 年）所収・佐々木繁典「佐野尚」120 頁以下。
53　当時の監獄関係書籍については、矯正協会編『財団法人矯正協会百年年譜資料』（矯正協会、1990 年）1 頁以下。
54　1880, 1881 年段階の感化事業施設設置運動については、安形静男『社会内処遇の形成と展開』（日本更生保護協会、2005 年）所収「明治保護思潮の形成―感化保護事業への息吹を探る―」97 頁以下、長沼友兄「懲矯院構想から感化院構想へ―感化事業をめぐる明治初期の動向と展開―」『東京社会福祉史研究』7 号（2013 年）5 頁以下など。
55　前掲長沼「懲矯院構想から感化院構想へ」21 頁以下。
56　原胤昭「その時代のこと一二　パトリックヘンリー加藤九郎君」『新旧時代』第 2 年・第 4・5 冊（1926 年）19 頁以下、廃姓外骨「禁獄三年の采風新聞記者加藤九郎」『明治文化研究』第 3 年・第 4 冊（1927 年）22 頁以下、および前掲長沼友兄「ヨーロッパ監獄事情の紹介者・小野田元熙（前）」53 頁。
57　前掲長沼「懲矯院構想から感化院構想へ」8 頁。
58　前掲長沼「懲矯院構想から感化院構想へ」10 頁。前掲溝口「阪部寔」129 頁など。
59　阪部と小崎の関係について、前掲溝口「阪部寔」129 頁。また、両者の縁は、小崎の妻と阪部が同郷であったことによるものらしい（矯正協会編『少年法施行六十周年記念出版　少年矯正の近代的展開』（矯正協会、1984 年）98 頁）。
60　前掲溝口「阪部寔」133 頁。
61　留岡幸助日記編集委員会編『留岡幸助日記　第一巻』（矯正協会、1979 年）所収「阪部寔と原胤昭と感化院」689 頁。
62　原胤昭については、さしあたり片岡優子『原胤昭の研究　生涯と事業』（関西学院大学出版会、2011 年）、仮留監への赴任と同所での勤務については、同書 82 頁および 87 頁以下。
63　前掲片岡『原胤昭の研究　生涯と事業』101 頁以下。
64　前掲長沼「懲矯院構想から感化院構想へ」11 頁以下。
65　紙幅の関係から本稿では言及しなかったが、これに加えて、小原や加藤、丸山作楽など、滞獄経験を有する人物が多数関与している点も注目される。
66　『獄事新報』については、佐々木繁典「矯正史落穂ひろい（3）『獄事新報』」

『刑政』79巻5号（1968年）87頁、および「矯正図書館報　明治初期の監獄論」『刑政』103巻1号（1992年）114頁以下。なお、筆者は矯正図書館所蔵本を参照した。

67　いずれも、前掲佐々木「矯正史落穂ひろい（3）『獄事新報』」87頁。

68　高瀬および東京感化院については、近藤東之助編『東京感化院創業記』（東京感化院、1896年）、長沼友兄『近代日本の感化事業のさきがけ―高瀬真卿と東京感化院―』（淑徳大学長谷川仏教文化研究所、2011年）、長沼友兄「明治中期東京における監獄教誨の動向―高瀬真卿の教誨活動―」『刑政』125巻3号（2014年）68頁以下など。

69　『獄事新報』と東京感化院の関係については、前掲佐々木「矯正史落穂ひろい（3）『獄事新報』」87頁。矯正図書館所蔵本には、奥付や出版社の記載が脱落しているが、たとえば第3号では高瀬真卿演述「東京感化院報告」が掲載されており、感化院と同雑誌との関係は明らかである。

70　高瀬の経歴については、前掲長沼『近代日本の感化事業のさきがけ』。

71　石井については、前掲高橋『明治警察史研究　第四巻　前編』所収「石井邦猷」159頁以下。

72　宇川については、矯正協会編『財団法人矯正協会百年年譜資料』（矯正協会、1990年）所収「宇川盛三郎年譜」498頁以下、「宇川盛三郎と統計学」『刑政』99巻10号（1988年）118頁以下など。

73　木下については、「木下広次関係資料」『京都大学大学文書館研究紀要』3号（2005年）79頁以下。

74　石澤については、前掲『財団法人矯正協会百年年譜資料』所収「石澤謹吾年譜」491頁以下。

75　深井については、山本亀助『深井鑑一郎先生小傳』（城北会、1939年）、「大日本監獄協会会員番号第五番　調査委員　深井鑑一郎」『刑政』99巻11号（1988年）140頁以下などを参照のこと。

76　前掲近藤『東京感化院創業記』26頁。なお、岡山兼吉についてのみ同書13頁。

77　感化事業に向けた内務省の活動として、前掲長沼「東京感化院設立当時の欧米社会事業情報」13頁以下。

78　佐野は、東京外国語学校でフランス語を学び、中江兆民に師事するなどの経歴をもつ（前掲佐々木「佐野尚」121頁）。宇川は、南校・東京開成学校でフランス語を学んだほか、アッペールの通訳や仏国巴里公使館での勤務といった経験を

もつ（前掲「宇川盛三郎年譜」499 頁以下）。木下広次に関しては、1879 年に小野田元熈が欧米各国を歴訪した際、パリ留学中の木下が各国宛て質問状を翻訳している（前掲姫嶋『明治監獄法成立史の研究』68 頁）。

79　宇川盛三郎通訳「大博士ボアソナード氏演説」『獄事新報』1 号、6 頁以下およびアッペール「罪囚減少策一斑」『獄事新報』5 号、13 頁以下など。

80　この点について、前掲長沼『近代日本の感化事業のさきがけ』100 頁以下および 131 頁以下、前掲長沼「東京感化院設立当時の欧米社会事業情報」16 頁以下。

81　長沼友兄「ヨーロッパ監獄事情の紹介者・小野田元熈（後）—警視庁時代を中心として—」『刑政』121 巻 11 号（2010 年）48 頁以下、特に 50 頁以下。

82　田口親『田口卯吉』（吉川弘文館、2000 年）など。

83　篠田正作編『明治新立志編』（中村芳松、1891 年）34 頁。

84　日下南山子編『日本弁護士高評伝』（誠協堂、1891 年）73 頁以下。

85　前掲長沼「ヨーロッパ監獄事情の紹介者・小野田元熈（後）」51 頁。文中の引用は、「小笠原嶋監獄支署」『東京経済雑誌』292 号（1885 年）1524 頁以下から。

86　赤司友徳「明治中期における監獄費国庫支弁問題とゆるやかな制度変化」『九州史学』169 号（2014 年）4 頁および 23 頁。

87　「東京府臨時会（前号の続き）」『東京経済雑誌』426 号（1888 年）5 頁。

88　「東京府臨時会」『東京経済雑誌』425 号（1888 年）841 頁以下。

89　鼎軒田口卯吉全集刊行会編『鼎軒田口卯吉全集　第二巻　文明史及社会論』（吉川弘文館、1990 年復刊）所収「監獄則を論ず」599 頁以下。

90　前掲田口「監獄則を論ず」599 頁。

91　田口については国史大辞典編集委員会編『国史大辞典 第九巻』（吉川弘文館、1988 年）所収「田口卯吉」106 頁、青木・角田については前掲篠田『明治新立志編』35 頁、前掲日下『日本弁護士高評伝』76 頁。

92　末廣については、国史大辞典編集委員会編『国史大辞典 第二巻』（吉川弘文館、1980 年）所収「嚶鳴社」487 頁。

93　奥平昌洪『日本弁護士史』（厳南堂書店、1914 年）548 頁以下および前掲篠田『明治新立志編』306 頁。

94　前掲奥平『日本弁護士史』337 頁以下。

95　前掲奥平『日本弁護士史』545 頁以下。

96　前掲篠田『明治新立志編』34 頁以下。

97　前掲奥平『日本弁護士史』1365 頁。

第 2 章　1880 年代における監獄改良論者の人脈と思想的基盤について　95

98　1889 年 5 月 7 日に開かれた大日本監獄協会の第 2 回評議会において、『大日本監獄協会雑誌』と『獄事新報』との合併が提案されたが、賛成少数により否決されている（前掲矯正協会編『財団法人矯正協会百年年譜資料』143 頁）。
99　新妻敬治には『正教講話』（東陽堂、1909 年）などの著作があり、宗教家を生業としていたようである。
100　1880 年当時は、阪部寔がギリシャ正教を信仰していた（前掲溝口「阪部寔」133 頁）。
101　日本歴史学会編『明治維新人名事典』（吉川弘文館、1981 年）299 頁。
102　前掲我部・広瀬『国立公文書館所蔵　勅奏任官履歴原書・下巻』338 頁以下。
103　「名簿」『大日本監獄協会雑誌』16 号、3 頁および 5 頁。
104　ジョンホール口訳『英国裁判所略説』（奎文房、1872 年）1 丁。
105　小原重哉「特別寄書　監獄則例節畧（第一）」『監獄協会雑誌』12 巻 6 号（1899 年）22 頁。
106　穂積重遠『穂積陳重遺文集 第四冊』（岩波書店、1934 年）所収・穂積陳重「小河滋次郎博士と監獄学の専攻」455 頁。
107　穂積重遠『穂積陳重遺文集 第一冊』（岩波書店、1925 年）所収・穂積陳重「監獄学大綱」148 頁、穂積陳重「獄制論」『獄事新報』5 号（1887 年）4 頁以下。
108　前掲穂積「獄制論」6 頁以下。
109　前掲市島『獄政論竝獄窓旧夢談』104 頁以下。
110　前掲長沼『近代日本の感化事業のさきがけ』109 頁以下。
111　春城日誌研究会「市島謙吉（春城）年譜（稿）」『早稲田大学図書館紀要』57 号（2010 年）7 頁など。
112　江木衷『監獄主義論』（1885 年、小野田元煕）28 頁以下。
113　穂積重遠『穂積陳重遺文集 第一冊』（岩波書店、1925 年）所収・穂積陳重「監獄学大綱」143 頁。
114　前掲市島『獄政論竝獄窓旧夢談』23 頁。
115　木村亀二も、市島の『獄政論』について「アメリカ・イギリスの行刑思想の中心は改善・教育主義であるが、春城（市島謙吉―引用者註）も亦進化論的見地を加味しながら、これを思想の根幹として居る」と評する（前掲市島『獄政論竝獄窓旧夢談』所収・木村亀二「序」6 頁）。
116　「監獄ノ目的ヲ論ス」『獄事新報』2 号（1887 年）1 頁以下。なお、同記事は筆者不詳だが、『獄事新報』の発刊元である感化院を創設した高瀬真卿は、ベン

サムやスペンサーに傾倒している（前掲長沼『近代日本の感化事業のさきがけ』46頁および60頁）。

117　長尾龍一『日本法思想史研究』（創文社、1981年）所収「穂積陳重の法進化論」62頁。

118　明治前期の日本におけるベンサムの受容に関しては、J・ベンタム著・長谷川正安訳『民事および刑事立法論』（勁草書房、1998年）所収「解説」853頁以下、永井義雄『ベンサム』（研究社、2003年）186頁以下、深貝保則・戒能通弘『ジェレミー・ベンサムの挑戦』（ナカニシヤ出版、2015年）所収・深貝保則「広まり変転する〈ベンサム〉から蘇るベンサム像へ」169頁以下など。スペンサーについては、山下重一『スペンサーと日本近代』（御茶の水書房、1983年）、加藤周一・丸山真男校注『翻訳の思想』（岩波書店、1991年）所収・山本芳明「社会平権論」424頁以下、ハーバート・スペンサー著・森村進訳『ハーバート・スペンサーコレクション』（筑摩書房、2017年）444頁以下など。

119　懲戒主義・感化主義をめぐる論争に言及する主な文献として、手塚豊『明治刑法史の研究（下）』（慶應通信、1986年）所収「明治二十年・罪石事件の一考察」87頁以下、前掲姫嶋『明治監獄法成立史の研究』69頁以下および96頁以下、前掲小澤『行刑の近代化』251頁以下など。また、前掲拙稿「明治前期の監獄における規律の導入と展開」32頁以下も参照。ただし、堀雄「明治一四年監獄則をめぐる諸問題（八）」『刑政』127巻3号（2016年）76頁にみられるように、両者を二項対立の概念として捉えることに抑制的な見方もある。

120　前掲姫嶋『明治監獄法成立史の研究』102頁以下、前掲小澤『行刑の近代化』254頁以下、前掲拙稿「明治前期の監獄における規律の導入と展開」32頁以下。

121　「監獄ノ目的ヲ論ス」『獄事新報』2号1頁以下。

122　前掲市島『獄政論竝獄窓旧夢談』28頁以下。引用箇所は、35頁および41頁。

123　前掲『元老院会議筆記　後期第二十八巻』14頁。

124　伊藤博文編『秘書類纂 法制関係資料 上巻』（秘書類纂刊行会、1935年）所収・伊東巳代治「獄政改良意見」112頁以下。同意見書は1889年4月25日に執筆されており、その内容からみて、同年4月29日の大日本監獄協会定期総会における伊藤博文の演説（『大日本監獄協会雑誌』第13号（1889年）、41頁以下）の参考資料と考えられる。

125　前掲『財団法人矯正協会百年年譜資料』154頁。

126　三谷太一郎『人は時代といかに向き合うか』（東京大学出版会、2014年）所

収「日本近代化とハーバート・スペンサー」98 頁以下。
127　前掲山下『スペンサーと日本近代』179 頁以下。
128　前掲注 127 に同じ。
129　この点につき、前掲三谷「日本近代化とハーバート・スペンサー」102 頁以下。この点、「監獄学」の紹介者である穂積陳重も、スペンサーを受けて、単線的人類発展史観を信奉している（前掲長尾「穂積陳重の法進化論」62 頁以下）。
130　冷灰全集刊行会編『冷灰全集第四巻』（冷灰全集刊行会、1927 年）所収・江木衷「漢文学と思想問題」717 頁以下。

　〔付記 1〕本稿は、法制史学会第 447 回近畿部会（2017 年 5 月 20 日、立命館大学）および法制史学会東京部会第 268 回（2017 年 10 月 21 日、慶應義塾大学）の報告をもとに、頂戴したご指摘を踏まえて大幅に改稿したものである。両研究会においてご指摘・ご教示をいただいた先生方に、心から御礼を申し上げる。

　〔付記 2〕本稿は、JSPS 科研費（若手研究（B）、課題番号 16K16979）による研究成果の一部である。

## 第3章

## 清朝時代の裁判と刑罰：
「五年審録」、「熱審」、「朝審」・「秋審」から

赤 城 美 恵 子

## はじめに

　人を罪に問い、刑罰を科すにあたっては、権限をもつものが、その人がいかなる罪情であったのかを追求し、その罪情にはいかなる刑罰が妥当するのかを判断する。例えば、現代日本の裁判では、裁判官が、法廷で示された種々の証拠をもとに話を組み立て、それを事実であると認定し、その上で刑法規範に当てはめ、違法性や有責性などの問題も含めて犯罪の成立を議論し、犯罪が成立するとなれば、当該規範に示された量刑の幅の中で、さまざまな事情を考慮しながら、科すべき刑罰を決定する。一方で、帝制時代中国においては、また別の方法がとられる[1]。

　現代日本の裁判で行われる事実認定は、真実そのものは誰も明らかにし得ないことを前提として、提示された証拠から裁判官が導き出したストーリーである。自白は種々ある証拠の1つに位置付けられる。これとは異なり、中国では、裁判官は真実そのものを追求し、明らかにすることが求められた。そのために重要であったのは、何よりも犯罪者本人の自白である。行為を行った者こそが真実を知ると考えられた。それゆえに、特定の場合を除き、

犯罪者本人の自白がなければ、刑罰を科すことはできなかった。

　そして、罪情が確認されれば、それに相応する刑罰が議論される。いわゆる刑法規範である律・条例などには、詳細で具体的な要件が示され、そうして特定された犯罪態様には特定の刑罰が規定される。すなわち、明らかにされた罪情を該当する律・条例に当てはめれば、自動的に科すべき刑罰が導き出されるシステムであった。同時に、犯罪の罪情とそれに科すべき刑罰の軽重との均衡が厳しく要請された。悪行が行われた以上、もはや犯罪は成立しているのであり、それに対していかほどの刑罰をすべきかが重要な論点であった。悪行に対して相応の刑罰を科す必要があるため、真実を明らかにする必要があったとも言いうる。

　しかしながら、このように罪情究明及び罪情と刑罰の均衡が追求される一方で、古来中国では「罪疑惟軽」(罪の疑わしきはこれ軽くす)との考え方が存在した。『書経』の一節に「罪で疑わしいのはその罰を軽い方にし、功績で確かでないものはその賞を厚い方にされる。無実の罪のものを誤って殺すよりは、むしろ法に反したものを見逃す方をとられる」とある[2]。すなわち、罪情がはっきりしない場合には、その罪情が確実な場合に科されるべき刑罰よりも軽い刑罰を科す、という考え方である。

　筆者がこれまで検討の対象としてきた、清朝時代の「五年審録」(5年に一度、中央の刑部・大理寺から官員を地方に派遣し、そこでの司法行政を監察させる)[3]、「熱審」(熱暑の時期に監獄に繋がれる罪囚について刑罰を減免する)[4]、「朝審」・「秋審」(一部死罪囚を対象に、実際に死刑執行するか否かを判断する)[5]は、その処遇枠組みに「可矜」・「可疑」を有する。「可矜」とは「罪情にあわれむべき点がある」を意味し、「可疑」とは「罪情に疑うべき点がある」の意味であり「罪疑惟軽」に由来するという[6]。では、裁判において罪情究明を科刑の前提とし、罪情に相応する刑罰が検討されるはずであるにもかかわらず、これらの手続の中で「可矜」・「可疑」が主張されるというのはいかなることを意味するのか。

また、これらの手続はいずれも明朝から清朝に受け継がれたが、「朝審」・「秋審」は清朝を通じてその手続・処遇枠組みを変じ、大々的に実施されるようになった。その一方で、「五年審録」は康熙朝初期に早々に廃止され、「熱審」は雍正初年にその対象を大幅に縮減した。このことは、罪囚に対して刑罰を与える際の姿勢が清朝において変化したことを意味するのではないか。

　筆者はこれまで、各手続について個別に論ずるのに止まり、全体的な検討をしてこなかった。そこで、本稿では、まず各手続の概要・清朝における変容等を整理し、次いで各手続が有する本来の機能を「可矜」・「可疑」の観点から検討し[7]、その上で各手続の清朝における変容を中心に、裁判と刑罰の関係を清朝がどのように捉えていたのかについて考察を加える。

## 1　清朝における各審録手続

### （1）　五年審録

　五年審録は順治初年より繰り返し実施が奏請されてきた。官僚たちは明末清初の混乱の中で発生している滞獄状況を指摘して、その解消のために明王朝で実施されてきた五年審録が有効に機能すると主張した。滞獄とは、裁判手続が進まず、事案処理が滞ることであり、罪囚をそれだけ長く獄に留め無用な苦痛を与える。詳細は不明ながらも、順治10（1653）年には、順治12（1655）年において五年審録を実施することが決定していたようである。この頃滞獄問題が存在するからにはより早期に行うべきであるとの意見が提示され、順治11（1654）年の実施へと計画が前倒しされたが、これに対して、中央から地方へと官員を派遣することに伴って生じる地方への負担を懸念する声が上がり、最終的には順治12年の実施に落ち着いた。

　五年審録は、5年に1度、刑部・大理寺の官を地方各省に派遣して（彼らは「恤刑官」と称される）、地方監獄に収監されるすべての罪囚につき、巡

按御史をはじめ当該罪囚を収監する州県の長官、管轄の府の長官及び理刑官とともに、直接審理させる手続である。五年審録を通じて、笞罪は放免、流罪以下は機械的に減刑執行し、死罪の場合、「情真罪当」であればそれまでどおり収監し、可矜・可疑または事案に証拠・証人がなく判断を下せないとき、あるいは地方ですでに形成されていた原案を恤刑官の審理を通じて改めるときには、その旨を皇帝に報告して指示を仰ぐという処理がなされる。中央・皇帝に報告された死罪事案は九卿会審（後には三法司）の覆審の後、皇帝が最終的にその処遇について決定した。恤刑官が可矜・可疑と報告しても、中央・皇帝がその当否を判断した上で、必要に応じて再審理を命じることもあった。その場合、実際に再審理を担ったのは、地方の総督・巡撫・巡按であった。

　順治12年に実施された際には、派遣された官僚がすべての審理を終えるのに順治14（1657）年までかかっており、再審理のことも含めて考えれば、地方・中央へ大きな負担を与えたと思われる。第2回目の五年審録は順治17（1660）年のことであり、官員も派遣されたが、途中で中止が命じられた。康熙初年に至り、五年審録は廃止された。廃止の直接的な理由は分からない。

### （2）　熱審

　熱審は、順治元（1644）～4（1647）年頃に何度か、皇帝の仁・矜恤を発現する機会の一つとして朝審と併せてその実施が奏請されたが、結局のところこの時点では実施には結びつかなかった。その後、順治8（1651）年に熱審のもつ清獄機能、すなわち滞獄解消機能への期待から、清朝は明朝に倣い、京師に限って熱審を実施した。順治10（1653）年には、「内外画一」の観点から、京師のみならず地方でも実施することとなった。

　熱審では、通常の裁判過程の中で、小満後10日より6月末日までの間に監獄に繋がれている罪囚について、五年審録と同じように、笞罪は放免、流

罪以下は機械的に減刑執行し、死罪囚が可矜・可疑であれば皇帝の判断を仰いだ。流罪以下の刑罰の減免についても、京師熱審・地方熱審ともに、最終的には皇帝の裁可を受けた（地方熱審における刑罰減免は事後報告）。

　熱審はその後停止と再開を繰り返す。順治17（1660）年には五年審録の実施に伴い地方熱審が、翌18（1661）年には理由不明ながらも京師熱審が相次いで停止され、康熙7（1668）年清獄を理由として京師熱審が復活すると、翌年内外画一の手続への志向から地方熱審が復活した。しかし、康熙43（1704）年、熱暑を理由とした刑罰減免そのものへの疑義、及び一定期間の特別な刑罰減免期間設置が——その期間に裁判手続が行われるよう調整するべく吏役と罪囚との間でやりとりがなされると考えられたのであろう——賄賂等の弊害発生につながるとの問題意識から、熱審は再度停止される。雍正元（1723）年に、熱審は改めて復活するが、減免の対象は笞杖枷號相当に限定された。その理由として掲げられたのは、罪情と刑罰の均衡という観点であった。

　なお、他の要因から、熱審の対象は大幅に縮減されている。

　順治14（1657）年に、熱審の期間[8]にほぼ重なる4月1日から7月1日までは、「謀反叛逆盜賊人命及貪贓壊法重情」は別として、これ以外の「戸婚田産以及闘殴等細事」については民間からの訴状を受理しないことが定められ、康熙2（1663）年にこのことが確認された[9]。この「謀反叛逆盜賊人命及貪贓壊法重情」と「戸婚田産以及闘殴等細事」という区別は、刑罰の軽重の観点からすると、およそ上申を必要とする徒刑以上に該当する事案と州県自理となる笞杖枷號相当の区別に当たると考えられる。すなわち、熱審で処理される事案は、「謀反叛逆盜賊人命及貪贓壊法重情」に関わる徒刑以上の重大事案と、前年の8月1日以後本年の3月末日までに受理した笞杖枷號相当の事案に限定された。州県自理相当の軽微な事案の処理にいつまでも時間がかかるとは想像しにくい。おそらく、熱審の期間には既に受理していた笞杖枷號相当の事案については処理は終わっており、むしろ、上申を必要と

し、処理に時間がかかる徒刑以上の重大な事案が、熱審の主たる対象となったと考えられる。

「徒刑以上の重大事案」と表記したが、これは主たる罪囚の罪情が徒刑以上に関わる事案であり、事案全体には、例えば従犯なども含まれ得るし、また犯罪に直接に関わらずとも、さまざまな関係者が存在し、場合によっては、彼らが不応為等の罪情で笞・杖刑となることもあった[10]。上述のように、雍正初年に熱審減免の対象は笞杖枷號相当に限定されたが、これはすなわちかかる重大事件の関係者の中で笞杖枷號相当の刑罰を予定された者たちにほぼ限定されたことを意味する。しかも、雍正3（1725）年には、題奏事件については、地方での手続が終われば、笞杖は先行して執行し、釈放することが条例に定められ[11]、熱審の対象はさらに絞り込まれたと言い得よう。

## （3）　朝審・秋審

死刑執行に関して、清朝は順治元（1644）年5月に北京に入城すると、10月には、京師事案については審理した上で死刑の奏請、地方事案については暫定的に明律に照らして実行する方針が定められた。京師死刑事案について実際の事案を分析すると、死刑は斬刑の即時執行のみであり、明朝において秋後処決に際して実施されていた朝審は存在しなかった。他方で、地方死刑事案は、明律に従い斬と絞とが、及び立決と監候とが区別され、また順治2（1645）年には、皇帝が監候と判断した事案については、明代と同様に巡按御史による再審理を行わせること、さらに巡按御史再審理後には、三法司の覆審、皇帝の裁可を経て、死刑執行するという手続をとることが命じられた。とはいえ当時の裁判史料によれば、監候事案でも刑は時期に関係なく執行され、秋後処決ではなかった。このような状況の下、官僚たちは、（京師における）斬・絞及び立決・監候の区別、監候の場合の秋後処決の実施、秋後処決に際しての再審理の実施を繰り返し奏請した。京師でも斬絞及び立決監候が区別され、京師・地方ともに監候を秋後処決として再審理手続を実施

するべきことが定められたのは順治10（1653）年になってからのことである。このとき、「内外画一」の手続を取るべきことが主張されている。

　朝審・秋審は、裁判手続を経て皇帝から「監候秋後処決」と命じられた罪囚を対象とする。順治10年時点では、京師朝審においては、九卿・詹事・科・道といった中央高級官僚が一堂に会して審理し（「九卿会審」）、九卿会審の結果につき皇帝が裁可して処遇を決定し、刑罰を執行させたのに対して、地方秋審においては総督・巡撫及び省城に常駐する官僚の審理による処遇決定・刑罰執行であって、事前に皇帝の判断を仰ぐことはなかった。この点が問題となり、順治15（1658）年以降には地方秋審もまた総督・巡撫が原案を作成した上で中央に送り、三法司の審理（康熙16（1677）年以降は九卿会審）を経て、皇帝が裁可を下すという方式へと転じた。すなわち、朝審、秋審ともに、官僚の原案作成、皇帝の裁可という方式がとられることになった。

　この間、処遇の枠組みもまた大きく変容した。順治10年当時、朝審では、罪囚は、死刑執行相当とする「情真」か、減刑執行ないし再審理相当とする「可矜」・「可疑」へと分類された。情真とされた罪囚は、刑科から皇帝の情真判断を確認する三覆奏を経て、さらに皇帝による「勾到」手続において実際に死刑執行される罪囚（「勾決」・「予勾」）とそれ以外（「免勾」。死刑執行を免れるが、なお獄に繋がれて、翌年の朝審で再度審理される）とに分けられた。地方秋審では、朝審の分類とパラレルに、罪囚をまず可矜可疑と情真とに分け、可矜可疑であれば減刑執行等を皇帝に奏請し、情真の内、「罪重」と判断すれば刑罰を執行し、それ以外は皇帝に報告して判断を仰いだ。順治15年の手続改定では、この分類をそのまま地方の原案として上奏し、皇帝の裁可を仰ぐこととなった。すなわち、「可矜可疑」、情真ではあるが刑罰の執行をのばす「情真応緩」、情真であり刑罰を執行する「情真応決」という分類となった。康熙7（1668）年には、この3分類が朝審にも導入され、「可矜可疑」、「緩決」、「情真」（情真に対しては、それまで同様、皇帝による勾到手続が用意される[12]）という清朝の朝審・秋審における基本的な分類枠組

みが確立した。ただし、可疑は康熙年間を通じて次第に消滅していったようである。

## 2　司法システムにおける各審録手続の機能

### （1）　五年審録・熱審

　五年審録や熱審は、上に言及したように、そもそも裁判手続の滞りである滞獄の解消を目的としている。とはいえ、これらを通じて罪囚に対して上述のような処遇を与えるためには、まず平素の裁判手続同様、罪情を確認し、相応の刑罰を定める必要がある。実際、五年審録では恤刑官の前に罪囚及び関係者一同を呼び集めて、直接審訊している。熱審では通常どおりの裁判手続を経た上で、熱審特有の処遇を与える。では、なぜ、五年審録や熱審を行うことで、平素の裁判で蓄積した滞獄を一気に解消することが可能となるのか。これを考える上で着目したいのが、死刑事案における「可矜」・「可疑」の分類枠組みである。

　個々の事案は、まずすべて統治機構最末端の州県で審理され、その後、刑罰の軽重に応じて設定された刑罰決定権限を有する機関まで複数回の審理が繰り返される。とりわけ、死刑事案は最終的に皇帝が判断する。この間、すべての審級において、それぞれの裁判官＝官僚が、罪情を確認し、律などの刑法条文にあてはめて科すべき刑罰の原案を作成する。これらの書類は上級機関に送られ、内容に不備があれば突き返され、場合によっては当該官僚は処罰された。ところが、証言や証拠の食い違いにより罪情が判明しない場合はどうか。そもそも罪囚が罪情を認めなければ原則として審理を終えることはできないのではなかったのか。証拠や証言の食い違いを調整し、罪囚から自白を得るまで審理を尽くすのであれば、ときには審理を繰り返し相当な時間を要することもあろう。一方で、審理を繰り返す中で自白や証言は翻り、また、時間が経てば証人は死亡し証拠は失われ、むしろ真実は見えにくくなる。そのため、結局裁判を終わらせることができず、罪囚を獄に繋ぎ続ける

ことになってしまう。さらに、罪情が明らかになったところで、いかなる律を援用するべきなのか、いかなる刑罰を科すべきなのか、下級機関が判断に迷えば、原案を作成して上級機関へと提示することはできない。

このように、罪情と刑罰の均衡を追求し、その前提としての客観的真実を究明するには限界があった。そうした理念と現実問題とのジレンマに対応するべく、例えば唐律は次の「疑罪」規定をおく。

> 諸て疑罪は、各々犯すところに依り贖を以て論じる。(「疑」とは、虚実の證均しく)、是非の理均しく、あるいは事疑似に渉り、傍らに證見なく、あるいは傍らに聞證あり、事疑似にあらざるの類を謂う[13]。

唐律は、自白を得るため必要とあれば拷問を許したが[14]、どこかに限度を設けなければ、自白を得るまで永遠に拷問が続けられることとなる。そこで、拷問に上限を設け、限度に達して自白を得られなければ、身元保証人を立てて釈放させた[15]。また、特権階級、老幼、心身障害者には例外的に拷問は加えられず、3人以上の証言によって罪情が判断されたが[16]、証言が割れて、罪情が確定できないことがあった。いずれの場合も、しかし、悪行がなされたという疑いがあるからには、何ら刑罰を科さずに釈放することもできない。そこで、「疑罪」規定により、収贖させた[17]。

「疑罪」規定は手続的限界においてなお判断に迷う事案についての処遇を定め、それにより上述の行き詰まりから官僚たちを解放し、裁判手続を進め、滞獄を解消する機能を有した。このような対応は、宋を経て、元の時代にまで確認することができる[18]。

もちろん、かかる規定の存在と、実際の運用とは別の次元の問題である。こうした規定とは裏腹に、実際には獄に罪囚が滞留した。滞獄対策として、上級機関から下級機関へと官員を派遣してその司法行政を監察させる手続(「録囚徒」・「慮囚」・「審録」等称される)を通じての集中審理が、しばしば

実施されている[19]。

　明朝は、そこにいかなる議論があったのか詳らかではないが、そもそも律に「疑罪」規定を設けない。一方で、明朝は、古来司法監察の１つとして折に触れて行われてきた録囚を五年審録や熱審として整備し[20]、下級機関が判断に迷う事案を「可矜」・「可疑」として上級機関に報告する手続を定期的に実施していった。「可矜」とは「あわれむべし」であり、罪情に相応する刑罰が律・条例に規定されているにもかかわらず、罪情を考慮すればそのまま当該刑罰を科すことへの躊躇を前提とする。また、「可疑」とは「疑うべし」であり、罪情に疑義があることを意味する。清朝初期の五年審録や熱審の中で、可矜・可疑は、罪情が疑わしい、罪情は判明しているがいかなる律・条例を援用するべきか判断に迷う、援用するべき律・条例は明白ながらもそこに規定される刑罰の軽重と裁判官たちの量刑感覚が合致しないといった事案に用いられた。明朝の運用も清朝初期と大差はないと思われる。すなわち、五年審録や熱審を通じて、「わからなかった」案件を「わからなかった」として中央・皇帝へ報告する機会を、地方各省の裁判官には五年に一度与えられ、京師及び南京の裁判官には毎年炎暑の時期に与えられたのである。後に清朝では、熱暑におけるこの機会は、地方各省の裁判官に拡大された。

　五年審録や熱審で可矜可疑が論じられるのは形式上死刑事案に限られる。しかし、実際の事例を見ると、流刑以下の事案で、罪情について確証がないとして罪情の不明確性を指摘しつつ、そのまま減刑執行を奏請しているものも存在する。「可矜」・「可疑」のロジックがここでも用いられたのである。罪情が疑わしい、あるいは援引するべき律・条例の判断に迷うといった問題は、死刑事案に特有のものではなく、およそ事案すべてに共通する。これに対して、流刑以下に関しては全体的に一律の刑罰の減免が行われる。「罪疑惟軽」という考えとも符合したのであろう。罪情が不明確であったとしても、あるいは量刑に不安があったとしても、減刑執行することによって、問題は解消された。おそらく、こうした方法を通じて、溜まった事案を一気に

処理することが可能となったと考えられる[21]。

すなわち、元朝までは裁判過程における罪情の究明及び適正な量刑とその限界との間のジレンマを疑罪規定で解決しようとしたのに対して、明朝は規定上これを設けず、その一方で、五年審録、熱審などの方法を定例化し、問題の解決を図った。清朝は明朝に倣い、これらの手続を導入した。

### （2） 朝審・秋審

朝審・秋審では、既に裁判過程を経て監候死罪と、しかも皇帝によって判断された罪囚を対象としており、罪情の不明確性への問題、死刑とする量刑に対する疑義はある程度払拭されているといえる。しかし、必ずどこかに存在する客観的真実を追求し、また罪情に均衡のとれた刑罰を必ず与えていかなければならないという要請は、裁判後も皇帝を含め裁判官たちにこの判断でよかったのかという不安を残した。立決と判断しすぐに死刑を執行するのであればともかく、死刑判断から実際の死刑執行までに時間的な開きがあれば、それだけ不安は増していったのではないか。監候死罪囚に対する再審理手続成立の背景をここに見いだしうる。

また、別の理由もある。一件毎に死刑を執行する立決の場合とは異なり、監候の場合には一年間の監候死罪囚を秋後にまとめて執行する。多人数の死刑執行を一挙に命じる皇帝はこれを躊躇ったと考えられる。そこで死刑執行の前に再審理を実施し、減刑執行可能な罪囚をふるい落とすために「可矜」・「可疑」を理由に掲げた[22]。

では、朝審・秋審での可矜・可疑はどのように用いられたのか。順治10年、11年の朝審の可矜・可疑事案を見ると次のような実態が浮かび上がる。

律などの刑法条文の特徴として、特定の犯罪行為について具体的な構成要件とそれに相応する刑罰を規定する。裁判過程において罪情が明らかになれば、その罪情に該当する刑法条文に当てはめることで、自動的に刑罰は導き出される。ところが当該刑法条文には取り込まれていないものの、他の犯罪

態様を規定する条文には取り込まれている刑罰の加重・軽減要素が存在する。これらは当該事案について裁判時に判断する際に切り捨てられたとしても、皇帝・官僚の中では刑罰考慮要素としてなお存在する。また、軽減事由として明確化されないまでも、皇帝・官僚が有する量刑感覚が当該刑法条文に示された量刑に相応しない場合もあった。朝審・秋審においては、皇帝・官僚たちは、裁判過程において律・条例という刑法条文に従って導き出した結論を前提に、こうした要素を含めて、改めて罪情に見合う刑罰を検討した。可矜は、かくして減刑するべきであるとなった場合に主張されている。

しかし、可矜が主張される局面はこれだけではない。実際には、罪情に疑義がある場合、さらには援引した律・条文の適切さに疑義がある場合にも主張された。

また、可疑については、残存する史料から判明したのは、わずか2例のみであったが、そこからも可矜との境界が曖昧であった様子が窺えた。1つは、2人を殺害し6人を傷害したという罪情は明確ながらも瘋疾の疑いがある事例、もう1つは裁判過程を経て斬刑とされた人物が朝審時に無実を主張し、また証言にも合理性が欠けると考えた官僚たちが再審理を皇帝に求めた事例である。

そこで、可矜・可疑について、前稿では次のように整理した。朝審が官僚による原案作成とそれに対する皇帝の裁可という構図の中で運用されることから、罪情が明確で、裁判過程においては考慮しなかった軽減要素を考慮するような場合、官僚たちは、事案内容が比較的軽微な事案は可矜として減刑を奏請し、事案内容が重大な事案は皇帝に判断を求めた。一方、罪情が不明確な場合、内容が比較的軽微な事案は可矜として直接皇帝に対して減刑を奏請し（「罪疑惟軽」）の精神はまさしくここに現れる）、内容が重大である事案は可疑として再審理を求めた、と[23]。皇帝はこうして示された原案をもとに、死刑にするのか、減刑にするのか、再審理にするのかを判断した。勾到手続での免勾のような判断の保留はあくまでも例外的な措置だったと考えら

れる。

　このように、朝審・秋審とは、監候死罪囚に対して一定の処遇を与えることで獄から解放する手段であった。すなわち、いつまでも残り続ける真実追究の問題、量刑の相当性への不安に区切りをつけて刑罰の執行へと向かう、最終局面であったともいいうる。

## 3　審録手続の改変から見る清朝司法システムの変容

### （1）　裁判過程における手続の迅速化及び罪情究明・正確な擬罪の要求

　以上に整理した、五年審録や熱審の廃止、その対象の縮減は、官僚たちが「わからなかった」案件を「わからなかった」として中央・皇帝へ報告する機会の縮減であり、「わからなかった」案件を一律に減刑執行することでわからないままに処理しうる機会の縮減あった。

　残念ながら五年審録が廃止された直接の原因は詳らかではない。一方で、雍正初年熱審の対象縮減に関しては、量刑の観点において、裁判過程では罪情に相応する刑罰を議論するべきであるとの意識が見えてくる。対象縮減の理由について、前稿でも取り上げたが、改めて引用する。

　　その後、臣部は次のように上奏した。軍流罪を犯したものは熱審に逢えばついには減等して徒犯となることができる。徒罪であれば熱審に逢えばついにはその年限を減じ、杖責はただ運のよい減免というだけではなく、その罪を蔽うに足りない［悪行に相応しい罰とは言えない］。そうであるならば、身にその害を受けた者は、また、その冤抑を伸ばすことを獲られないであろう。まさに請うらくは、軍流徒罪を犯したとき及び旗人で軍流徒罪を犯し折して枷號となったときにはいずれも減等をゆるさないほか、そのもともと枷號杖笞等の軽罪を犯した人犯は、なお例に照らして減等発落とするべきである、等因、具題

した[24]。

ここでは、軍流徒罪以下軽微な笞杖に至るまで、熱審を通じて本来の罪情に相応しない刑罰へと減免されることに否定的な見解が明確に示されている。

　これに先立つ康熙年間における熱審の停止においては、熱暑を理由とした刑罰減免そのものへの疑義が提示された。康熙帝は次のように述べる。

> 熱審はこれを慎刑という。それ刑は平時にあってまた宜しく慎重に行うべきである。どうして必ず熱暑によってはじめて慎重になることがあろうか。もし、熱審減等が犯人において有益であるならば、即ち原審のときにただちに減等を以てこれ［与えるべき刑罰］を議論すれば、さらに有益ではないか[25]。

これもまた、直接的ではないものの、雍正初年における議論と同じ文脈で捉えることができよう。熱審減刑が罪囚のためというならば、平素の裁判に際しても減刑を議論するべきである。しかし、実際には、平素の裁判で減刑は議論されない。それは何故か。平素の裁判では罪情に相応する刑罰をこそ慎重に議論するべきだからである。康熙帝の言は、このような認識のもとに発せられたと考えられる。

　もちろん、罪情に相応する刑罰を議論する前提としては、罪情そのものも明らかになっている必要がある。すなわち、裁判過程では、罪情を明らかにし、その上で相応する刑罰を厳密に議論するべきであるという認識が形成されていったのではないか。康熙朝半ば頃までには、審理を加えても真実や口供を得られなかった場合に、当該承問官・督撫・司道などに対して革職・降格・罰俸などの処分をあたえることが規定された[26]。また、例えば、康熙27（1688）年には次ように決定される。

一、刑部は次のことを題准した。嗣後一応の審擬せる事件について、各督撫が軽重両方を援引して具題することは、一概に停止する。務めて、情罪を確擬し一議もて具題せよ。もし今までのように両議具題してきた場合には、題請してきた督撫を該部に交与して議処せさせる。「議に依れ」との旨を得た[27]。

各省の総督巡撫が裁判結果について皇帝に報告する際に、いかなる律を援引するべきか判断に迷った場合、その迷っている両方を援引して上奏することが、従来は例外的に認められてきた[28]。ところが、この決定によって、それが許されなくなる。これ以後、各省督撫は、罪情を明らかにして、援引するべき律・条例を1つにして具題するよう求められた[29]。

逆に言えば、罪情がわからない、いかなる律・条例に依るべきか判断がつかない、いかなる刑罰を与えるべきか判断ができないと上級機関に報告することに対して否定的な姿勢ができあがっていったと考えられる。

他面、五年審録・熱審は滞獄解消の手段であった。清朝は、五年審録、熱審を実施するのと並行して、この滞獄解消のための手段を別に求めていった。例えば、順治年間に、五年審録実施、さらにその前倒しの理由として指摘されたのは深刻な滞獄状態であった。結局五年審録が前倒しされることはなかったが、現実に存在する滞獄問題を放置するわけにもいかない。清朝は、滞獄の中でもとりわけ死刑案件が未処理のまま放置されることを憂慮し、その原因を地方からの報告が中央になされないからであると捉え、地方総督巡撫等に早急に事案を処理して中央に報告するよう要求し、手続の簡便化・省力化によってそれを達成しようと試みた[30]。康熙22（1683）年頃にも、滞獄が問題として議論された。その際には、例えば刑部に対して、斎戒の日ではあってもできる限りの裁判手続を進めること、10日毎に報告することを命じた[31]。そして、これが達成されると、皇帝は「刑部の滞獄は一定程度解消した」と評価した上で、こうした方策を地方でも行うよう求めている[32]。

すなわち、清朝は滞獄解消について、裁判官たちに期限を定めて処理させること、処理内容について定期的に報告させることによって、対応しようとしたと考えられる。

　清朝は、個々の裁判官に対して、迅速に事案を処理させつつ、なおかつその中で罪情を明確にし、適切な律・条例を援用し、適切な刑罰を決定するよう要求していったのである。

### （2）　裁判の調整としての朝審・秋審

　これに対して、朝審・秋審の機能は異なる方向へと向かう。

　朝審・秋審の機能は、「緩決」という処遇枠が官僚の判断選択肢として成立したことによって大きく変わる。緩決とは、そもそもは、死刑執行か否かの最終局面において、皇帝がなおその執行に躊躇するという枠組みを出発点としており、その運用は非常に限定されていたと考えられる。ところが、緩決枠が定着すると、積極的に死刑執行とも減刑執行とも表明しない性質からか、官僚たちは活発にこれを利用し始める。朝審・秋審で判断される監候事案は、律例の中で死刑と評価される犯罪類型に属すからには、にわかに減刑執行を奏請しにくい。しかし立決と異なり判決後速やかに刑罰を執行するべきともされないのだから、その程度において必ずや死刑を執行するべきとも主張しがたい。このような監候事案の罪情評価を考えれば、緩決枠が多用されるのも当然の成り行きだったように思われる。

　とはいえ、緩決は死刑執行か減刑執行かの決定を翌年に延ばすという処遇であり、翌年の朝審・秋審においては、何か決定的な事情が現れない限り（そして、およそ現れない）、緩決となり、さらに翌年まで決定は延ばされる。このようにして緩決人犯が年々積み上がることで、監獄行政は早晩破綻する。そのため、康熙年間から折に触れて緩決人犯の減刑が始まり、乾隆期以降、緩決人犯の減刑は緩決三次以上を対象に数年おきに実施されることになった。そこでは、緩決人犯は、いかなる刑罰に減刑されるのか、その罪情

に応じて差を設けられた。また、罪情によっては、三次以上でも減刑されないこともあった[33]。安定的に朝審・秋審が実施されることで、その内部でさまざまな処遇がうみだされ、それらは刑罰の軽重の差として機能した[34]。

また、緩決は、死刑執行も減刑執行もしないという処遇のあり方から、罪情が不明確な事案の受け皿となった。筆者が前稿の中でとりあげた、罪情不明確である故に官僚たちが緩決と奏請した康熙18（1679）年の事例では、皇帝が可疑ではないかと疑義を挟み、これに対して官僚からは「このような情罪は、ひとたび緩決となれば、すなわち嗣後の秋審もなお緩決監候となり、つまり即決するという事もない」との説明がなされる[35]。ここに、官僚たちにおける緩決の位置づけが見て取れよう。

時期は下るが、道光4（1824）年に定められた「男子拒姦殺人」をめぐる規定に、こうした緩決のあり方を前提にした内容が組み込まれた。男性が姦を拒んで相手を殺害したという「男子拒姦殺人」の処理を巡っては、康熙半ば頃より証拠・証人があれば減刑執行が命じられていた。乾隆42（1777）年にこれが改めて条例となり、以後条例の整備が進められた。道光4年条例においては、①死者と兇犯との年齢差、②拒姦の証拠、③兇犯の年齢、④犯行の登時・非登時によっていくつかのバリエーションに分けられて刑罰を規定された[36]。そのうち、死者と共犯の年齢差がほぼなく、拒姦の証拠もない場合を規定したのが、次の部分である。

> もし、死者と兇犯とが年齢がほぼ均しく、あるいは僅かに三・五歳年長で、審理したところ他に原因があって人命を致斃したにもかかわらず、拒姦を捏供して狡飾した場合には、なお謀殺・故殺・闘殴殺を分別して、それぞれ本律に照らして定擬し、秋審において情実とするのか緩決とするのかの判断もまた常に照らして処理する。もし拒姦を主張しており、証人・証拠および死者の生前の供述がない場合、審理して別に原因となった事情がないのであれば、なお謀殺・故殺・闘殴殺

の各本律に照らして定擬し、秋審ではすべて緩決に入れる[37]。

　拒姦を主張しつつもそれが虚偽であった場合には、罪情に応じて謀殺・故殺・闘殴殺を区別して処理するという。当時の朝審・秋審においては、謀殺・故殺は原則として情実に[38]、闘殴殺は罪情に応じて情実・緩決・可矜とされた[39]。これに対して、拒姦を主張しつつ、それが虚偽であるという証拠もなく、他方でそれが真実であるという証拠もない場合、一概に緩決とせよという。罪情に疑義が残る故の措置であったと考えられる。

　前節で整理したように、清朝が、裁判過程における手続の迅速化と罪情究明・正確な擬罪を同時に要求しても、当然のことながら限界は生じる。その調整機能を朝審・秋審は担った。手続を迅速に進めるためにはある程度は機械的な作業とならざるを得ない。その中で、罪情に疑義があったとしても、朝審・秋審における緩決が存在することで、そのまま裁判手続を進めることが可能となる。また、正確な擬罪と罪情に相応しい処遇の検討との摩擦も、裁判過程では基本的に律例に従うことによって斬絞の刑罰を定め、朝審・秋審を経ることで、その他の考慮要素を改めて検討し、罪情に相応しい処遇を定めることが可能となる。もちろん、下級機関が朝審・秋審を前提に裁判手続をすすめたとしても、上級機関がこれを認めなければ成立しない。ただ、朝審・秋審での処遇を規定する律例が生み出されていくことを考えれば、裁判過程の後にひかえる朝審・秋審を前提にした司法システムのあり方は、清朝の皇帝・官僚に共有された認識であったといえよう。

## おわりに

　迅速な裁判の要請と、真実の究明及び罪情と均衡する刑罰の判断への希求のなかで、清朝は裁判手続を整備していった。そのなかで、五年審録が脱落し、熱審がその対象を大幅に削減したのは、当然の流れだったのかもしれな

い。逆に言えば、ここにこそ、清朝の司法制度の特徴を見ることができる。すなわち、歴代王朝は立法の中で疑罪規定を置き、あるいは各審録手続における減刑執行に託して、下級機関の裁判官が罪情究明の点で、また与えるべき刑罰に対する判断の点であいまいなままに、事案の存在を上級機関に伝えることを認めていたが、清朝はこれに否定的な態度を示したのである。

　もちろん、歴代王朝とて、迅速な裁判、真実の究明、罪情と均衡する刑罰判断を求めていた。それが裁判過程でかなわなかったが故の審録手続であった。逆に、清朝では、いかにして、あるいは本当に、それを実現していたのか。裁判の実態及び清朝の方策を検討する必要がある。

　また、本稿では、こうした理想的な裁判と実務上の限界との間の調整として、特に死刑に関しては、清朝が朝審・秋審を活用したことを示した。しかし、犯罪は、むろん、死刑に相当するものだけではない。死刑以外の犯罪について、朝審・秋審のような手続が存在しない中、清朝はどのように調整を図っていったのか。

　清朝における裁判と刑罰との関わりについては、これらの点を明らかにした上で、さらに考察を加えなければならない。

〈注〉

1　帝制時代中国、特に清朝時代の裁判制度の概略については滋賀秀三『清代中国の法と裁判』（創文社、1984）。

2　『書経』大禹謨、「罪疑惟軽、功疑惟重。與其殺不辜、寧失不経」。訳文は小野沢精一『書経』下（明治書院、1985）による。

3　拙稿「清朝初期における「恤刑」（五年審録）について」『東洋文化研究所紀要』第152冊（2007）1頁。

4　拙稿「清朝前期における熱審について」『帝京法学』第30巻第1号（2016）1頁。

5　拙稿「可矜と可疑——清朝初期の朝審手続及び事案の分類をめぐって」『法制史研究』第54号（2005）25頁、及び拙稿「「緩決」の成立——清朝初期における監候死罪案件処理の変容」『東洋文化研究所紀要』第147冊（2005）67頁。

6 『読例存疑』巻49、刑律、断獄下、有司決囚等第、「実緩可矜之外、尚有可疑一層、即罪疑惟軽之疑。凡有罪名已定、而情節可疑者、均帰列於内、亦慎重刑獄之意」。

7 特に言及のない限り、以下の「五年審録」、「熱審」、「朝審」・「秋審」に関わる記述は、注（3）〜（5）に挙げた拙稿による。

8 年によって変動はあるが、小満はおよそ4月中であり、したがって熱審は4月半ばから5月頃に始まる。

9 『集政備考』巻3、刑例、訴訟、農忙止訟、「康熙二年、刑部疏称、査順治十四年五月、覆吏部尚書王永吉條議、毎年自四月初一日起、至七月初一日止、時正農忙、除謀反叛逆盗賊人命及貪贓壊法重情、照旧審理、其餘一応戸婚田産以及闘殴等細事、一概不准受理、自八月以後、方許聴断。査此款已経通行、不必立律。十月二十日奉旨依議」。この史料からは、7月が農忙止訟に当たるのかどうか、分からない。なお検討が必要であろう。

10 例えば、闘殴殺の事件の場合、相手を死に至らしめた罪囚は律によって絞監候であり（『大清律例』巻26、刑律、人命、闘殴及故殺人）、人命死刑案件という。このような事案の関係者には、喧嘩の発端を導いた、あるいはその場にあって喧嘩を止めなかったなどを理由として、不応為や不応為重として笞杖（『大清律例』巻34、刑律、雑犯、不応為）を科される者もあった。

11 『大清律例』巻36、刑律、断獄上、原告人事畢不放回、「一、凡内外題奏案件内、有擬以杖笞人犯、審結日即先行責釈。偽於題奏之日声明」。また光緒『大清会典事例』（巻842、刑部、刑律断獄、原告人事畢不放回）及び『読例存疑』（巻48、刑律、断獄上、原告人事畢不放回）は当該規定を雍正3年に条例となったとする。

12 雍正2年には全国の情実人犯に対して一律に勾到手続が取られるようになった。勾到手続については、高遠拓児「秋審勾決考──清代における死刑執行の手続」『社会文化史学』第40号（1999）2頁。

13 『唐律疏議』巻第30、断獄下、「諸疑罪、各依所犯、以贖論。（疑、謂虚実之證等）是非之理均、或事渉疑似、傍無證見、或傍有聞證、事非疑似之類」。

14 拷問を行う必要がある場合には、拷問を行うべき旨上申し、長官の裁可を得る（『唐律疏議』巻第29、断獄上、「諸応訊囚者、必先以情、審察辞理、反覆参験、猶未能決、事須訊問者、立案同判、然後拷訊。違者、杖六十」）。また、客観的証拠がそろっており、疑う余地のない場合には、自白がなくとも、それらの証拠に

基づいて罪情を判断し、刑罰を科すことができる（同、「若贓状露験、理不可疑、雖不承引、即拠状断之」）。

15 『唐律疏議』巻第29、断獄上、「諸拷囚不得過三度、数総不得過二百、杖罪以下不得過所犯之数。拷満不承、取保放之」。

16 『唐律疏議』巻第29、断獄上、「諸応議・請・減、若年七十以上、十五以下及廃疾者、並不合拷訊、皆拠衆證定罪、違者以故失論。若證不足、告者不反坐」。

17 唐律疑罪規定については、中村正人訳註「断獄」律令研究会編『訳註日本律令8——唐律疏議訳註篇4』（東京堂出版、1996）247 頁）。

18 『元典章』刑部巻之二刑獄、繋獄、疑獄母得淹滞、「中統五年八月初四日、欽奉聖旨立中書省条画、内一款節該。諸州司県但有疑獄不能決断者、無得淹滞。随即申解本路上司。若猶有疑惑不能決者、申部。応犯死罪、枷杻収禁、婦人去杻、杖罪以下鎖収。欽此」。

19 滋賀・前掲注（1）37 頁、島善高「唐代慮囚考」瀧川博士米寿記念会編『律令制の諸問題——瀧川政次郎博士米寿記念論集』（汲古書院、1984）639 頁、梅原郁『宋代司法制度研究』（創文社、2006）215・401 頁。

20 明朝における裁判監察制度整備については、谷井陽子「明代裁判機構の内部統制」梅原郁編『前近代中国の刑罰』（京都大学人文科学研究所、1996））401 頁及び同「明律運用の統一過程」『東洋史研究』第58 巻第2号（1999）38 頁。

21 もちろん、こうした処理は、やりすぎれば、上級機関から突き返され、審理のやり直しを求められることとなる。

22 例えば、順治12 年には、五年審録の開催に関連して、朝審の情真人犯の死刑執行が停止された。順治13 年の朝審において九卿会審後上奏された情真人犯はそれだけ多かった。この事態に対して、順治帝は一挙に多数の人間を処刑するのは忍びないとして、安郡王岳楽等に再度審理して可矜可疑にあたる罪囚を上奏するよう命じている（拙稿・前掲注（5）「「緩決」の成立」）。

23 可矜事案と比較検討した可疑事案がわずか2例という点につき、高遠拓児氏より拙稿への書評の中で「やや不安は残る」とのご意見をいただいた（『法制史研究』第56 号（2007）276 頁）。可矜・可疑の扱いについては、なお事例を集め検討する必要があろう。

24 中央研究院内閣大庫檔案14185、乾隆12 年2月20 日、刑部尚書阿克敦等（刑部から出された乾隆12 年の熱審実施の奏請）に引用される（「嗣経臣部疏称。犯軍流罪者、遇熱審竟得減等為徒犯、徒罪者、遇熱審竟得減其年限、杖責不特僥倖

減免者、不足以蔽其辜。即身受其害者、亦不獲伸其冤抑。応請有犯軍流徒罪並旗人犯軍流徒罪折枷號者、倶不准減等外、其本犯枷號杖笞等軽罪人犯、仍照例減等発落等因、具題」)。

25 雍正『大清会典』巻194、刑部46、熱審、「[康熙]四十三年。諭、熱審謂之慎刑、夫刑在平時、亦宜加慎、何必因熱而始慎也。如謂熱審減等、於犯人有益、則於原審時即以減等議之、豈不更有益乎。且犯人苦熱猶可、而苦寒更甚、熱既宜審、則寒亦宜審。既多此一事、而不肖官員、遂欲延至熱審、故意遅玩、熱審応否停止、九卿議奏。遵旨議准、熱審之例、永行停止」。

26 『定例成案合鐫』巻28、断獄、不審出真情口供（欽定則例）、「官員承審反叛人犯、未経審出真情、後経別官審出者、将未経審出各官革職、転詳之司道降四級調用、未経査出督撫降一級調用。如将応取緊要口供不行取供者、承問官降二級調用、転詳之司道降一級調用、督撫罰俸一年。如将斬絞人犯、未経審出真情、後経別官審出者、将未経審出各官降一級調用、転詳之司道罰俸一年、未経査出督撫罰俸六個月。如将応取緊要口供不行取供者、承問各官罰俸一年、司道罰俸六個月、督撫罰俸三個月。如将軍流等犯、未経審出真情、後経別官審出者、将未経審出各官罰俸一年、司道罰俸六個月、督撫罰俸三個月。如将応取緊要口供不行取供者、承問官罰俸六個月、司道罰俸三個月」。また、同項目では、康熙31年及び41年の成案を記載しており、康熙半ば頃にはこうした方向性が存在したことがわかる。

27 『定例成案合鐫』巻28、断獄、停止両擬具題（康熙27年10月）、「一、刑部題准。嗣後一応審擬事件、将各督撫軽重両引具題者、概行停止。務将情罪確擬一議具題。如有仍行両議具題者、将題請之督撫、交與該部議処、等因、奉旨依議」。

28 『定例成案合鐫』巻28、断獄、督撫両擬具題（欽定則例）、「一、督撫将重犯引律或擬重具題、或擬軽具題、曾経三法司両議具題者、将該督撫並承問各官、均免議」。

29 さらに、官僚たちが擬罪に失敗した場合の処分が律に規定されるが（「官司出入人罪」）、康熙半ば頃までには処分の内容が具体的に議論されるようになっている（『定例成案合鐫』巻28、断獄、承問失入（欽定則例）・承問失出（欽定則例）など）。擬罪の正確性がそれまで以上に求められるようになったことの証左ではあるまいか。

30 拙稿「清朝順治期における滞獄解消問題——「蘇理沈獄」・「京詳之経制一復」の分析を通じて」『帝京法学』第31巻第1・2号（2018）1頁。

31 『聖祖仁皇帝実録』巻111、康熙22年8月乙卯（16日）条、「諭大学士等曰、近見刑部事件、延挨稽遅不作速完結者甚多。因一人犯法牽累多人、徒受縲紲之苦。朕心深為不忍。凡事雖皆有限期、而一遇斎戒又復扣除。斎戒雖不用刑、若尋常聴断、及審取口供、有何不可。如何速令完結、犯人不致苦累、著九卿詹事科道会議以聞。」、同丙辰（17日）条、「大学士等遵旨議覆、刑部事件、遇斎戒日、雖不動刑、仍令取供定罪、以便速結。上曰、朕於刑部事件、所以念念不忘者、特以別部事件、雖少遅延、不過牽累一二人而已。不致大害。若刑部事件、遅延太久、則正犯暨無辜牽累者、身家性命受害無窮。朕念及此、毎為惻然。其借行提両造干証、故意稽遅時日、応作何立法、尽除弊源。著再議具奏。又諭曰、刑部不独人命大事、遅延日期、即杖笞鞭責之罪亦復延挨。雖都察院及該科衙門毎月稽察档案、不過虚名而已。何益実事。嗣後照熱審例、十日内所結事件、造冊奏報、則事不致稽遅、而定罪之当否、亦可尽知。此等小事、朕不応苛察。但刑部事務漸至頽廃、恐人犯無辜受害、故爾頻加稽察。爾等可伝諭此意一并会議」。

32 『聖祖仁皇帝実録』巻112、康熙22年10月癸亥（26日）条、「諭刑部、明罰勅法、民命攸関、必讞決精詳、案無留滞、而後聴断得情、民免株累。向因刑部等衙門事務審理遅延、屡加申勅、今積案已完、宿弊漸革。惟在外直隷各省督撫等衙門、因循積習、怠忽稽遅、一切刑名案件、有経年不結者、有数年不結者、或因承審官員不能恪秉虚公、妥招定案。毎多草率含糊、希図苟且完結、以致上官屡行批駁、沈案積久不清。或因上官意有偏徇、借端頻行駁審、因而営求滋弊、顛倒是非、冤抑無辜、莫由申訴。此等情弊、皆由聴断不公、完結不速、牽連淹滞、苦累小民。応作何立法、俾在外各衙門、痛改積習、永絶弊源。訟簡刑清、克称平允。著九卿詹事科道、会同詳議以聞。」、同巻113、康熙22年11月乙酉（18日）条「九卿詹事科道等遵旨会議。一、直隷各省人命事件、原限一年審結。因限期甚遠、以致牽連苦累、贪縁索詐等弊。今応改限六箇月完結。……一、州縣官自理事件、原限一月完結。今改限二十日完結。逾限者議処。其不行査参之督撫、亦交部議処。一、督撫以下道府以上官員、除緊要重大事情、許差人至州縣、其餘小事、止許行牌催提、不許妄差人役。一、下属審詳事件、原批某衙門、即於某衙門完結。不得一官未結、又委別官。……以上各款、応行直隷各省遵行。従之」。

33 緩決人犯の減刑執行については、拙稿「清朝秋審における緩決人犯の減等について」『法史学研究会会報』第12号（2008）1頁。

34 この他、情実の中でも処遇の差が設けられる。清朝においては、その年の朝審・秋審は実施しつつ、勾到を中止して、情実人犯の死刑を執行しないことも

あった。その場合、その年の死刑執行を免れた情実人犯は翌年の朝審・秋審後まで生きながらえることができる。他方、罪情が重い人犯については速やかに死刑を執行するべきであるとの認識から、乾隆半ばごろから、情実人犯の中でもとりわけ罪情が重大なものを「情重人犯」として、勾到を停止した年においても死刑を執行するようになった。拙稿「清朝秋審における趕入について」『中国——社会と文化』第20号（2005）168頁。

35 ただし、当該罪囚の処遇については、皇帝が「いたずらに緩決監候とするよりは、ただちに減等発落としてはどうか」と官僚たちに再審理を命じ、結局可矜可疑減刑として処理された（中国第一歴史檔案館整理『康熙起居注』（中華書局、1984）康熙18年10月26日「刑部等衙門議応緩決人犯事。上曰：「此内陳三拐誘人口、未経出売。九姐事亦属可疑。」大学士明珠奏：「九姐事繋懸断坐罪、此等情罪一経緩決、則嗣後秋審仍緩決監候、便無即決之事。」上曰：「徒使緩決監候、何如即減等発落、可倶着再議」」。同康熙18年11月3日「九卿、詹事、科、道遵旨会議陳三等事、分別可矜可疑具奏、上頷之」）。

36 男子拒姦殺人に関わる法整備については、拙稿「清代司法システムにおける律例」『BI』vol.4 東京大学東洋文化研究所超域連携プログラム「アジアの『美』の構築」Annual Report（2010）27頁。

37 『読例存疑』巻32、刑律、人命之一、殺死姦夫、「一、男子拒姦殺人、如死者年長兇犯十歳以外、而又当場供證確鑿、及死者生供足據、或屍親供認可憑、三項兼備、無論謀故、闘殺、兇犯年在十五歳以下、殺係登時者、勿論。非登時而殺、杖一百、照律収贖。年在十六歳以上、登時殺死者、杖一百、徒三年。非登時而殺、杖一百、流三千里。至死者雖無生供、而年長兇犯十歳以外、確係拒姦起釁、別無他故、或年長兇犯雖不及十歳而拒姦、供證確鑿、及死者生供足據、或屍親供認可憑、三項中有一於此、兇犯年在十五歳以下、登時殺死者、杖一百、徒三年。非登時而殺、杖一百、流三千里、倶依律収贖。年在十六歳以上、無論登時與否、均照擅殺罪人律、擬絞監候。如死者與兇犯年歳相当、或僅大三五歳、審係因他故致斃人命、捏供拒姦狡飾者、仍分別謀故闘殺各照本律定擬。秋審実緩、亦照常辦理。若供係拒姦並無證佐及死者生供、審無起釁別情、仍按謀故闘殺各本律定擬、秋審倶入於緩決」。

38 それまで存在した「情真」の枠組みは、雍正以降、雍正帝の諱胤禛を避け、「情実」に改められた。

39 沈家本『秋審比校条款』巻2、人命門。

# 第4章

## 文化としての犯罪、刑罰、死刑：
### 日本と中国の比較を通じて

王　雲海

## はじめに

　文化とは何か、法文化とは何か、ひいては、どこの社会でも文化、法文化があって、等しく法律と関係があるのか。このような問いは、法文化に関心を寄せて、それを研究テーマにしている人間にとって、一方では、一貫して重要で基本的な問題であるが、しかし、他方では、十分に解明できた問題とは必ずしも言えない。そこで、この論文では、刑事法の視点から日本と中国の比較を通じてこのような問いに対してすこしでも解答できるように試みてみる。

## 1　「犯罪」・「犯罪観」

　どこの国でも、法律上言う「犯罪」、人々の抱く「犯罪観」は究極的に二つの部分から成り立っている。一つは行為である。もう一つはその行為に対して「犯罪」とする反応である。「行為」だけがあって、反応がなければ、「犯罪」にはならない。逆に、行為がないのに、意識・思想だけで「犯罪」

として反応することが、近代法上、認められない。「罪刑法定主義」を基本とする近代以後または法治国家では、ある行為を「犯罪」として定めて刑罰を加えるという反応をするには、概ね刑法という法律を制定し、その中でその国でどんな行為を犯罪にするかを示す。一国での「犯罪」の概念、要件を示す刑法上の規定の体系は、専門的には「犯罪論体系」と呼ばれる。この犯罪論体系は量的にその国での「犯罪」の範囲を示すだけでなく、質的にそこでの「犯罪」の特質をも現す。「犯罪論体系」によって確立される「犯罪」という法律上の概念は、そこでの人々が抱く「犯罪観」に影響を及ぼすだけでなく、そこでの「犯罪観」をも反映している[1]。

## （1） 日本における「犯罪」・「犯罪観」

日本では、刑法典総則は、「犯罪」の一般定義・犯罪論体系を直接に明示して定めているわけではなく、むしろ、学説と判例により日本的犯罪論体系が形成され、示されている。共通的了解として[2]、三段論的犯罪論体系と呼ばれるものがあって、ほぼ多数の学説も判例もそれに従っている。この犯罪論体系によれば、日本でいう「犯罪」とは、構成要件要素に該当し、違法性を有し、かつ責任を有する行為となる。この犯罪論体系により確立された日本の法律上の「犯罪」は極めて特徴のあるものである。つまり、「犯罪」はあくまでも「質」的な概念であって、「量」的要件または要素をその概念のなかには含まれておらず、行為はその性質だけで「犯罪」になるかならないかに分けられる。その結果として、日本でいう「犯罪」は「違法」とほぼ同意語となっている。量的に見れば、「犯罪」とされる行為の範囲が極めて広いし、質的に見れば、「犯罪」と「非犯罪」とは「道徳」と「非道徳」と同じ範疇であって、その区別の境が同じである。また、「犯罪」は「質」的概念であって、「違法」と「犯罪」とは同意語であることは、日本の法律上だけにとどまらず、国民の間での犯罪観も同じようになっている。

かつて次のよう事件があった。つまり、数年前のある都会のコンビニスト

アで携帯電話している中学生は、携帯の電気がすぐなくなることに気づいて、店のスイチに充電器を差し込んで、無許可で15分程度充電した。充電した電気代がおよそ1円であった。店主に警察に通報されて、窃盗罪として書類送検された。日本の刑法研究のなかでは、長い間「1円盗みが窃盗罪か」という論争があるが、窃盗罪を定めている刑法第235条によると、「他人の財物を窃取した者は、窃盗罪の罪として、10年以下の懲役または50万以下の罰金に処する」という。この条文の規定から分かるように、盗んだ金額が一定のものに達したことが窃盗罪の要件としては全く定められていないし、通説とされている三段論的犯罪論体系のなかにも犯罪が成立するための量的（程度的・金額的）要件も全く含まれていない。法律上からも犯罪論体系からも1円盗みは紛れもなく立派な窃盗罪となるのである。

　確かに、日本の裁判所の判例上および刑法学説上、「可罰的違法性」という概念がある。それをもって、日本でいう「犯罪」は質的な概念だけでなく、量的概念でもあるという見解がある。しかし、それにはにわかに同調できない。というのは、よく検討して分かるように、日本で言う「可罰的違法性」がおよそ次の三つの意味合いに限られるからであろう。第一には、民事違法または行政違法と刑事違法を区別するために使われる概念として、「可罰的違法性」は刑事的違法を指す場合である。第二には、「構成要件要素に該当し、違法性を有し、かつ責任性を備える」という「三段論的犯罪論体系」のかわりに、責任性を構成要件要素該当性あるいは違法性のなかに位置づけさせて、そのいずれのなかに組み込ませた上で、「構成要件要素に該当し、かつ違法性を有する」という、「二段論的犯罪論体系」を展開するときに使われる概念として、「可罰的違法性」は責任性・有責性を指して、多くの場合は「有責違法性」と同義語となっている。第三には、「社会相当性」といった概念の一形態または一類型として犯罪行為またはその結果が軽いとか、被害状況が重くないとか、犯罪金額が少ないといった意味で使われる概念として、「可罰的違法性」は確かに「量」的構成要件を意味し、このとき

に言われる「犯罪」は「質」的なものだけでなく、「量」的なものでもあるように言える。しかし、こういう意味合いでの「可罰的違法性」はあくまでも学説と判例のなかで存在するものにすぎず、あくまでも学説と判例により作られた「裁量的な概念」にすぎない。刑事司法においては、上述した例のように、「社会相当性」に当たるかどうか、「可罰的」かどうかは、もっぱら警察、検察、裁判官の裁量的判断による。同じ「1円盗み」であっても警察、検察、裁判官の裁量・判断によりそれを「可罰的」にして窃盗罪として刑事訴追してもよいし、逆に「社会相当性」がなく「可罰的」でないとして犯罪として刑事訴追しなくてもよいわけである。このような裁量的「可罰的違法性」の概念があることは、日本の立法上・法律上・犯罪論体系上「犯罪」は「質」的概念であることには何の影響も生じてこないのである。

### （2） 中国における「犯罪」・「犯罪観」

　中国の刑法第13条の規定によると、「国家主権、領土の完全及び安全に危害を及ぼし、国家を分裂させ、人民民主独裁の政権を転覆させ、社会主義制度を変えさせ、社会秩序と経済秩序を破壊し、国有財産または集団所有財産を侵害し、公民の私有財産を侵害し、公民の人身権利、民主権利及びその他の権利を侵害し、および、その他に社会に危害を及ぼす行為で、法律に従って刑罰をもって処罰すべき場合、すべてが犯罪である。但し、情状が著しく軽微で危害が大きくないときは、犯罪とはしない」という。

　この条文はいわば中国での「犯罪」の定義である。その構成は二つの部分からなっている。まず、第13条の前半に従うと、中国で言う「犯罪」とはその本質が「社会に危害を及ぼす行為である」。中国の刑法研究では、それを「社会危害性」という。犯罪は「犯罪」とされて刑罰を加えられるのがまずこのような「社会危害性」を有する性質の行為だからである。「犯罪」かどうかはまずその性質から判断されて、「社会危害性」という性質を備えていなければ、もはや「犯罪」とは無縁となる。言いかえれば、「社会危害性」

は中国で言う「犯罪」の第一次的本質的部分である。しかし、他方では、「社会危害性」があるからと言ってもすべての行為が犯罪になるかというと、そうでもない。社会危害性を有する行為であっても、その「情状が著しく軽微で危害が大きくないときは、犯罪とはしない」と第13条の後半に但し書きとして定めているように、次には、「犯罪」とされるためには、その「量」・「程度」（情状や危害）は「著しく軽微で危害が大きくない」であると、だめである。言い換えれば、いくら「社会危害性」を有する行為と言っても、その情状が著しく軽微で、その危害が大きくないときには、「犯罪」とはされない。「犯罪」とされるのはあくまでも一定の「量」・「程度」に達したより「大きな行為」だけである。

　このように、中国で言う「犯罪」とはその構成要件が「質」と「量」との両方から定められており、その両方から理解されている。中国で言う「犯罪」とは「質」と「量」の統一体となっている。その結果として、中国では、「違法」と「犯罪」とは全く違う概念であって、質的に「違法」である行為のなかでは、量的にも一定の程度に達したものだけが「犯罪」とされるのである。このことは、まず、中国の法律上・刑事司法上反映される。例えば、中国の法律上、窃盗罪や賄賂罪などの金額などの「量」で数えられる犯罪はいずれも「犯罪」となるための最小限度の金額を要件として定められている。窃盗の場合は、それが「犯罪」として成立するためには、盗んだ金は農村では数百人民元、都会では数千元に達していないと、「窃盗罪」とはならない。賄賂の場合も同じで、収受した賄賂が数千ないし数万人民元に達していないと、「賄賂罪」とはされない[3]。同様に、直接金額などの「量」で数えられない犯罪も多くの場合「程度」上の要件が定められている。例えば、刑法としては単純暴行罪がなく、暴行しただけでは直ちに「犯罪」とはされず、暴行により被害者に実際に怪我をかなり負わせた場合のみ、傷害罪が成立する。中国の刑事司法機関も犯罪として扱うためには「量」のことをかなり意識している。一定の場合は、まず「量」の判断をして、「量」的に

「犯罪」になると考えるようになってから、はじめて「質」的要件を満たすかどうかを次に判断することに入る。つまり、「犯罪」の「量」を第一次的要件として念頭において、それを満たす場合のみ、その次にやっと「犯罪」の質的要件を意識するようになるのである。例えば、中国で窃盗に遭った場合、警察に通報するが、おそらく最初に警察に聞かれてくるのは「いくら盗まれたのか」である。かなり額の大金が盗まれたと答えれば、警察はさらに事情を聴いて出動してくれるが、盗まれたのが大金でなく、低い金額であれば、「大した金額でなくて幸いですね。今後、大金が盗まれないように気をつけましょう」と忠告して終わりにする。どこでどのような状況で盗まれたかはおそらく詳しく聞こうとはしない場合が多い。警察がこのように処理するのは、無責任からではなく、むしろ、固有の「犯罪」意識または観念から来る自然な対応である。つまり、警察が本格的に出動するのはまず「量」的に重大な「犯罪」であって、若干の金額の窃盗が「量」的にはまだ「犯罪」にはなっていないので自己責任で処理するしかないのである。

　中国の警察などの刑事司法の実務はこのように「犯罪」を理解し、それに対応すると同様に、中国の法律上及び刑法理論上の犯罪論体系も同じく「量」的要件を「質」的要件と同じように、あるいは、それ以上に重んじている。これまで、中国の刑法学者を含めて、多くの刑事法研究者は、中国での犯罪論体系を「四つの要件論」と呼んで、「犯罪の客体」（犯罪により侵害された保護法益）、「犯罪の客観方面」、「犯罪の主体」、「犯罪の主観方面」をその内容として解説し、理論構成を展開しようとしているが、これは大きな間違いである。刑法の規定に基づいた中国の正確な犯罪罪論体系は、「犯罪定義」+「四つの構成要件論」である[4]。つまり、中国では、犯罪が成立するためには、「四つの構成要件」を満たす（日本でいう「構成要件要素該当性」、「違法性」、「有責性」という「三段論的な犯罪論体系」を満たすように）ことが必要ではあるが、その前にまず「犯罪定義」を（そこで定められている「社会危害性」という行為の性質のみならず、必要とされる行為の

量・程度をも）満たす必要がある。犯罪定義、特にそのなかでの「量」・「程度」の要求を満たさない場合は、違法として意識されるとしても、もはやそれ以上「犯罪」として意識され、追及されなくなるのであって、もはや「犯罪」を云々する前提がなくなっている[5]。

　上述したように「犯罪」とは「質」と「量」の統一体であって、違法と犯罪とは違う概念で、性質に違法である行為のなかで量的・程度的によほど重いものだけが「犯罪」とされる、という「犯罪」概念は、中国の国民が持つ素朴な「犯罪観」にもなっており、そのなかで強く反映されている。経験した実例を言うと、いまは中国から多くの留学生や観光客が日本に来ているが、そのなかには「万が一見つかったら叱られるぐらいでしょう」という極めて軽い気持ちから観光名所で落書きをしたり、デパートでハンカチや石鹸を万引きしたりする少数者が時にはいるが、見つかって逮捕されたら、多くの場合は、「これぐらい軽い小さい違法行為でいきなり逮捕されるのは中国人だからであろう。未だに日本の刑事司法機関は中国人を差別しているのではないか」と反応する人々が案外に多い。これは偶然ではない。その裏にあるのは、小さいことならば「違法」であっても「犯罪」とはされず、警察などはすぐ介入しない、という中国的「犯罪観」であって、日本人ならば同じ小さいことをしたら絶対逮捕されない、という誤解である。実は、先の1円充電で窃盗罪として送検されたケースのように、日本的「犯罪観」のもとでは、日本人であっても同じ「小さい違法」のことをしたら同じように逮捕されるのである。

## 2　「刑罰」・「刑罰観」

　同じ「刑罰」といっても、実際上「見える部分」と「見えざる部分」とがあって、法律上定められて、裁判所に言い渡されて、刑務所で執行されている刑罰はあくまでも「見える刑罰」にすぎず、その「見える刑罰」が社会的

にどのように捉えられて、どのような社会的効果をもたらすかは「見えざる刑罰」というべきである。このように「見える刑罰」と「見えざる刑罰」とがあるが、この両者は相互作用的関係にあって、相互作用の仕方はそこの社会の「刑罰観」により規定されると同時に、そこでの「刑罰観」の形成にも影響を及ぼす。そのために、ある社会の「見える刑罰」とはどのようなものか、そこでの「見えざる刑罰」はどのようなものなのか、両者は実際どのような相互作用関係にあるのかを見ることは、当該社会での「刑罰観」の解明になる。

## （1） 日本の「刑罰」・「刑罰観」

「見える刑罰」として日本の法律上定められている刑罰、及び、刑事司法上通常言い渡される刑罰は中国を含む多くの国々のそれよりもずっと軽いと言える。それは殺人などの凶悪犯罪への刑罰、麻薬犯罪への刑罰などから端的に見出すことができる。

日本では、刑法上 18 種類の犯罪に対して死刑が設けている[6]。戦後の刑事司法では、故意殺人、強盗殺人、強姦殺人、誘拐殺人などの凶悪犯罪に対して死刑を言い渡すことも執行することもある[7]。しかし、死刑を法定刑として定められている刑法上の様式を見てみると、刑法典第 81 条の「外患誘致罪」だけが、死刑を唯一の法定刑してしか定めないような「絶対的死刑」となっている。そのほかの死刑罪名は、いずれも、法定刑として死刑と無期懲役や有期懲役などの刑罰種類と並べられて、死刑か死刑でないかを裁判所が実際選択することのできる「相対的死刑」の定め方をしている。また、刑事司法上、後に検討するように、死刑の適用基準を極めて厳しく、死刑判決もその執行も極めて限定的に行われており、かつては「3 人以上を殺さないと死刑は適用されない」と言われるぐらいである。いまは 2 人を殺しても 1 人を殺しても死刑が言い渡されることがしばしばあるようになったものの、そのいずれも罪質がもうきわまりのない場合だけである。

第4章　文化としての犯罪、刑罰、死刑　131

　麻薬犯罪に関しては、日本の法律がきめ細かくその構成要件と法定刑を規定している。麻薬及び向精神薬取締法第64条によると、ジアセチルヒネなどをみだりに輸出、輸入、製造した場合、1年以上の有期懲役に処する。営業の目的で上述した行為を行ったものに対して、無期もしくは3年以上の懲役に処し、または情状により無期もしくは3年以上の懲役および1千万円以下の罰金に処する。このように、ジアセチルヒネなどの場合、営業目的で輸出、輸入、製造の場合は、最高刑が無期になるが、それ以外の麻薬の場合は情状がいくら悪くても有期懲役刑になる。しかも、麻薬犯罪に対して無期懲役刑を法定刑として設けられたのはごく最近のことで、最近の日本で進んでいるいわば「厳罰化」の流れのなかでの法改正によるものである。従来は、無期懲役刑は麻薬犯罪とは無関係であった。立法上のみならず、刑事司法上を見てみると、検察や裁判所が麻薬犯罪に対して行った処分、量刑も重くないことが伺える。例えば、平成28年度では、裁判所が第一審で処理した覚醒剤取締法違反の被告人はおよそ9089人であって、有期懲役刑を言い渡された被告人の人数は9061名で、そのうち、刑の一部執行猶予をつけられた被告人は913名で、全部執行猶予は3511名である[8]。執行猶予率は約49％にも達しており、特に全部執行猶予率が約39％にも昇っている。世界的に見ればいずれもかなり高い。

　しかし、このように、日本では、凶悪犯罪や麻薬犯罪への刑罰に反映されているように、法律上の法定刑も刑事司法上の量刑も「見える刑罰」として総じて言えば軽いと言えるものの、他方では、「見えざる刑罰」としては、日本の刑罰のもつ社会的影響などの面で世界のほかのところでは見られないほど大変厳しいものが多い。これは主に二つの側面から見ることができる。

　まず、被告人が自由刑として懲役または禁固を言い渡されて判決確定して受刑者になった場合、実際に刑務所などの刑事施設に収容されて服役しなければならないが、このような「服役」または「行刑」の中味が法律によって明示される時があるものの、多くの場合、明示されない流動的なものとなっ

ており、「刑務所のあり方は社会の縮図である」と言われるように、それぞれの社会によって実際の状況または処遇が異なる。日本の場合は、近代的行刑制度を最初に確立したのは1908年に制定した旧監獄法であって、行刑に関する当該法律の中の規定が当時においては近代的で人道的なものであると言われていたが、今日の目から見れば明示した規定そのものだけでなく、その規定のもとで行われていた実務も相当厳しいものであった。1933年に「累進処遇令」が実施されて、行刑に教育刑の思想を若干取り入れたものの、従来の制度と実務はほぼそのままであった。戦後になって、日本国憲法の制定により多くの法領域で大きな変化が起こったものの、行刑領域は抜本的変化がなかった[9]。やっと大きな変化をもたらしたのは2006年の現行「刑事収容施設法」の制定である。この新しい法律の実施により、監獄法が廃止されて、行刑の社会化、受刑者人権の一層の保護がはかられるようになった。しかし、それにしても、日本の行刑は厳しいものであることには根本的変化がなかった。これは普通「日本型行刑」と呼ばれており、その中味は一応に次のようにまとめられるように思われる。第一に、行刑は常に受刑者の更生・改善・社会復帰を目標とする。第二には、そのような目標を達成するためには義理・人情といったような日本的人間関係観や文化価値観の教化を重視する。第三には、そのような教化を重視する表れとして厳しい規律と秩序を設定し、それへの適応と遵守を求める。第四には、そのような規律と秩序への適応と遵守を訓練するための中心的場所とプロセスを刑務作業に置く。このような「日本型行刑」のもとでは、受刑者は、他の多くの国々におけるように刑罰の本質である応報の体現としての拘禁に強制的に服従するほかには、刑務作業、生活指導、一定の治療プログラムへの参加といった拘禁関係以外の矯正関係においても義務として強制される。

次に、受刑者は刑期を終えて社会に復帰した後の社会・市民の対応から見ると、あるいは、まだ有罪が確定される前に逮捕されたりして刑事司法とかかわりを持ち始めることに対する社会・世間・国民の反応を見てみると、日

本の場合は、いずれも社会・世間・国民が極めて厳しい反応をするのは普通である。「無罪推定」が憲法原則であるにもかかわらず、国民は逮捕されただけで、まだ有罪者になっていないにもかかわらず、もう厳しい社会的制裁に直面せざるを得なくなる。また、刑期が満了して釈放されて、法律上・対司法機関上、もはや犯罪者でなくなったにもかかわらず、社会・世間・国民は依然として犯罪者として強く意識し、はみ出した異質な人間として対応する。日本での元受刑者の再犯率が高いことの一因は、社会・世間・国民のこのような「拒絶反応」で、このような「社会的・世間的・民間的罰」の存在とその強さ・持続さこそが更生・改善・社会復帰を難しくして、元受刑者がなかなか社会により受け入れてもらえないようにさせているのである。

(2) 中国の「刑罰」・「刑罰観」

「見える刑罰」として中国の法律上定められている刑罰、及び、刑事司法上通常言い渡される刑罰は世界の多くの国々のそれよりずっと重いと言える。それは殺人などの凶悪犯罪への刑罰、麻薬犯罪への刑罰などから端的に見出すことができる。

中国では、1997年現行刑法が制定されるまでは、刑法上約88種類の犯罪に対して死刑が設けていた。1997年の現行工刑法では死刑罪名が減少されて68になった。その後、まず2011年2月の第8回目の刑法改正を通じて13個の罪名から死刑を外して、55個になったが、2015年8月の第9回目の刑法改正を通じてさらに9個の罪名から死刑を取り除いて、死刑罪名の総数が46になった[10]。このように、死刑罪名は全体として減っているものの、他の国々との比較で見ると依然として多いレベルにある。死刑の様式から見ると、ハイジャック致死罪や婦女児童誘拐致死罪などの罪名には法定刑として死刑しかないので、「絶対的死刑」となっている。また、中国は、死刑判決の件数も執行人数も国家の秘密として公表しないものの、世界で最も死刑を多用しており、世界死刑適用人数の全体の約80％を占めていることがほ

ほ世界での常識となっている。刑事司法上、死刑を適用されているのは故意傷害、故意殺人、強盗殺人、強姦殺人、誘拐殺人などの凶悪犯罪だけでなく、麻薬犯罪、公務員横領収賄罪、経済犯罪も含まれる。死刑適用の基準自体も極めて厳しい。例えば、故意殺人などの凶悪犯罪の場合は、「殺人償命」(「人を殺害したときには死をもって償え」)というようになっており、故意で1人を殺した場合、よほどの例外的情状がなければ、一律的に死刑となるし、故意で人々に傷害して重大な結果をもたらした時にも死刑が適用される。

麻薬犯罪に関しては、中国の法律は極めて厳しい規定をしており、死刑を多用することが常に可能になっている。いまの中国刑法第347条は麻薬犯罪を定めている条文であって、その中味はおよそ以下の通りである。つまり、

1、麻薬を密輸し、販売し、運搬し又は製造した者は、その数量の多少にもかかわらず、すべて刑事責任を追及し、処罰しなければならない。

2、麻薬を密輸し、販売し、運搬し又は製造した者は、次の各号に掲げる事情の一つがあるときは、十五年の有期懲役、無期懲役又は死刑に処し、財産の没収を併科する。

(1)、1000グラム以上のアヘン、50グラム以上のヘロイン若しくは覚せい剤、又はその他の大量の麻薬を密輸し、販売し、運搬し又は製造したとき。

(2)、麻薬を密輸し、販売し、運搬し又は製造する集団の首謀者であるとき。

(3)、武装をもって護送して麻薬を密輸し、販売し、運搬し又は製造したとき。

(4)、暴力をもって検問、逮捕又は勾留に抵抗し、情状が重いとき。

(5)、組織的な国際的麻薬販売活動に参加したとき。

このように、中国では、麻薬犯罪には死刑が設けられており、一定の要件を満たしていれば、麻薬の密輸、販売、運搬、製造のいずれに対しても死刑

判決が可能となっている。現に刑事司法においてそのいずれに対しても死刑判決が出されている。また、中国では、1997年制定された現行刑法に対して、9回の修正を行っているが、そのうち、2011年に行われた「刑法修正8」と2015年の「刑法修正9」では、いずれも死刑の罪名が大幅に減らされたが、麻薬犯罪に対する死刑罪名だけは相変わらず変更がなく、そのまま維持されている。それだけでなく、刑事司法上も麻薬犯罪に対して死刑が大変多用されている。中国で毎年言い渡された死刑判決または執行した人数のうち、故意殺人に次いで、麻薬犯罪が常に二番目多い状態にあって、毎年死刑を執行された麻薬犯罪者は通常百数十人で、多い時には数百人に昇る。

　このように、中国では、凶悪犯罪、麻薬犯罪、公務員横領収賄罪、経済犯罪に対する死刑の多用から見られるように、法律上の法定刑も刑事司法上の量刑も「見える刑罰」として極めて重いと言える。しかし、他方では、「見えざる刑罰」としては、中国の刑罰のもつ社会的影響などの面では世界のほかのところでは見られないほど大変軽いものである。これは、主に、中国の社会・世間・民衆は刑事司法の被疑者・被告人・受刑者、さらに刑期を終えた元受刑者・元犯罪への姿勢・態度から見ることができる。中国では、社会にとっても民衆にとっても、犯罪者・受刑者だったといっても、それはその人と国家との法律上の過去のことであり、その人と国家の間でトラブルがあったことだけを意味し、刑期が終わって服役を終えていれば、ただの普通の人に戻る。1980年代初期から本格的に展開された「改革開放」政策の実施に伴って、新しい中国の第一世代の金持ち層が形成されたが、その多くがかつての刑務所受刑者であった。こうなったのは、もう刑務所服役経験を持った人間であるから、何も恐れずに大胆に新しいことを試みることができるので、彼らこそもっとも「改革開放」に向いていたこともあるが、それ以上に、中国社会と民衆は、国家権力・刑事司法機関にはすぐ同調せず、被疑者・被告人・犯罪者を特別視せずに、彼らに同じような活躍の場・空間・社会雰囲気を認めているからであろう。また、最近の中国で流行っている現象

の一つは、有罪判決を言い渡された被告人は受刑者となって刑務所で何年間服役して刑期が満了して釈放されたら、その帰りに民衆達が村上げて村の入り口で歓迎する歓迎会などの行事を行うことが特に東南地方で多いことである。法律上かつての犯罪者・有罪者であったにもかかわらず、英雄のようにその帰りを歓迎することまでやるのは、「見えざる刑罰」の側面においては刑罰がいかに社会的意義をもたらさないかを端に示していると言えよう。

## 3 「死刑」・「死刑観」

今の世界では、約三分の二の国々がもう死刑を刑罰として廃止しているが、ほかの三分の一の国々はまだ死刑を存続・存置させている。死刑存続・存置の国々の中には日本と中国が含まれる。しかし、日本と中国は、同じ「死刑存置国」といってもそれぞれの死刑の情勢・局面が完全に異なるし、その裏にある死刑文化も全く違うし、同じようには語られることがいささかもできない。

### (1) 日本の「死刑」と「死刑観」

「一方では、死刑は決して多用しない。しかし、他方では、死刑は決して廃止しようとはしない」というのは日本での死刑の情勢・局面である[11]。

先にも述べたように、日本では、死刑罪名は刑法典上と特別刑法上合わせて18個があるが、戦後の刑事司法のなかで実際に死刑が適用されたのは故意殺人事件(及び強盗致死事件、強姦致死事件、誘拐致死事件)のみである。日本の刑事司法での死刑適用に関して、最高裁判所は永山事件の第一次上告審判決のなかでいわゆる「永山基準」を示したことがある。それによると、「犯行の罪質、動機、様態ことに殺害の手段方法の執拗性・残酷性、結果の重大性ことに殺害された被害者の数、遺族の被害感情、社会的影響、犯罪人の年齢、前科、犯行後の情状等各般の情状を併せ考察したとき、その罪

質が誠に重大であって、罪刑の均衡の見地からも一般予防の見地からも極刑がやむをえないと認められる場合には、死刑の選択も許されるものといわなければならない」という[12]。この基準には三つの意味合いがあるように言うべきである。まず、死刑を選択するに当たって考慮されるべき要素があげられた（9項目12要素）。次に、死刑を選択するに当たっての価値視点・尺度として「罪刑の均衡」と「一般予防」があげられた。最後に、死刑を選択するに当たっての思考方法・判断アプローチとして「やむをえない」ことがあげられて、死刑の選択はあくまでも例外で、「一般は死刑を選択しない。例外だけは死刑を選択する」となっている。実は、この「永山基準」は最高裁判所が判決時に新たに作られた部分（遺族の被害感情、社会的影響の明言と一般予防の強調）もあるものの、基本的には従来の刑事司法での死刑選択の実務または実際の基準を総括して明白化したものとしてみるべきである[13]。そのような基準のもとでは、死刑があくまでも「例外」として極めて慎重に適用されており、「三人を殺さないと死刑はない」と言われるほどであった。永山基準以後、特に、1990年代後半から現われてきた「厳罰化」の流れのなかで、日本の刑事司法のなかでの死刑適用が若干緩かになったように見えて、二人ないし一人の被害者の場合でも死刑が選択されるケースがやや多くなっている。例えば、最高裁判所は、2006年に光市母子強姦殺人事件に対する上告審判決のなかでは、「遺族の被害感情、社会的影響、一般予防」を実際上の根拠にして「死刑をしない特別な理由は見当たらない」という理由で事件を差し戻して死刑の選択を求めた。このように、この判決は、永山基準のなかの「やむをえない」部分を放棄し、「一般は死刑を選択しない。例外だけは死刑を選択する」という永山基準でのアプローチを逆転させたようにも読み取れるが、しかし、この判決は必ずしも「判例」の意味を有せず[14]、裁判所はそれ以後でも死刑選択に当たって依然としてほぼ「永山基準」を踏襲しており、極めて慎重な態度で死刑を選択するかどうかを判断しているように思われる。その結果、日本では、未だに死刑判決が極めて少な

い状態にある。例えば、2007年から2016年までの毎年の通常第一審における死刑判決言い渡し人員は14人、5人、9人、4人、10人、3人、5人、2人、4人、3人となっている[15]。10人を超える場合は少なく、最も少ない時は2人だけである。同様に、日本での死刑執行も極めて少ない。例えば、2005年から2017年までの毎年の執行人数は1人、4人、9人、15人、7人、2人、0人、7人、8人、3人、3人、3人、4人となっている。2008年は15人をピックにして、その前後いずれも10人以下で、2011年は0人であった[16]。また、日本での死刑執行は「行刑密行主義」に従って行われて執行現場を絶対公開しないのみならず、執行した事実と名前などを除いていれば、その他の情報もほぼ公開しないようになっている。

このように、日本では、「無意義」と思われるほど、死刑制度を大変慎重に運用して、死刑を決して多用しようとはしない。しかし、他方では、日本では、死刑を廃止しようと主張する専門家や一部の国民や政治家もいるものの、多くの専門家も政府も国民の多数も死刑を廃止しようとも決してしない姿勢を長期にわたって見せている。政府は対内的にも対外的にも死刑を廃止するまたは将来は廃止すると言う姿勢を表明したことが一度もないし、国民の多くも明白に死刑を廃止すべきとは見ていないようである。例えば、内閣府は5年毎に世論調査を行っている。そのなかで死刑の是非に関する問いがある。最近の5回の調査結果から見ると、死刑を賛成するまたは容認する人々の割合は以下のようになっている。1999年は79.3％、2004年は81.4％、2009年は85.6％、2014年は80.3％である[17]。

ところで、なぜ日本での死刑の情勢・局面は、このように、「一方では、死刑は決して多用しない。しかし、他方では、死刑は決して廃止しようとはしない」というようになっているであろうか。それは、日本には日本なりの死刑文化があって、日本の死刑は本質的に一種の「文化的死刑」と言えるからではなかろうか。つまり、日本における国と国民との関係は「国親思想」・「パタナリズム」という文化原理に基づくようなものである。そのような関

係の中では、刑事司法を含む天皇制・国・政府は国民にとって「親」のような存在であると同時に、国民は天皇制・国・政府にとって「子」のような存在である。一方では、殺人などの極悪的行為を含む犯罪は天皇制・国・政府にとって何よりまず家庭のなかで子供同士・兄弟姉妹の衝突・トラブルとして映る。親はいくら子供が悪くても誤りを犯したら家からいきなり完全に除名することができないように、たとえ極悪な罪を犯した国民であっても、彼はまだ同じ「民」・同じ子供であるからそのような「身内」に対していきなり死刑を適用することができない。戦争とは違って、死刑は同胞に対するものであるので、慎重にならざるを得ない。しかし、他方では、もし死刑を廃止し、どのような場合であっても死刑を一切使えないならば、極悪のきわまり犯罪が発生し、犯罪者はもはや自分が「日本」・「和の文化」の一員もしくは「日本」という国の子供・兄弟姉妹として完全に失格しまたは否認する場合は、死刑を廃していれば、親としての「国」はその反逆者をやむを得ず「破門」する手段がなくなり、「親」としての最終的権威を保てなくなる。死刑をやむをえない場合の最後の手段として取って置く必要があって、容易く死刑を使用しないと同様に、容易く死刑を廃止することもできない。

　同じく、死刑執行に当たって「行刑密行主義」が堅持されて、これに関する情報を隠したがるのも、内密の中で、教誨師まで現場に立ち合わせてお経を読ませてあげるなどの最後の儀式が大変丁寧に行うのも、国家・行刑当局が「子供」・「身内」をやむをえずに処刑することに後ろめたさを感じて、その「子供」・「身内」やその家族を必要以上に傷つけたくないという配慮があり、優しい「親」としてのイメージを壊したくないという思惑もあるからであろう。

　一言でいえば、「親」としての国は、優しさと厳しさとの両方を「子供」・国民に対して見せなければならないジレンマのなかで、「一方では、死刑を決して多用しないが、他方では、死刑を決して廃止しない」、「行刑密行主義」のなかで大変丁寧に死刑執行を行う、という日本の死刑制度が形づくら

れているのである。

## （2） 中国の「死刑」・「死刑観」

　先にも述べたように、中国は今の世界で最も死刑を多用している国である。それを可能にしているのは、法律上死刑罪名が多いこと、死刑手続きがそれを容易にしていること、刑事司法における死刑適用基準が緩やかであることなどである。かつての中国の刑法上、死刑罪名が88個もあったが、後に減少されて、いまは46個が残っている。この46個の死刑罪名は刑事司法においてすべて適用されているわけではなく、実際に死刑を言い渡されているのは主に殺人などの凶悪犯罪、麻薬犯罪、一部の経済犯罪、公務員横領収賄犯罪である。では、なぜ中国の死刑適用がこの四つの類型に集中しているのであろうか。言い換えれば、中国で死刑が多用される理由はどこにあるであろうか。それを一言でいうと、中国での死刑多用は政治的理由に基づくものであって、中国の死刑は本質的に「政治的死刑」というべきである[18]。

　第一に、凶悪犯罪への死刑適用についてその理由が以下のように見ることができる。つまり、共産党の「一党支配」を原則としている中国においては、犯罪・社会治安はただの犯罪・社会治安の問題には決して留まらず、それ以上に、共産党と政府の政権能力として「一党支配」の正統性に関わる問題として意識されている。凶悪犯罪を抑止してよい社会治安を維持することは、共産党の「一党支配」の成功の現われとして認識されて、その正統性または正統性を維持し、増強する一方、悪い社会治安状況は共産党の失政として意識されて、「一党支配」の正統性または正統性はそれより大いに損なわれてしまうことになる。凶悪犯罪・社会治安はこのような政治的意義を持つので、死刑の多用を辞さずに社会治安を直接害する凶悪犯罪に対して厳罰を科すことを通じて、よい社会治安を回復、維持することの政治的必要性が出てくるのである。

　第二に、麻薬犯罪に対す死刑適用の理由は以下のようなものである。つま

り、中国共産党と政府の公式的歴史観からすると、中国の近代史は1840年に起こったイギリスとのアヘン戦争から始まったものであって、アヘン戦争をきっかけに、それ以後の中国は、1949年にできた共産党政権までは西洋列強によって侵略されて、「半植民地」に化せられた時代であった。このような近代中国は、中華民族として存亡の危機に立たされて、中国そのものも主権を失い、独立国家でなくなった。西洋列強が中国をこのように侵略、植民地化できたのは二つの武器を用いたからである。一つは銃（鉄砲）であって、もう一つはアヘンであった。銃（鉄砲）は中華民族・中国の人々を物理的に打ち破ることができた一方、アヘンは中華民族・中国の人々を精神的に打ち破ることができた。このように、中国共産党と政府ないし中国社会全体にとっては、アヘンなどの麻薬行為は、ただの一般犯罪ではなく、むしろ、「中華民族」、そして「中国」という国家を根本から滅ぼすような重大な政治的破壊行為であるように認識、理解されている。

そのうえ、アヘンなどの麻薬行為をこのように中国の近代史との関連で中華民族そして「中国」という国家の存亡にかかわる重大な問題として位置づけていると同様に、中国の公式なイデオロギーによれば、革命を通じて中華民族を西洋列強の侵略と植民地化から守って、最終的「中華人民共和国」という新しい独立した国家を作ることができたのは中国共産党であって、中国共産党こそ全中国人民をリードして西洋列強の「銃（鉄砲）」と戦って勝ち抜いただけでなく、もう一方の侵略の武器である「アヘン」とも戦ってそれを絶滅させることができたのである。要するに、アヘンなどの麻薬と戦ってそれを絶滅させたことは中国共産党の重大な業績の一つとされており、その業績が今日の「一党支配」原則の根拠の一つとして意義づけられているのである。

このように、中国共産党と政府は、麻薬犯罪をアヘン戦争以後の近代史観そして共産党による「一党支配」の原則との関連で麻薬犯罪を政治的に認識、理解している。そのために、麻薬犯罪への死刑適用がまずこのような政

治的文脈から正当化されている。具体的にいえば、麻薬犯罪は中華民族の存亡に関わる重大な行為であるので、死刑も含む厳罰で対応すべきである。同時に、中国共産党がかつて麻薬を根絶させたことは「一党支配」の正統性の一つとされるのに、麻薬行為に甘くしてその氾濫を許すと、中国共産党の指導能力そして「一党支配」の正統性（正当性）上の問題になりかねない。そうならないように、死刑を含む厳罰で対処する必要が出てくるのである。いずれも政治的な理由である。

　第三に、公務員横領収賄罪に対して死刑を課す理由として以下の通りである。つまり、中国では、実際上、中国共産党による一党支配が実施されているし、法律上、共産党による一党支配は憲法上の最高原則の一つとしてはっきりと定められている。1980年代以来、「改革開放」政策の実施により、中国も大きく変わり、多くの方面でかなり自由となっているが、しかし、一点だけは固く守られて、一切変えられていない。これはつまり「共産党の一党支配」という原則である。では、中国共産党は、何の理由もなく、ただひたすら「一党支配」を固持しているのであろうか。そうでは決してない。実は、中国共産党は自らの一党支配に対してそれなりの理由・正統性を主張している。つまり、歴史的に見れば、中国共産党こそ多大な犠牲を払って先頭に立って革命を成功させて、中国をかつてないほど統一させた。現実的に見れば、共産党の支配によってこそ、いまの中国が経済的にも社会的にも文化的にもかなり発展して、国力も民衆の生活も日ごとによくなっている。これらの歴史的事実と現実的状況からは、中国共産党こそ、人民にとって「大公無私」的存在であって、自らの利益をすべて捨てて、完全に人民利益のための公的組織であること、そして、中国共産党こそ誰でも代替できない人民利益・人民意志の唯一の最大的で最善的代弁者であることが歴然と証明されている。だからこそ、直接に選挙を通さなくても、共産党の一党支配の根拠・正統性があるのである。

　このように、「大公無私」と「人民利益の代弁者」から自らの一党支配の

正統性を得ようとしている中国共産党にとって、その党員の一部が職権を利用して賄賂を受け取って（中国で公務員のほとんど共産党員でもあるので、公務員の賄賂はつまり党員の賄賂を意味する）、人民より先に自分のポケットに金銭などの利益を入れることは、共産党一党支配の根拠・理由である「大公無私」・「人民の利益の代弁者」に対する真正面からの否定であって、党の顔・党の支配の正統性に対するあからさまな泥投げ・傷付けである。断じて許されない。つまり、いまの中国では、賄賂は「一党支配」という政治観から見られて、一種の「政治犯罪」・「体制犯罪」として位置づけられて、死刑を含む厳しい刑罰を科すのである。その動機・目的は、何よりも、共産党の一党支配の根拠である「大公無私」・「人民の利益の代弁者」というイメージを維持することであって、「一党支配の正統性の維持」というのは中国での賄賂罪の保護法益なのである。

　第四に、一部の経済犯罪に対して死刑を適用する理由は以下のようなものであるように思われる。つまり、「改革開放」以後の中国での私有制と市場経済の確立と拡大は、自然発生的で自然生成的なものでは決してなく、むしろ中国共産党により人為的に展開されているものであって、中国共産党の政治的政策としてその政治的権威を用いて強力的に推進されている政治的・権威的・人為的な私有制と市場経済である。そのために、本来ならばただの一般犯罪であるはずの密輸、窃盗、投機取引などの経済財産犯罪も、中国共産党と政府にとっては、一般犯罪・経済財産犯罪以上にまず自分の政治的政策と政治的権威を挑戦するような政治犯罪として見えるし、そのような経済財産犯罪によってもたらされる被害がまず自分たちに対する政治的ダメージとして認識される。一言でいえば、「改革開放」以後の中国での密輸、窃盗、投機取引などの経済財産犯罪は、外見上ただの経済財産犯罪ではあるが、しかし、実質上は、政治犯罪・体制犯罪の意味合いをもたせられているのである。そのために、死刑も適用されていたのである。

## 結語：
### 文化とは何か、法文化とは何か

　これまでの比較を通じて次のようなことが明らかになったであろう。
　まず、「犯罪」・「犯罪観」に関しては、日本のそれが基本的「質」的概念・観念であって、刑罰のことをも視点にすると、日本での刑事法（「犯罪」と「刑罰」）または日本の刑事政策の特徴は「広くて軽い」と言える。つまり、「犯罪」とされる行為の範囲は極めて広くて1円盗みも立派な犯罪とされる。しかし、他方では、「犯罪」になったからと言ってすぐ重い刑罰が科せられるわけではなく、犯罪に対する刑罰は極めて軽い。それに対して、中国での「犯罪」・「犯罪観」は「質」+「量」の統一体であって、「量」・「程度」が犯罪の成立にとって重要であって、よほど大きな違法行為でないと、「犯罪」とはされない。しかし、他方では、一旦「犯罪」とされたらすぐ重い刑罰が科せられる。「狭くて重い」というのは中国の特徴である。
　次に、「刑罰」・「刑罰観」に関しては、日本の場合、法律の法定刑も裁判所などの司法機関に言い渡された刑罰も「見える刑罰」としてかなり軽い一方、そのような「見える刑罰」のもつ社会的意義、それによりもたらした社会的効果が「見えざる刑罰」としてかなり重い。日本社会での「罰」はその意義が主に社会において国民の手で実現されており、刑罰のもつ影響が主に刑事司法機関の外での日本社会において体現される。それに対して、中国の場合、法律の法定刑も裁判所などの司法機関に言い渡された刑罰も「見える刑罰」としてかなり重い一方、そのような「見える刑罰」のもつ社会的意義、それによりもたらした社会的効果が「見えざる刑罰」としてかなり軽い。中国社会での「罰」はその意義が主に刑事司法機関においてその手により実現されており、刑罰のもつ影響が刑事司法機関に限られている反面、刑罰はほとんど社会において一般国民にとって大きな意義を持たない。

最後に、「死刑」・「死刑観」に関しては、日本も中国も死刑存置国ではあるものの、互いに根本的に違う。日本における死刑の情勢・局面は、「一方では、死刑は決して多用しないが、しかし、他方では、死刑は廃止しようとは決してしない」という、一見して矛盾のように見えるものである。それに対して、中国における死刑の情勢・局面は、「死刑の適用を減少するものの、依然として世界最も死刑を多用している」という、大変単純なものである。

　では、日本と中国の間ではなぜ以上のような違いがあるのであろうか。これに関して、「社会体制論」を持ち出して、「日本は資本主義国で、中国は社会主義国であるから」という見解があれば、「日本と中国とは文化が違うから」という「文化論」的主張もありうるが、しかし、いずれも納得させられないところがある。前者の「社会体制論」の場合は、私有財産を認めるだけでなく、それを大いに奨励していて、世界のどこよりも貧富の差を有するいまの中国はまだ「社会主義か」という大きな疑問が残るのみならず、本来私有制を廃止することを最大な目標の一つとしている社会主義国においてなぜ窃盗罪を厳罰し、かつて死刑をも適用したことも、また、未だに一部の経済犯罪に死刑を科していることも、説明がつかない。後者の「文化論」の場合は、どこの社会にも文化があって、文化がどこの社会でも等しくその役割を果たしているということを前提としているが、それは、そもそもある社会には文化があって重要な役割を果たしていれば、他の社会には文化がなく、そのような役割も果たしている事実を無視して、根拠のないことではないか、という疑問があるほかに、特に「文化」をもって日本の死刑の情勢・局面を説明できるものの、中国での死刑多用の理由は全く説明できない。

　以上の両方の欠陥を克服するためには、筆者がかねてから提唱しているのはいわゆる「社会特質論」である[19]。それによると、社会の体制または文化を問うよりも、むしろ、それぞれの社会の原点が何か、その社会における最も通じる社会的力が何かを見る。その原点・力の違いにより「社会性質」がそれぞれ違う。「社会特質」の違いにより、刑事法制度も犯罪、刑罰、死刑

も異なる。

　このような手法を持ってみると、日本は「文化社会」であって、国民の間・社会世間での道徳・習慣・常識は日本社会の原点・最も通じる社会的力である。このような「文化社会」では、法文化が存在して、法律は道徳などの文化的価値をよりところとしてそれを補強する。「広くて軽い」という日本での刑事法・刑事政策のパターン・特徴は、まさにこのような「文化社会」から起因するものである[20]。法律は道徳を前提とし、両者の間で一体性があるからこそ、文化上の「不道徳」はすべてそのまま法律上の「犯罪」とされて「違法」と「犯罪」とが一緒で、刑法上の「犯罪」概念が「広い」特徴を見せる。他方、犯罪者と言っても依然として同じ「大和文化」の担い手・仲間、同じ天皇「民」であるので、このような「身内」に対しては容易く厳罰を言い渡せないし、犯罪・非道徳行為に対する「罰」は何より社会の間で、国民の手で社会制裁（「見えざる刑罰」）として実現できるので、刑罰そのもの（「見える刑罰」）は軽くてもよい。日本での死刑の情勢・局面も同じく「文化社会」から説明がつく。「文化社会」であるが故に、国家と国民との関係・国民同士の関係は、文化的に規定されて、「同じ子供」・「同じ兄弟姉妹」・「同じ同胞」として意識されているので、死刑を容易く多用することが許されず、あくまでもやむをえない最後の手段として限定する必要がある。他方、文化の一体性、文化上の「親」としての国の権威を維持するためには、どうしても「破門」せざるを得ない場合に備えて、死刑を取っておいておく。

　また、「社会特質論」から見てみると、中国はどのような社会であろうか。中国は「権力社会」というべきである。つまり、国家権力こそが中国社会の原点・最も通じる社会的力である。このような「権力社会」では、社会秩序を創出し、維持するのはあくまでも国家権力であるが、しかし、国家権力は人数的にあくまでも少数者であって、多数の人々をすべて警察官などにすることができない。そのために、少数者による多数者の秩序の創出と維持に当

たって常に「人手不足」の問題が生じてくる。それに対処するために取れる刑事政策は、多くの違法行為のなかから権力にとって「重要」・「どうしても見逃せない」ものだけを選び出して、選らばれた一部の行為を必要以上に厳罰を科して、最大限の「波及効果」を狙う。それによって全体的秩序を創出し、維持する。「狭くて重い」という中国の刑事法・刑事政策のパターン・特徴はまさにここから来ている。同様に、「権力社会」であるから、中国での「犯罪」も「刑罰」（「見える刑罰」）も、国家権力が中心にその利害で決められるので、一般の民衆・一般の社会世間にとって「他人的」・「外在的」的なものであって、自分とはあまり関係ないこととしてみて、「犯罪」と「刑罰」とはあくまでその人と国家権力の間での紛争・トラブルとして理解し、犯罪者は釈放されたら一般人として迎えて付き合う。刑罰は社会・世間・民衆の間で余り意味を持たず、社会制裁（「見えざる刑罰」）は大変軽い。同様に、中国での死刑多用も「権力社会」から説明できる。凶悪犯罪、麻薬犯罪、公務員横領収賄罪、一部の経済犯罪に対する死刑の多用はその理由のいずれも「政治的理由」であって、「権力社会」ならではのことである。

　このように、これまでの検討を通じて、「文化」、「法文化」が果たしてどこの社会でも存在する共通的・普遍的なものなのかという疑問は提起できるのではないか。「文化社会」としての日本では、文化、法文化があって、それは法律、刑事法と関係付けてもよいであろうが、「権力社会」としての中国には果たして文化、法文化が存在するか（「法律社会」と定義できる米国も同じではないか）。そこでの法律、刑事法はあまり文化と関係付けられず、互いに無縁ではないか。

　本論文の結論を一言でいうと、日中の比較を通じて、果たして「文化」、「法文化」とは何かを考えさせられたのではなかろうか。

＃本論文は科学研究費助成事業（学術研究助成基金助成金）「中国の死刑制度と死刑冤罪についての総合的国際研究」（課題番号 18K01311）の研究成果

の一部である

〈注〉

1　王雲海『日本の刑罰は重いか軽いか』、集英社新書、2008年、第181頁。
2　橋本正博『刑法総論』、新世社、2015年、第27頁。
3　王雲海『賄賂はなぜ中国で死罪なのか』、国際書院、2013年、第72頁。
4　王雲海『死刑の比較研究―中国、米国、日本』、成文堂、2005年、第176頁。
5　残念なことには、中国の多くの刑法研究者を含めて、多くの刑法研究者は、このことを意識、理解せず、刑法の規定に基づく中国の犯罪論体系を構築しようとはしておらず、日本の刑法研究のなかでの「三段論的犯罪論体系」をそのまま中国の刑法に当てはまろうとする。その結果、中国刑法第13条の規定を無視して、ひたすら中国刑法上の犯罪論体系が「四つの要件論」であると決め付けて説明した上で、それに大きな欠点があるとして無理やりに日本刑法の三段論的犯罪論体系を中国刑法に持ち込んでいろいろな問題を対処しようとしている。
6　王雲海、前掲註4、第26頁。
7　王雲海、「国際比較のなかの日本の生命刑」、『犯罪と非行』、2009年第2号、第153頁。
8　法務省法務総合研究所編『平成29年度版犯罪白書』、第38頁。
9　王雲海『刑務作業の比較研究―中国、米国、日本』、信山社、2001年、第154頁。
10　王雲海「中国の刑法改正と死刑制度の変更」、『法律時報』、第83巻4号、2011年、第118頁。
11　Wang Yunhai. "China's Death Penalty in a State-Power-Based Society", Bin Laing and Hong Liu (ed.), *The Death Penalty in China: Policy, Practice, and Reform*, Columbia University Press, 2016, p.97.
12　『最高裁判所刑事判例集』第37巻6号、最高裁判所昭和58年7月8日判決、第609頁。
13　王雲海、前掲註7、第154頁。
14　永田憲史『死刑選択基準の研究』、関西大学出版部、第107頁。
15　法務省法務総合研究所『犯罪白書2017』、第39頁。
16　アムネスティ日本の統計による（http://www.amnesty.or.jp/human-rights/topic/death_penalty/statistics.html）。

17　https://survey.gov-online.go.jp/h26/h26-houseido/2-2.html
　　なお、この調査結果の解釈について異議を唱えている学者はいる（佐藤舞とポール・ベーコン『世論という神話：日本はなぜ死刑を存置するのか』、The Death Penalty Project. 2015）。
18　王雲海「中国の死刑制度とその歴史的政治性」、『一橋法学』第15巻2号、2016年、第33頁。
19　王雲海『「権力社会」中国と「文化社会」日本』、集英社新書、2006年、第17頁。
20　王雲海「比較から見る日本の刑事司法改革の特徴とそのあるべき視点」、指宿信・木谷明・後藤昭・佐藤博史・浜井浩一・浜田寿美男編『第10巻・刑事司法への問い』、岩波書店、2017年、第164頁。

## 第5章

# 企業犯罪から見る韓国の法文化

藤原　凛

## はじめに

　企業活動の犯罪性は、1949年 E.H. サザランド[1]の研究を皮切りに認知され、欧米諸国では比較的早い段階で、その違法性及び被害の重大性について、コンセンサスが得られた[2]。一方、韓国社会では、1997年に勃発したIMF金融危機の際、企業の粉飾決算・賄賂等に起因する銀行の不良債権処理に、153兆ウォンもの公的資金が投入されたことをきっかけに、企業犯罪の違法性が広く認識されるようになった[3]。

　朝鮮戦争終結後、韓国は経済的困窮状態から脱却すべく、成長至上主義を掲げ、国家主導の経済戦略を実施した。とりわけ1970年代以降、政府が外国資本の融資を保証して国内企業の成長を支える代わり、企業は利息の返済さえ難しい国策産業に投資する[4]互恵的計画経済体制がとられた。結果として、企業は融資を受けるために粉飾決算をし、政官界はそれを支持ないし黙認することで、企業犯罪が企業経営に必要不可欠な手段と化した。一方、金融監督機関も正常な機能を果たせず、不正な借入金による事業の拡大が急速に進み、今日いわゆる「財閥」とよばれる大企業へと成長した。韓国公正取引員会の発表によると、2016年4月1日現在同65社[5]の資産総額は2,337

兆6,000億ウォン[6]で、同年の韓国国内総生産（名目GDP）[7]の約1.4倍にも上る。

「名の知れた企業家で、背任・横領などの企業犯罪に関与しない者は稀である」[8]。これは韓国社会の公然の秘密で、財界のみならず国民の誰しもが周知している現実である。絶対的な経済力と長年築いてきた政官界との濃密な人脈、排他的世襲家族経営、系列会社間の循環出資を通して保有株式数を超える議決権を行使し、系列会社をも支配する所有支配構造、これらの与条件が重なり、韓国の企業犯罪には他国のそれとは一線を画す独有の事象が見られる。

本稿では韓国を代表するグローバル企業、とりわけ国内における資産総額ランキング上位20位の財閥企業が、過去10年間で犯した企業犯罪を素材に、韓国の法文化の抽出を試みる。

## 1　韓国における企業犯罪研究の理論状況

### （1）　企業及び企業犯罪の概念

韓国において、「企業」という用語は経済学の概念で、例外的な場合を除き[9]、法律用語としては使われていない。ただ、商法学界は実質的意義の商法を「企業の生活関係に関する特別私法（企業法説）」と定義している[10]。企業を、現代の経済社会システムにおいて、計画的・継続的に利益を取得し、その利益を自己または団体構成員に分配する経済単位と定義し、法令の許す範囲内で新たな富を創出することが役割である[11]と解する日本の学説と、同様の立場と考えられる。

一方、「企業犯罪」という概念は、韓国で必ずしも統一した法的概念として定着しておらず、学説上の争いが見られる。例えば、①「合法的に設立された企業もしくはその構成員が、企業の目的を追求する過程で、作為または不作為により、雇用主・消費者・一般大衆・他の企業等に対し、人的・物的

損害を加えたことにより、国家の処罰を受ける行為」[12]とする見解、②「ホワイトカラー犯罪の一形態として、通常の企業活動に伴い行われる違法行為」[13]とする見解、③企業の利潤を増大させる目的のもと、企業活動の一環として行われる不法行為のうち、国家刑罰権の対象とされる行為」[14]とする見解、④「企業の構成員が企業という社会的組織体に統合された状態において、当該組織体の行為として遂行される犯罪」[15]とする見解などがある。

　韓国独有の企業犯罪から、韓国の法文化を見出す本稿の目的に照らし、ここでは企業犯罪の主体と客体を広くとらえる反面、行為の態様は刑事処罰（行政処罰併科の場合を含む）の対象となる行為に焦点を絞る趣旨から、「企業若しくはその構成員が、企業活動を通じて行う違法・有責な行為」と定義する。

### （2）　法人の刑事責任能力

　法人の刑事責任能力について、韓国の多数説[16]は犯罪能力を否定する立場に立つ。その根拠は、第1、道義的責任論のもとでは、刑事責任は意思形成及び意思活動に対する非難可能性と定義されるところ、法人には非難される意思形成、およびそれに因る主体的行為が観念できない。第2、法人の行為は機関である自然人を介して行われるため、処罰は自然人のみで十分である。第3、法人の刑事処罰による不利益は、株主など犯罪に関与していない者に及びかねない。第4、法人の権利能力は、定款などの設立目的の範囲内でのみ認められるが、犯罪行為は法人の設立目的に含まれない。第5、法人は自由刑の受刑能力がなく、特別な明文規定がない限り、現行刑法は法人を刑事処罰の対象から除外していると理解せざるを得ない。第6、犯罪による不法収益の剥奪は、課徴金など刑罰以外の手段でも十分に達成でき、法人に刑事責任を認める必要性はない、などである。

　判例も原則として法人の犯罪能力を否定する立場に立つ。すなわち、「刑法355条第2項の背任罪における、他人の事務を処理する義務を負う主体が

法人の場合、…かかる事務は代表機関たる自然人の意思決定及び代表行為を通してのみ実現可能で…法人は背任罪の主体となりえず、法人を代表して事務を処理する自然人たる代表機関が…、背任罪の主体となる」[17]とする。

### （3） 法人の刑事制裁—両罰規定

韓国の学説は、原則法人の犯罪能力を否定するが、法人の処罰自体を否定しているわけではない。むしろ、現行法上400以上[18]の両罰規定が設けられており、かかる制裁の法的性質については、学説と判例の見解に相違がみられる。

まず、現行法上の両罰規定に、法人処罰規定の創設機能を付与することで、法人の犯罪能力を認める見解がある[19]。次に、原則法人の犯罪能力を肯定するが、違法行為の性質に応じて犯罪能力が制限されうるとし、自然犯の場合には犯罪能力を否定することで、現行法の両罰規定との整合性を図る見解が見られる[20]。

そして、両罰規定について、近時の裁判所は、「…（確かに）伝統的な責任概念（筆者注：道義的責任概念）は、自然人を前提としており、…法によって法人格を付与された法人への適用如何については、疑問の余地が残る。（ただし）刑事責任は、純粋な倫理的非難にとどまらず、国家規範の侵害に対する法的責任と解することができ、…自然人たる代表機関の意思決定及び行為を根拠に法人の責任の有無を判断することは可能である」[21]。また、「法人は、その代表者の違法行為につき、自己の違法行為として評価できる行為の範囲内で直接責任を負う」[22]旨判示している。これらは、いずれも特定の行為主体を法人と同一視する日本の同一視理論[23]に相当するものと評価できる。

### 5-1 法人犯罪検察処理状況

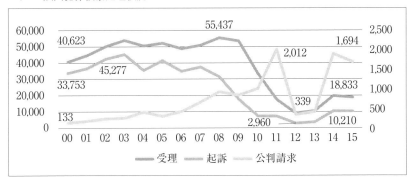

## 2 企業犯罪の実態

### (1) 統計から見る韓国の企業犯罪

韓国の公式犯罪統計は、現時点で直接本稿の定義する企業犯罪を対象とするものは存在しない[24]。ただ、大検察庁（日本の最高検察庁にあたる）が毎年発刊する『犯罪分析』は、企業犯罪の主な主体の一つである法人の処分結果を集計している[25]。そこで、まずは2000年以降、検察による法人犯罪の受理・起訴及び公判請求状況の推移から、法人犯罪の全体的な傾向を考察する[26]。

グラフ5－1から分かるように、検察によるの法人犯罪の受理・起訴の数は、直近の15年で大幅に減少している。受理数は2000年の約4万件から2008年までは増減を繰り返しながら緩やかに増え、2008年の約5万5千件をピークに急激な減少に転じ、2015年にはピーク時の約半数以下となっている。起訴数は、2000年から2003年までは増加したが、2003年の約4万5千件をピークに、2012年までは大幅に減少し、2012年の約3千件をボトムに微増傾向に転じている。このように類似した増減傾向を見せる受理・起訴数に対し、公判請求人員は全く異なる推移を示す。すなわち、2000年の133

件をボトムに 2011 年には約 2 千件に増加したが、翌年には 339 件に急落し、その後は激しい増減を繰り返している。言い換えれば、受理・起訴数の急激な減少にも関わらず、公判請求は 2000 年に比べると 2015 年には約 13 倍に増加しており、法人犯罪の減少傾向に反する検察の処理態度の厳しさが見て取れる。

　しかし、かかる統計データでは、企業の構成員である個人が犯した企業犯罪等は把握できず、企業犯罪の実態を正確に表す統計とは言い難い。また、法院行政処の『司法年鑑』は、法人に特化した統計データを集計していないため、起訴された法人に対する裁判所の処理状況を検討することができない。ただ、『司法年鑑』は、法人を含む罪名別処理結果を公表している。そこで、他の省庁が発刊する統計資料も併せて、企業犯罪を網羅できる罪名の分類、及び同裁判結果の追跡可能性を検討する。

　まず、警察庁の『警察統計年報』は、「特別経済犯罪」[27]という分類を設け、全体及び法人の罪種別検挙数を集計している。しかし、同分類は裁判所の刑事公判事件罪名別人員表の分類と一致しないため、『犯罪分析』同様、裁判所の処分結果と統合的に分析することができない。次に、韓国の統計庁は、「e-国家指標」[28]にて、「経済事犯」[29]という用語を採用し、犯罪類型別刑事事件処理現況を発表している。しかし、かかる分類は、列挙されている 14 の罪名以外は、具体的に包含される罪名が明らかでないため、裁判結果にリンクできない。次いで、法務研修院の『犯罪白書』には「経済犯罪」という分類があり、具体的には「関税法」、「租税犯処罰法」、「外国為替法」、「不正小切手取締法」、「資本市場と金融投資業に関する法律」、「商法」、「対外貿易法」、「独占規制および公正取引に関する法律」の検察処理状況が集計されている。そして、かかる分類に対応した裁判所の処理結果も『司法年鑑』で追跡できる。しかし、同分類に含まれる罪名と、前述の法人犯罪の受理件数で上位を占める犯罪類型は、ごく一部を残せば、全く異なる。例えば、直近の 2015 年の法人は詐欺罪、「建設産業基本法」、「建築法」、「関税

法」、「大気環境保全法」、「道路法」、「産業安全保健法」、「水質及び生態系保全に関する法律」、「食品衛生法」、「自動車管理法」、「著作権法」、「租税犯処罰法」、「廃棄物管理法」違反が目立ったが、このうち経済犯罪に含まれているのは、「関税法」と「租税犯処罰法」のみで、かかる分類をもって法人の犯罪を説明するのは無理がある。

さらに、次項の検討で分かるように、韓国を代表する財閥企業の企業犯罪は、横領・背任・租税逋脱に集中しており、上記いずれの分類に基づくデータの増減を考察したところで、企業犯罪の実態は見えてこない。総じて、犯罪主体に法人と自然人が混在し、具体的な犯罪態様が定義されていない目下の統計では、企業犯罪の全体像を正確に把握することは、不可能と言わざるを得ない。学会における企業犯罪の定義の確立、それによる省庁間の定義の統一及び集計が待たれる。かかる現状をふまえ、本稿では実際の判例を素材に、企業犯罪の実態を見ておく。

### (2) 判例から見る韓国の企業犯罪
【1】現代自動車グループ会長　横領背任事件

| 企業グループ名 | Hyundai Motor Company |
|---|---|
| 被告人名（役職） | 정몽구（鄭夢九、Hyundai Motor Company 会長） |
| 事件発覚当時の総資産ランキング（資産額） | 3位（現2位）<br>(2007年現在不明、なお2017年現在144.4兆ウォン) |
| 罪名 | 特定経済犯罪加重処罰等に関する法律（横領・背任）、業務上背任 |

Ⅰ　事件の概要
　ⅰ　背景
　　1995年、全斗煥・盧泰愚前大統領への違法政治資金供与事件が発覚した。現代グループがそれぞれに供与した220億ウォンと250億ウォンをはじめ、大宇グループの150億ウォンと220億ウォン（サムスングループは後述する）など、その他にも30以上の企業グループの関与が明らかと

なったが、裁判では財閥企業のトップ全員に執行猶予付きの判決が言い渡された。かかる判断は、司法府によるワンマン経営方式の看過・容認と評され[30]、さらにはIMF経済危機（1997年）の一誘引だったともされる[31]。

なお、정몽구（以下【1】では「鄭会長」とする）は1978年にも建築法等の違反で起訴され、2002年には、法人の総括副会長が100億ウォンの政治資金の供与に関与したとして懲役2年・執行猶予4年の判決を言い渡された。

ⅱ　経緯

2006年3月26日、検察は現代自動車の本社と系列会社を強制捜査し、秘密資金と経営権承継の違法性について調べた。4月28日、現代自動車グループの鄭会長が、海外ファンドの運用を通じ、約1,300億ウォンを横領して秘密資金を造り、不良債権を処理するために、財務上問題を抱える企業に増資させた結果、系列会社に約4,000億ウォンの損失を被らせた疑いで、勾留された。

Ⅱ　裁判所の判断

ⅰ　第1審（2006고합474, 2006고합609）：2007年2月5日 ソウル中央地方法院

900億ウォンの横領、及び2,100億ウォンあまりの背任を認定し、「過去の商慣習に基づくものであったとしても、法的には明白な違法行為であり、誤った慣行を正し、透明な企業経営を実現するためには、その責任を厳しく問わざるを得ない」とし、懲役3年の実刑判決を言い渡した。

ⅱ　控訴審（2007노586）：2007年9月6日 ソウル高等法院

700億ウォンの横領、1,600億ウォンの背任を認定し、懲役3年、執行猶予5年を宣告した。同時に、以下の①〜③の社会奉仕命令の履行を命じ、

5年以内に実行されない場合、執行猶予を取り消すとした。すなわち、①6ヶ月以内に「コンプライアンス経営」をテーマに2時間以上の講演を行うこと、②同期間中当該テーマにて論文を投稿すること、③2013年までに毎年1,200億ウォンの社会貢献をすること、である。

iii　上告審（2007 도 8373）：2008 年 4 月 11 日、大法院

「講演と投稿が憲法の保障する被告人の良心の自由を侵害する恐れがある」こと、「刑法上の社会奉命令は勤労活動を指すもので、社会貢献基金の出捐を命じることは許容されない」として、原審に差し戻した。

iv　差戻審[32]（見公刊）：2008 年 6 月 3 日 ソウル高等法院

裁判所は、「横領の金額が約 700 億ウォン、背任の金額が 1,500 億ウォンと大きく、犯行が長期にわたって組織的に行われ、被告人が（会計帳簿に記載のない）秘密資金を任意に使用するなど、会社制度の根幹を危うくし、公平な競争秩序を阻害したことは非難に値する」と判示した。

他方、「横領額のほとんどが、（韓国）社会の商慣習に照らして、会社経営に欠かせない用途に使われ」、被害の回復がなされ、8,400 億ウォンの社会貢献基金の出捐[33]を約したことに鑑み、「健全な企業活動を通じ国家の発展に寄与させることが刑罰制度の理念に」合致するとして、懲役 3 年、執行猶予 5 年と 300 時間の社会奉仕を命じた。

v．その他

しかし、判決の確定からわずか 2 ヶ月後（73 日）の 2008 年 8 月、李明博大統領による特別赦免が行われ、鄭会長は自由の身となった。なお、その後提起された株主代表訴訟[34]（2008 가합 47881）において、鄭会長は 2011 年 2 月 25 日付で、826 億ウォンの賠償を命じられ、3 月 14 日付に遅延利息を含む 866 億ウォンを支払った。

## 【2】サムスングループ会長　背任脱税事件

| 企業グループ名 | Samsung Group |
|---|---|
| 被告人名（役職） | 이건희（李健熙、Samsungグループ会長） |
| 事件発覚当時の総資産ランキング（資産額） | 1位（現1位）<br>(2008年現在、218.6兆ウォン) |
| 罪名 | 特定犯罪加重処罰等に関する法律（租税逋脱）、特定経済犯罪加重処罰等に関する法律（背任） |

I　事件の概要

　i　背景

　サムスングループは、歴代（金泳三大統領は未公開）の政権に違法な政治資金を供与したとされる。韓国の市民団体である「参与連帯」が集計した資料によると[35]、

イ）朴正熙政権では、

　〈概要〉：創業者である李秉喆氏が4億2,500万圜[36]の政治資金を供与し、その見返りとして5,395万7,827圜相当の違法な国有財産の払い下げを受け、さらに33億501万7,931圜の租税を逋脱した。

　〈結果〉：不正蓄財処理委員会は、株式による罰金の支払いで刑事処罰を免れさせた。

ロ）全斗煥政権では、

　〈概要〉：金融・税制など企業関連政策の制定において、サムスングループに肩入れする見返りとして、220億ウォンの違法政治資金を供与した。

　〈結果〉：1987年李秉喆氏の死亡により、起訴はなされなかった。

ハ）盧泰愚政権では、

　〈概要〉：이건희（以下【2】では「李会長」とする、李秉喆氏の三男）が、金融・税制など企業関連政策の制定において、サムスングループを贔屓ないし少なくとも不利益がないように善処する見返りとして、250億ウォンの賄賂を供与した。

〈結果〉：李会長は、1996年8月26日に懲役2年執行猶予3年の宣告を受けたが、1997年10月3日に赦免された。

なお、上記賄賂額のうち、70億ウォンはサムスン電子から拠出されたとして、サムスン電子の少数株主22人が李会長らを相手に提起した株主代表訴訟で、大法院（2003다69638）は、李会長個人に70億ウォン、その他取締役に120億ウォンの損害賠償を命じた。

ニ) <u>金大中政権</u>では、

〈概要〉：同次男に5億ウォンを贈与した。

〈結果〉：後に次男は贈与税の脱税で処罰されたが、贈与側は処罰されなかった。

ホ) <u>盧武鉉政権</u>では、

〈概要〉：選挙戦が行われた2002年、サムスングループは同秘書や関係者を通して385億4,000万ウォンの違法な政治資金を供与した。

〈結果〉：李会長は嫌疑なし処分を、贈賄の実行者は2004年9月17日に懲役2年6月、執行猶予4年を宣告されたが、2005年5月13日に赦免された。

ⅱ 経緯

1996年12月17日、李会長は系列会社のサムスン・エバーランド社に発行済株式の62.5％に相当する転換社債（CB）を発行し、主要株主（第一モジック等の系列会社）に優先割当を放棄させる形で長男・長女および次女（以下「長男ら」とする）に引き受けさせ、経済的利益と大株主の地位を取得させた。また、1999年2月26日李会長は、同じく系列会社であるサムスン・SDS社から、発行済株式の21.1％相当の新株引受権を付与した社債（BW）を発行し、これを長男らに引き受けさせ、経済的利益と大株主の地位を取得させた。一連の過程を経て、サムスングループの経営権は、長男らに承継された。

2000年6月29日、法学教授43人が、李会長ら33人を商法上の特別背任罪として告発した。2008年4月17日検察は李会長を、サムスン・エバーランド社に970億ウォン（最低市場価額85,000ウォン／株に対し、発行価額7,700ウォン／株）の損害を与えた疑い（①）、サムスン・SDS社に1,539億ウォン（55,000ウォン／株）の損失を被らせた疑い（②）、及び2000～2006年に李会長が所有する株式を、他人名義の証券口座で管理したにもかかわらず、譲渡所得を申告しなかった租税逋脱容疑（③）で起訴した。

## II　裁判所の判断

### i　第1審（2008 고합 366）：2008年7月16日 ソウル中央地方法院

　裁判所は、①について「（本件CBは）株主割当増資にあたり、株式の時価を考慮する必要はない」として無罪とした。なお、租税法違反や機関株主に対する背任罪を構成する余地はあるが、審判の対象ではない（＝起訴されていない）旨付言した。

　また、②の容疑ついては、「第三者割当増資の場合、不公正な発行価額により、既存株主が被る経済的不利益は、商法第424条の2第1項[37]により、会社の損害に包摂されうる」としながら、損害額を44億ウォン（適正価額9,740ウォン／株）若しくは30億ウォン（適正価額9,095ウォン／株）としたうえで、時効の成立により免訴とした[38]。

　一方、③の容疑については、「租税逋脱行為は国家の課税権を侵害し、租税の公平性に対する国民の信頼を毀損する」として、466億ウォンの脱税額を認定して、懲役3年と執行猶予5年、並びに罰金1,100億ウォンを言い渡した。

### ii　控訴審（2008 노 1841）：2008年10月10日 ソウル高等法院

　裁判所は、原審の量刑を維持しながら、①②について株主割当増資にし

ろ、第三者割当増資にしろ、会社に損害を及ぼすことはないとして、「既存株主の損害を会社の損害に包摂させた判断は法令解釈の誤り」であるとして無罪を言い渡した。③の判断については原審を支持した。

iii 上告審（2008 도 9436）：2009 年 5 月 29 日 大法院

　判旨は、「サムスン・エバーランドによる CB 発行は、株主割当方式を採用しており、既存株主が自らの意思で CB 引受けの申込みを辞退している以上、CB の低価額発行がエバーランド社に損害を与えたとは認められない」として、①については無罪を言い渡した。

　一方②の容疑は、「BW 引受価額の公正さについて審理の不尽がある」として、原審を破棄して差し戻した。具体的には、「サムスン・SDS 社の BW は、第三者割当増資に該当し、引受価額が市場価格より著しく低い場合、かかる行為は、会社に損害を与える背任罪に該当する」と判示した。

　さらに③の容疑については原審の判断が妥当と思われるが、併合罪（①及び②）の破棄に伴い、一括して刑を量定しなおす必要があるとして、原審に差戻した。

iv 差戻審（2009 노 1422）：2009 年 8 月 14 日 ソウル高等法院

　差戻審は②ついて、サムスン SDS の適正な BW の行使価額を 1 万 4230 ウォン、同損害額（背任額）を 227 億ウォンと算定し、特定経済犯罪加重処罰等に関する法律の背任罪を適用して有罪としたが、量刑は懲役 3 年、執行猶予 5 年、罰金 1,100 億ウォンが維持された。

v その他

　その後、2009 年 12 月 29 日、有罪判決からわずか 4 ヶ月（139 日）で、大統領による特別赦免を受けた。これは、1997 年（402 日）に次いで、2 回目である。

また、サムスン・エバーランド社のCBの発行に際し、李会長が系列会社である第一モジックにその引受けを放棄させたことで、会社が損害を被ったとして、第一モジックの株主3人が提起した株主代表訴訟で、2011年2月18日、裁判所は李会長の背任を認め、137億ウォン（79,086ウォン／株）の賠償を命じた。

## 【3】　Hanwhaグループ会長　背任脱税事件

| 企業グループ名 | Hanwha Group |
|---|---|
| 被告人名（役職） | 김승연（金昇淵、Hanwhaグループ会長） |
| 事件発覚当時の総資産ランキング（資産額） | 14位（現8位）<br>（2012年現在、34.3兆ウォン） |
| 罪名 | 特定経済犯罪加重処罰等に関する法律（背任）、租税犯処罰法 |

I　事件の概要

i　背景

　김승연（以下【3】では「金会長」とする）は、過去20年間で5回も検察の捜査を経験している。

イ）1994年1月22日に外貨管理法違反で起訴され、第1審で懲役1年、執行猶予2年、追徴金47億2,300ウォンを言い渡されたが、1995年8月15日（584日）の赦免とともに経営復帰を果たした。

ロ）2004年8月には、国会議員に不法な政治資金10億ウォンを渡した疑いで起訴され、1審で懲役8月執行猶予2年、控訴審で罰金3,000万ウォンを言い渡され、確定した。

ハ）2005年には大韓生命を買収する過程で秘密資金を造成し、政官関係者に渡した疑いで捜査を受けたが、当時の副会長が拘束され、金会長は証拠不十分により不起訴処分となった。

ニ）2007年9月11日、次男のための復讐と称して暴行を働き、懲役1年6月、執行猶予3年、社会奉仕命令200時間の判決を受けたが、2008

年の光復節特別赦免（338日）を受け、経営に復帰した。

ⅱ　経緯

2010年8月19日、金融監督院はHanwha証券を退職した社員から、「Hanwhaグループが他人名義の口座で秘密資金を管理している」との告発を受け、検察に捜査を依頼した。捜査の結果、2011年1月30日、検察は金会長をはじめとする役員15人を起訴した。金会長が、金融監督院に系列会社として申告していない会社に対して不当な支援を行い、系列会社をはじめとする関係者に計4,856億ウォンの損失を与えた疑いだった。

Ⅱ　裁判所の判断
ⅰ　第1審（2011 고합25）：2012年8月16日 ソウル西部地方法院

裁判所は、225億ウォンの背任額と15億ウォンの脱税額を認定し、懲役4年と51億ウォンの罰金を言い渡すとともに、法廷で身柄を拘束した。しかし、5ヶ月後の2013年1月8日、健康の悪化を理由に、勾留の執行停止が認められた。

ⅱ　控訴審（2012 노2794）：2013年4月15日 ソウル高等法院

控訴審は、1,979億ウォンの背任・横領額を認定し、「被告人が系列会社の不健全な財務状況を知りながら、経営支援室を通して資金援助の決定と、支払保証を行っており…株式会社法制度の本質的価値と企業経営の透明性を毀損」したと判示した。しかし、「会社の資産を個人的利益のために流用する典型的な企業犯罪ではな」く、1,186億ウォンの被害回復がなされた点に鑑み、原審より1年短い懲役3年、及び罰金51億ウォンを言い渡した。

### iii 上告審 (2013 도 5214):2013 年 9 月 26 日 大法院

判旨は、「Hanwha グループが系列会社の債務につき、不当な支払保証をしたとしても、前後の保証行為がそれぞれ背任罪を構成することはない」、「Hanwha グループ所有の不動産を低価格で売却した行為が背任罪に該当する否かの判断において、不動産鑑定評価基準を十分に反映しておらず、審理に不尽がある」、「背任罪の構成を論じる際、債務移転行為に係る一連の後続措置が、別途横領罪を構成するかどうかについて改めて判断する必要がある」として、原審に差戻した。

### iv 差戻審 (2013 노 2949):2014 年 2 月 11 日 ソウル高等法院

裁判所は、被告人が上告審までに無罪が確定した部分を除いた全ての起訴金額1,597億ウォンを供託したこと、系列会社の株式を低価格で引き受け、会社に被害を与えた同姉も被害額を供託していること、韓国経済に対する被告人の寄与、健康状態などを総合的に勘案して、懲役3年執行猶予5年、罰金51億ウォン、社会奉仕300時間を言い渡した。

### v その他

2014 年 12 月、事実上経営に復帰した。

## 【4】SK グループ会長 横領事件

| 企業グループ名 | SK Group |
|---|---|
| 被告人名（役職） | 최태원（崔泰源、SK グループ会長）、최재원（SK グループ副会長） |
| 事件発覚当時の総資産ランキング（資産額） | 5位（現3位）<br>(2012 年現在、136.5 兆ウォン) |
| 罪名 | 特定経済犯罪加重処罰等に関する法律（横領） |

## I　事件の概要

### i　背景

　최태원（以下【4】では「崔会長」とする）は、2003年SK Global Asia-Pacific Pte., Ltd. と約941億ウォン、及びSK Global America, Inc. と約173億ウォン、計1,114億ウォンあまりのオプション契約を締結させ、海外法人に損害を加えた背任罪（①）、崔会長の経営支配権の維持を目的に行ったスワップ取引に係る背任罪（②）、SKグローバル1兆9,000億ウォンあまりの粉飾決算を指示した粉飾決算（③）の疑いで起訴された。結局2008年5月、懲役3年執行猶予5年を言い渡されたが、刑の確定から78日で光復節赦免で復権した。

### ii　経緯

　事件からわずか2年後の2010年9月、検察はSKグループの系列会社が株価を操作した疑いで捜査に着手し、2011年3月29日にはSKテレコムの常務が代表を勤めるベネックス社の強制捜査が行われた。そして、同社の金庫からは崔会長のオプション等資金フロー表が見つかり、検察は2012年1月15日に崔会長を、系列会社のファンド出資用の先払金465億ウォンを横領した疑いで起訴した。

## II　裁判所の判断

### i　第1審（2012 고합14）：2013年1月31日　ソウル中央地方法院

　裁判所は、「大企業の最高経営者として財務の透明性に率先すべき立場にいながら、系列会社の資金を私的に流用した」こと、「裁判過程で責任の重大さに反し、真摯な反省が見られず、むしろ共犯として起訴された共同被告人に大部分の責任を転嫁する弁明に一貫した」こと、および従前の恩赦から3ヶ月足らずで犯行に及んだことなどを総合的に考慮し、懲役4年の実刑判決を言い渡し、法廷で崔会長の身柄を拘束した。

ii 控訴審（2013 노 536）：2013 年 9 月 27 日　ソウル高等法院

裁判所は、「横領を隠蔽すべく…計画的・組織的に証拠隠滅および偽証を繰り返す…被告人の態度は、基本的な規範意識や遵法意識に欠けており…株式会社制度を個人の私利私欲の追求に利用し、発覚しなければよしとする態度から、再犯の可能性が高いと言わざる得ない」として、懲役 4 年を言い渡した原審を支持した。

iii 上告審（2013 도 12155）：2014 年 2 月 27 日　大法院

裁判所は「財界序列 3 位の SK グループの会長（および副会長）がグループ系列会社の資金を私的な利益のために流用した行為に厳正な責任を追及」するとして、450 億ウォンの横領額を認定し、懲役 4 年を言い渡した原審を確定した。

iv その他

2015 年 8 月 14 日（534 日）、光復節特別赦免で経営に復帰した。

【5】CJ グループ会長　横領脱税事件

| 企業グループ名 | CJ Group |
|---|---|
| 被告人名（役職） | 이재현（CJ グループ会長） |
| 事件発覚当時の総資産ランキング（資産額） | 20 位（現 15 位）<br>（2014 年現在、24.1 兆ウォン） |
| 罪名 | 特定経済犯罪加重処罰等に関する法律（横領）、背任罪、特定犯罪加重処罰等に関する法律（租税逋脱） |

I 事件の概要

i 背景

이재현（以下、【5】では「李会長」とする）はサムスングループの創業者である李秉喆氏の孫（長男の長男）に当たる。李秉喆氏の兄妹が経営

する企業グループとしては、この他にも長女一家が仕切る Hansol Group、次女一家が仕切る Our Home、三男の李健熙一家が仕切るサムスン電子（2017 年財界 1 位）、五女一家が仕切る Shinsegae（新世界）Group（2017 年財界 11 位）などがあり、姻戚の大韓航空、Dong Ah（東亞）Group を含めると一家が韓国経済を牛耳っていると言っても過言ではない。

ⅱ　経緯

2013 年 5 月、金融情報分析院（FIU）は、CJ グループの海外資金の流れに異常があることを感知し、検察に捜査を依頼した。

李会長は、1990 年代の中盤から後半にかけて、400 人余りのグループ職員の名義を借りて証券口座を開設し、CJ の株式を管理したり、グループの国外系列会社の株式を李会長のペーパーカンパニーに譲渡したり、数千億ウォンの秘密資金を運用する過程で、546 億ウォンの租税逋脱と 719 億ウォンの横領、392 億ウォンの背任に係わった容疑で、2013 年 7 月 18 日に起訴され、身柄を拘束された。

Ⅱ　裁判所の判断

ⅰ　第 1 審（2013 고합 710）：2014 年 2 月 14 日　ソウル中央地方法院

裁判所は、「被告人は大株主としての影響力を利用して、260 億ウォン相当の租税を逋脱し…知能的かつ秘密裏に 719 億ウォンを横領、363 億ウォンを背任した。これらの犯行は、CJ グループにおける被告人の地位と役割、社会的責任を考慮すると、その責任は重大と言わざるを得ない」として、懲役 4 年、罰金 260 億ウォンを言い渡した。

ⅱ　控訴審（2014 노 668）：2014 年 9 月 12 日　ソウル高等法院

裁判所は、「国内では把握が難しい国外の系列会社を利用し、不正な方法で個人の消費資金を充填し、または資産の増殖を図った点で非難可能性

が高い」として、115 億ウォンの横領、309 億ウォンの背任、251 億ウォンの租税逋脱を認め、懲役 3 年と罰金 252 億ウォンを宣告した。

ⅲ　上告審（2014 도 12619）：2015 年 9 月 10 日　大法院
　裁判所は、「李会長が背任行為で取得した利得額（背任額）の算定が不可能だったにも関わらず、背任額に応じて加重処罰される特定経済犯罪加重処罰等に関する法律を適用したことは法令適用の誤りである」として、原審に差し戻した。

ⅳ　差戻審（2015 노 2486）：2015 年 12 月 15 日　ソウル高等法院
　裁判所は、「李会長が、CJ グループの会長としての強大な影響力を利用し、個人の財産を管理する部署を設置して計 251 億ウォンの租税逋脱、115 億ウォンの横領、さらに日本法人を個人の…不動産投資の連帯保証人にすることで金銭的損害を与えた罪責は重い」とした。一方、被害の回復がほとんどなされたことを有利に斟酌しながら、「（犯行後の回復措置に）過度の意義を賦与することは犯罪の予防と透明かつ合理的な企業経営の定着には資しない」として、懲役 2 年 6 月、罰金 252 億ウォンを言い渡した。

ⅴ　その他
　李会長は再上告（2016 도 221）をしたが、後に取り下げ、2016 年 7 月 19 日に懲役 2 年 6 月の刑が確定した。しかし、2016 年 8 月 12 日、遺伝性疾患（CMT）による健康の悪化を理由に、光復節特別赦免（24 日）を受け、復権した。
　起訴から復権まで計 9 回に渡る勾留の執行停止、及び一度の刑執行停止が認められたため、実際の服役日数は 107 日だった（2013.7.1 〜 8.20 及び 2014.4.30 〜 6.24）。そして、2017 年 5 月 17 日、経営に復帰した。

## 【6】サムスングループ実質トップ贈賄容疑事件

| 企業グループ名 | Samsung Group |
|---|---|
| 被告人名（役職） | 이재용（李在鎔、サムスン電子副会長、） |
| 事件発覚当時の総資産ランキング（資産額） | 1位（現1位）<br>（2017年現在、363.2兆ウォン） |
| 罪名 | 特定経済犯罪加重処罰等に関する法律（贈賄・横領）、財産海外逃避、国会における証言・鑑定等に関する法律（偽証） |

I　事件の概要

　i　背景

　2016年10月、韓国では「崔順実などの民間人による朴槿恵政府の国政壟断疑惑事件」が発覚し、国中の蝋燭デモとともに朴槿恵大統領が罷免に追い込まれた。その過程で、サムスングループによる、朴槿恵政府及び崔順実などの民間人に対する贈賄容疑が持ち上がった。そして、賄賂供与の見返りは、前述のケース【2】、つまり李健熙会長が息子である이재용（以下、【6】では李副会長とする）に、サムスングループの支配権を承継する過程における援助だった。

　サムスングループの賄賂疑惑は、今に始まったことではない。金泳三政府時代の1997年9月、サムスングループが特定の大統領候補に100億ウォンの選挙資金を、検事らに数千万から数億ウォンの賄賂を供与した内訳が、当時の国家安全企画部に録取され、2005年にMBCの記者がかかる録取ファイルを公開した事件があった。公訴時効の経過により法的には嫌疑なしとされたが、「大韓民国＝サムスン共和国」と揶揄される政経癒着の実態が国民を驚愕させた。

　ii　経緯

　2014年5月10日、李健熙会長が心筋梗塞で倒れたことをうけ、李副会長のグループ内の持株比率と支配権を強固にする必要性が浮上した。そして、2014年9月以降、李副会長は朴前大統領と3回の個別面談を行った。

1回目の面談（2014年9月15日）後、サムスン側は「大韓乗馬協会」の会長職を引受ける代わりに、サムスン物産と第一モジックを1：0.35の割合で合併し、李副会長が大株主（16.5％）となった。国民年金の運用主体である国民年金公団も、かかる両者の株をそれぞれ11.2％と4.8％所有していたが、合併には賛成した。

　2回目の面談（2015年7月25日）後、サムスン側は崔順実側に約72億ウォンを、同甥が運営する韓国冬季スポーツ英才センター（以下「冬英センター」とする）に5億5,000万ウォンを支払った。

　3回目の面談（2016年2月15日）後、サムスン側から冬英センターに16億2,800万ウォンの追加支援がなされた。

　2016年9月に事件が発覚し、2017年2月28日、検察は李副会長をはじめとする17名（すでに起訴された13名を除く）を起訴した。容疑は、朴前大統領に433億ウォンの賄賂を供与、若しくは約束した疑いだった。

Ⅱ　裁判所の判断
<u>ⅰ　第1審（2017고합194）：2017年8月25日　ソウル中央地方法院</u>
　裁判所は、李副会長に懲役5年を言い渡した。

　李副会長の罪責の要は「賄賂の供与」だった。すなわち、賄賂資金の捻出方法が横領、横領の事実を隠蔽するための関連書類の偽造・改竄が犯罪収益隠匿、賄賂資金の伝達過程が財産海外逃避に、そして国会聴聞会における証言が偽証として、それぞれ認定された。

　具体的には、崔順実氏の娘への乗馬競技支援金72億ウォンが単純贈賄に、同甥が運営する冬英センターに拠出した16億ウォンが第三者贈賄に認定された。判旨は、「公務員と公務員の身分を持たない者が共謀し、その身分なき者が賄賂を受け取った場合、賄賂が実際公務員に帰属しなくても、単純収賄罪は成立する」[39]とし、朴槿恵大統領の乗馬競技への支援と崔順実氏の国政への関与を共謀と認定した。また、第三者贈賄の構成要件

として、「不正な請託」が必要だが、裁判所は従前の判例通り「黙示的請託」で足りるとしたうえで、李副会長が経営権を承継する過程における援助の見返りとして、前大統領側に賄賂を供与した事実を「黙示的請託」と認定した。

　第1審判決を受け、検察とサムスンは双方控訴し、2017年12月現在、控訴審が進行中である。

## 3　企業犯罪の特徴から見る韓国の法文化

### (1)　財閥企業犯罪の10の特徴

前項の事例から、韓国の財閥企業による企業犯罪の共通点が見えてくる。すなわち、

① 財閥企業の企業犯罪は、企業のトップによって計画的に行われている。
② 財閥企業は、もっぱら横領（4件）・背任（3件）・脱税（3件）・賄賂（1件）といった伝統的な犯罪類型の一つ、若しくは複数を犯す。
③ 企業犯罪を犯した財閥企業は、犯行後も資産を増やし続け、国内における資産の順位も上昇している。言い換えれば、韓国の財閥企業は、違法行為を前提に成長しているとの見方さえ可能で、資本の集積度は極めて高い。
④ 企業犯罪を犯したトップは、非常に高い確率で懲役3年、執行猶予5年以下の判決（4件、1件の未確定除く）を言い渡される。また、仮に実刑を宣告されたとしても、何らかの方法で収監は短期間で免れる。
⑤ 必ず恩赦が得られる（未確定事件除く）。しかも、多い人は2回以上赦免の対象となり、刑の確定から恩赦までの期間も、短い時は24日、長くても584日、平均271日で自由の身となる。
⑥ 財閥企業のトップは、有罪判決を受けても、必ず経営に復帰でき、復帰に際しての阻害要因は一切見当たらない。これは、トップ一家の絶

対的権力に基づく同族経営ゆえに起こりうる奇異な現象と言わざるを
得ない。
⑦ 認定された被害金額が大きい。未確定事件を除く被害額を見てみると、少ない事件で366億ウォンに算定不能額が加わり（事件【5】）、多い事件では2,200億ウォン（事件【1】）、平均でも1,064億ウォン（112億円相当、2017年末のレートによる）に上る。
⑧ 財閥企業による犯罪は繰り返される。しかも、親から子、子から孫へと代々伝承され、かかる連鎖は強固なものとなっている。
⑨ 確実な恩赦の見込みがある場合を除き（事件【4】）、出来る限り審理期間を伸ばして差戻審まで戦い、世論の沈静化を待つ。
⑩ しかし、皮肉なことに、財閥関連の訴訟等は、本稿で検討した2006年以降、常に1件以上が捜査・係属中で、国民に鎮静の暇を与えない。刑事事件に限定せず、行政処分・民事紛争を含めると、その頻度はさらに上がることはいうまでもない。

以上をまとめると、韓国が世界に誇るべき最大手のサムスン・現代・SK（2017年現在の資産順位1～3位）を筆頭とする企業のトップは、企業犯罪を計画的に繰り返し、執行猶予付きの判決と恩赦を経て、何事もなかったかのように経営に復帰する。しかも、被害額は一般国民が一生目にすることのない天文学的数字で、その財産は犯行手法とともに世襲され、最高の教育を受けてきたはずの第3世企業家もその例外ではない。

## （2） 企業犯罪から見る韓国の法文化

本稿では法文化を、法律の背後にある構成員の法意識と定義する[40]。そして、韓国の一般国民は—財閥家の構成員を除く—財閥企業による一連の企業犯罪に対し、比較的均質な法意識を共有している。既にお気付きだろうが、かかる法意識を端的に表現するなら、「反財閥」に尽きる。

確かに、長い間韓国社会では、粉飾決算が社会的な非難に値する違法行為

であるという認識さえ共有されなかった時期もある[41]。しかし、これは70年代の法意識であり、21世紀の韓国ではもはや遺物と言わざるを得ない。実際、グローバル化した情報社会に生きる今日の韓国国民は、大企業にはその規模に見合った社会的責任があることを学習している。企業は、利益を追求するだけでなく、倫理的な観点で事業活動を行い、かかる活動が消費者・投資家、及び社会全体に及ぼす影響に責任を持ち、自主的に社会に貢献すべき責任があることを理解している。反面、財閥企業の法意識は、依然70年代に止まっている。2003年に発覚したSKグループの粉飾決算事件の法廷で、グループのトップである崔会長は、「粉飾決算は経営権の承継とともに宿命的に受け継いだものである」と、証言した。かかる一般社会と特殊社会の乖離こそが、「反財閥」意識を生み出す根本原因のように思われる。

　これについて、全国経済人連合会をはじめとする一部の論者は、韓国国民は「反企業」意識が根強く[42]、これが企業活動を萎縮させ、経済の停滞を招くと主張する。しかし、これは的外れな分析で、韓国国民も決して健全な企業経営に反対しているわけではない[43]。排斥しているのは、正確には「企業」ではなく「財閥」であり、中でも財閥一家の非倫理的な経営手法と、非常識的な行動の数々に過ぎない。そして、その先に見えてくるのが、かかる経営と行動を可能にしている政官界に対する不信と批判である。

　韓国国民の政治・官僚不信は実に根強い[44]。それは、建国以来の軍事独裁政権による権威主義的統治に由来するもので、長い間大統領を頂点とする政治権力と、財閥企業を中心とする資本権力の不当な癒着、これこそが韓国社会の象徴とされてきた。幸いなことに、近年の韓国では、民主主義が比較的正常に機能しており、政治不信は政権交代という民主的な手続きによって治癒出来るようになった――その典型例が、朴槿恵大統領の退陣であり、事件の真相や是非は後人が証明するだろう――が、財閥企業に対する不信は、企業の努力によるほかない。

　韓国国民は、倫理的な企業を求めている。韓国の財閥企業が、一日も早く

一般国民との法意識の乖離を埋めなければ、大統領に続く国民のメスは財閥企業に入るかもしれない。

〈注〉

1　Edwin H. Sutherland［*White Collar Crime: The Uncut Version*］, USA, Yale University Press; Reprint（1985）

2　Frank E. Hagan,［*Introduction to Criminology: Theories, Methods, and Criminal Behavior*］Sage Publications（2017）275-306

　　Robert F, Meier,［*Crime and Society*］Allyn & Bacon（1989）268

3　김영헌,『*기업범죄, 어떻게 예방할 것인가*』, Korea:, 삼성경제연구소, 2005, 13-18면

かかる事実を裏付けるかのように、企業犯罪の傾向を表す代表的な統計である『犯罪分析』は、1993〜1999年の期間中、法人犯罪を集計していない。また、1985〜1990年の期間中は、法人犯罪の受理・起訴件数はあるものの、当該公判請求人員のデータは欠落している。

　　通常、法整備の歴史は当該犯罪に対する社会の態度を読みとく格好の素材となるが、本稿の対象となる企業犯罪は伝統的な犯罪類型に集中しているため、立法史についての検討は、今後の研究課題とする。

4　김영헌・前掲注（3）47면

5　正式用語は「相互出資制限企業グループ」：韓国の公正取引委員会が、「公正取引法」に基づき、「相互出資制限」及び「出資総額制限」の対象として指定した企業グループを指す。1987〜2001年まではグループ全体の連結資産総額の上位30位、2002〜2008年までは、同資産総額が5兆ウォン以上を「出資総額制限企業グループ」に、同資産総額が2兆ウォン以上を「相互出資制限企業グループ」にそれぞれ指定、2008年7月1日以降両グループの基準を5兆ウォン以上に統一し、2009年3月25日に出資総額制限制度が廃止された。その後、2016年9月30日に同資産総額の基準を10兆ウォン以上に引き上げ、現在に至っている。

6　公正取引委員会（原文：공정거래위원회［*2016년도 상호출자제한기업집단 지정 현황 등 발표*］

　　https://www.ftc.go.kr/news/ftc/reportboView.jsp?report_data_no=6651&tribu_type_cd=&report_data_div_cd=&currpage=1&searchKey=3&searchVal=&stdate=20160401&enddate=20160401）

7　e-国家指標（http://www.index.go.kr/potal/main/EachDtlPageDetail.do?idx_cd=2736）
8　한석훈,『기업범죄의 쟁점연구』, Korea:, 법문사, 2013, 4 면
9　2007 年の商法改正時、商法第 5 編第 1 章を「海上企業」と題し、『企業構造調整促進法』のなかで「企業」という用語が使われているにとどまる。
10　최준선,『상법총칙 상행위법』, Korea:, 삼영사, 2016, 12 면
　　이철송,『상법총칙 상행위』, Korea:, 박영사, 2015, 7-8 면
　　정동윤,『주석 상법 (총칙 상행위 (1))』, Korea:, 한국사법행정학회, 2013, 36 면
　　한석훈,『기업범죄의 쟁점연구』, Korea:, 법문사, 2013, 2 면
11　例えば、落合誠一『会社法要説（第 2 版）』（有斐閣、2016 年）4 頁
12　이보영,「기업범죄의 형사적 제재」,『법학연구』, Vol.37, 한국법학회, 2010, 150 면
　　사법연수원,『신종범죄론』, Korea:, 사법연수원, 2014, 446 면
13　정영석 / 신양균,『형사정책』, Korea:, 법문사, 1996, 198 면
14　천진호,「기업범죄와 형사적 규제」,『법학논고』, Vol.16, 경북대학교 법학연구소, 2000, 73 면
15　박강우,『기업범죄의 현황 및 정책분석』, Korea:, 한국형사정책연구원, 1999, 20 면
16　이재상 / 장영민 / 강동범,『형법총론』, Korea:, 박영사, 2017, 95-97 면
　　박상기,『형법총론』, Korea:, 박영사, 2012, 76-78 면
　　손동권 / 김재윤,『새로운 형법총론』, Korea:, 율곡출판사, 2011, 108-109 면
　　배종대,『형법총론』, Korea:, 홍문사, 2016, 210-214 면
　　한석훈・前掲注（11）17-18 면
17　대법원 1984.10.10. 82 도 2595, 대법원 1994.2.8.93 도 1483
18　한석훈・前掲注（11）28 면
19　신동운,『형법총론』, Korea:, 법문사, 2012, 118 면
20　임웅,『형법총론』, Korea:, 법문사, 2012, 82-84 면
21　헌법재판소, 2009.7.30. 2008 헌가 24 결정
22　헌법재판소, 2010.7.29. 2009 헌가 25 전원재판부
23　山口厚『経済刑法』（商事法務、2012 年）352 頁
24　이승준 [기업범죄론], Korea:, 충북대학교출판부, 2015, 21 면
25　『犯罪分析』は、捜査機関が作成する認知統計原票・検挙統計原票と被疑者統計原票に基づいており、そのうち、法人統計は被疑者統計原票による。被疑者統

計原票は、被疑者1人につき1枚作成され、被疑者のなかに法人が含まれる場合は、別途被疑者統計原票が作成される。(『犯罪分析』の序文（일러두기）参照)。
26　下の表通り、1985〜1990年の法人犯罪受理・起訴件数は比較的少ないが、1991年には急増し、翌92年には2000年とほぼ同水準となっている。しかし、（前掲注3参照）企業犯罪の長期的な変遷を分析するにはデータが不足しているため、本論では2000年以降のみを分析の対象としている。

|  | 1985 | 1986 | 1987 | 1988 | 1989 | 1990 | 1991 | 1992 |
|---|---|---|---|---|---|---|---|---|
| 受理 | 7,258 | 7,535 | 5,287 | 5,237 | 7,821 | 9,855 | 25,608 | 40,631 |
| 起訴 | 5,847 | 6,203 | 4,250 | 4,175 | 6,054 | 8,189 | 22,983 | 36,994 |

27　具体的には「信用業務と競売に関する罪」、与信専門金融業法違反、「貸付業の登録及び金融利用者保護に関する法律」、「類似受信行為の規制に関する法律」、電子金融取引法違反、「不正小切手取締法」、「租税犯処罰法」、「関税法」、「外国為替取引法」、「地方税法」、「著作権法」、「特許法」、「商標法」、「実用新案法」、「デザイン保護法」、「コンピュータープログラム保護法」、「特定犯罪加重処罰等に関する法律（関税・国庫損失・租税）」、「特定経済犯罪加重処罰等に関する法律（無認可短期金融業・私金融斡旋等・財産国外逃避）、その他経済犯罪が含まれる。
28　「e-国家指標（経済事犯）」http://www.index.go.kr/potal/main/EachDtlPageDetail.do?idx_cd=1740
29　具体的には、通貨偽造・変造、有価証券偽造・変造、建築法違反、関税法違反、不動産登記特別措置法違反、不動産仲介業法違反、不正小切手取締法違反、著作権法違反、不正競争防止及び営業秘密保護に関する法律違反、商法違反、与信専門金融業法違反、租税措置法違反、特定犯罪加重処罰に関する法律違反、特定経済犯罪加重処罰等に関する法律違反など、計77の罪名を含む概念とされる。
30　『시사IN』2007.09.17 제1호 "학자들은 정몽구 재판 어떻게 보나"（김기원）
　　（http://www.sisain.co.kr/?mod=news&act=articleView&idxno=45）
31　김영헌・前掲注（3）60면
32　『법률신문』2008.6.5（https://www.lawtimes.co.kr/Legal-News/Print-News?serial=40299）
　　『한겨레』2008.6.3（http://www.hani.co.kr/arti/PRINT/291271.html）
33　社会貢献基金の出捐を考慮に入れた量刑に対し、「有銭無罪」を助長しかねないと、世論の批判は根強かった。一方、裁判所は現代グループの経済波及効果を

重視し、国家の経済危機より、被告人に適したオーダーメイド型の量刑を選ぶべきとの立場を示した。

34 韓国における株主代表訴訟は、経営陣の経営権濫用を牽制すべく、一定の資格を有する少額株主が経営陣を相手に提起する訴訟で、勝訴した場合、賠償金は会社に帰属する。

35 참여연대（參與連帶，People's Solidarity for Participatory Democracy http://www.peoplepower21.org/Judiciary/515029）

36 1953年2月15日～1962年6月9日までに、大韓民国で使用された通貨の単位である。

37 商法第424条の2第1項（不公正な価額により株式を引き受けた者の責任）
「取締役と共謀し、著しく不公正な発行価額にて株式を引き受けた者は、会社に対し、公正な発行価額との差額に相当する金額を支払うべき義務を負う。」

38 韓国の「特定経済犯罪加重処罰等に関する法律」によると、背任罪の利得額が50億ウォン以上の場合、無期または5年以上の懲役、5億ウォン以上50億ウォン未満の場合は、3年以上の有期懲役に処することができる。従って、公訴時効も利得額50億ウォン以上の場合は10年、50億ウォン未満の場合は7年となる。

39 韓国においても収賄罪は、公務員の身分がなければ成立しない真正身分犯とされている。

40 林康史「金融・証券市場における法文化」加藤哲実編『市場の法文化』（国際書院、2003年）227頁

41 김영헌・前掲注（3）49면

42 김종석／조성봉『21세기의 도전, 일자리 문제―― 전망과 대책 투자의욕 침체의 원인과 대책』、Korea:、국가경영전략연구원、2005、12면

43 장하성『반기업정서는 없다』한겨레 사설／칼럼／시평
（http://legacy.www.hani.co.kr/section-001057000/2004/08/001057000200408241720183.html）

44 藤原凛「韓国の死刑執行停止に関する研究（1・続）」、一橋大学、『一橋法学』、第14巻第03号（2015年11月）1043頁～1084頁
藤原凛「韓国の死刑執行停止に関する研究（2・完）」、一橋大学、『一橋法学』、第15巻第01号（2016年03月）273頁～308頁　参照

# 第6章

# 中世イングランドにおける窃盗罪と刑罰

加 藤 哲 実

## はじめに

　わが国の刑法は、窃盗罪と窃盗罪の加重類型である強盗罪について次のように規定している。

　「他人の財物を窃取した者は、窃盗の罪とし、10年以下の懲役又は50万円以下の罰金に処する。」（刑法235条）

　「暴行又は脅迫を用いて他人の財物を強取した者は、強盗の罪とし、5年以上の有期懲役に処する。」（刑法236条）

　「窃取」とは、他人が占有する財物を占有者の意思に反して自己または第三者の占有に移転させる行為をいうものと解されており、不法領得の意思があってなおかつ占有取得という実行行為があったときにわが国では窃盗罪は成立する。刑罰は10年以下の懲役または50万円以下の罰金である。

　それでは、中世イングランドにおける窃盗行為はどのように評価され、刑罰が科されていたであろうか。本稿は、中世イングランドにおける窃盗罪と刑罰について検討するものである。司法を担う側と村共同体の陪審員、役人ないし普通の人々が窃盗という行為にどう対処したか、そして窃盗罪の認定や刑罰の量刑に際してどのような手段がとられたのかについて考察する。そ

れによって、中世イングランドにおける刑罰をめぐる法文化の特徴も見えてくるであろう。

中世イングランドにおいて刑事裁判権は、国王の平和が侵害された場合には、基本的に国王裁判所がその裁判権を行使した。それは主として重罪（felony）と呼ばれる犯罪であった。しかし、多くの領主は、国王側の譲歩によって重罪を扱うようになっていた。例えば、本稿でその裁判例を参照する自由土地保有者裁判所（court baron）やラムジィ大修道院の荘園裁判所を統括した領主の場合である。それらの裁判所では、軽罪（misdemeanor）も扱われた。本稿では、主に荘園裁判所の活動の調査に重点を置きつつも、国王裁判所および荘園裁判所が扱った刑事裁判の事例を検討する。なお、本稿で使用する史料は、本文の後に「史料抜粋」として掲載している。

## 1　中世イングランドにおける窃盗とは何か

窃盗（*furtum* = theft）について、13世紀の第2四半世紀中に書かれた『ブラクトン（*Bracton*）』においては、次のように述べられている。

「そして窃盗とは、法によれば、窃取の意思をもって所有者の意思に反して他人の財産を不正に窃取することである。（*Et sciendum quod furtum est secundum leges contrectatio rei alienae fraudulenta cum animo furandi, invito illo cuius res illa fuerit.*）なぜなら、窃取の意思がなければ窃盗が犯されることはないからである。」[1]

エドワードⅠ世（治世1272年-1307年）の時代に書かれたと推定されている『フリータ（*Fleta*）』においては、窃盗について次のように述べられている。

「窃盗とは、窃取の意思をもって所有者の意思に反して他人の財産を不正に窃取することである、そして、窃盗には明白な窃盗と秘密裡の窃盗がある。（*Est autem furtum contrectatio rei aliene fraudulenta cum animo furandi, inuito domino cuius res illa fuerit, et est autem furtum manifestum et secretum.*）明白な窃盗は、窃盗犯人が盗品を占有していて、すなわち手に持っていたり背中にしょっていたりして逮捕された場合に、そう呼ばれる。」[2]

『フリータ』は、1180年代末に書かれた『グランヴィル（Glanville）』と『ブラクトン』に依拠するところが大きいと言われており、窃盗に関する『フリータ』の説明は『ブラクトン』のそれとほぼ同様である。すなわち、窃盗とは、窃取の意思があってなおかつ実行行為としての不正な窃取が所有者の意思に反しておこなわれることとされている。メイトランド（F.W. Maitland）によれば、『ブラクトン』では、ローマ法の『法学提要（Institutiones）』から窃盗の定義が借用されたが、その際に部分的な修正が施されたという[3]。

窃盗の要素として、窃取の意思に加えて不法に持ち去るという実行行為が必要であるが、それは初発からイングランド人の考え方の中核だったのであり、古い時代の大陸の民族慣習法においても窃盗の不可欠の要素と考えられていたという[4]。

窃盗罪への刑罰に関して、古い法制度は2本の境界線を引いていた。2本の境界線とは、一方は、重窃盗と軽窃盗とを区別する境界線、他方は、明白な窃盗（現行犯の窃盗）と明白でない窃盗（秘密裡の窃盗）とを区別する境界線であった。重窃盗とは盗品の価値が12ペンス以上の窃盗であり、軽窃盗とはそれが12ペンス未満の窃盗である。明白な窃盗とは現行犯の窃盗である。『フリータ』においては重窃盗と軽窃盗が区別されずに、明白な窃盗の犯人は犯罪記録を持つコロナー（coroner）の前で窃盗を否認できなければ、彼がその財物を自分のものだと立証しない限り死刑を宣告されるとされている[5]。明記されてはいないが、重窃盗であることが前提とされていた可能性もある。明白な窃盗は、古くは窃盗現行犯絞首権の裁判管轄権（the franchise of *infangthief*）を有していた領主裁判所とハンドレッド裁判所と

の競合の中にあったが、窃盗犯人が国王の平和侵害で訴追されることにより国王の訴訟となった。明白な重窃盗（manifest grand larceny）で有罪となった者は略式の方法、すなわち裁判官の審理だけで有罪の判決を言い渡され、死刑に処せられた。

　重窃盗とは、12ペンス以上の価値の物の窃盗であるが、メイトランドによれば、イングランドにおいて重窃盗と軽窃盗との境界が12ペンスとされていたのは、古イングランド人や古フランク人の伝統によるものである[6]。そして、重窃盗の刑罰は基本的に死刑であった。次の二つの国王裁判所の記録は、前者は12ペンスが区切りであること、後者は重罪には死刑が科せられることを示している。

　「船乗りのPeterは、MiddletonハンドレッドでThomasの訴えで逮捕され正式起訴された。彼はある網を所持していたからである。Peterはそのハンドレッドの陪審に身を委ねた。陪審の評決によると、Peterはその網を盗んだのであり、その価値は8ペンスであった。その価値は12ペンス以上ではないので、彼は刑罰として1ヶ月の拘留を命じられた。」[7]

　「もしも2名ないし3名が共謀して12と2分の1ペンスの価値の物を盗んだならば、彼らは各々生命および身体に関わる判決（judicium vite & membrorum）を受けるべし。」[8]

　死刑執行の方法としては、われわれの史料では絞首刑しか出てこないが、後述のように、首刎ね、崖からの突き落としもあった[9]。

　軽窃盗は、12ペンス未満の価値の物の窃盗である。重窃盗の刑罰が死刑であったのに対して、軽窃盗の刑罰としては、古くは、贖罪金と罰金（bot and wite）が科され、その贖罪金は、盗まれた物の2倍、3倍あるいはそれ以上の倍数の価値であった[10]。その後、むち打ち、晒し（晒し台、肥料運搬車）、耳削ぎなどが科されるようになった。耳削ぎについては、初犯で一方の耳、再犯で他方の耳、3回目では絞首刑にされたという。耳が杭に釘で打ち付けられ、自分で自分の耳をナイフで切り取ることで解放される事例も

あった[11]。われわれの史料では軽窃盗の刑罰として憐憫罰金が多く、また短期間の投獄としての拘留や追放刑も科されている。

　メイトランドによれば、ノルマン朝の時代（1066年-1154年）において明白な重窃盗だけは修復の見込みが全くなかった。そのことは、もしも盗品の価値が小さければ、現行犯の窃盗犯人であっても生命を奪われたり手足を奪われたりすることはなかったということである[12]。ヘンリー1世（治世1100年-1135年）は現行犯で逮捕された全ての窃盗犯人を絞首刑に処すべしと定めたと言い伝えられている[13]が、実際の刑罰は、おこなわれた窃盗が重大であったか否かによって変わり得たということである。

　13世紀において、明白な重窃盗は死刑相当の犯罪であった。その判決は、しばしば国王裁判所だけではなく地方の裁判所でも言い渡された。そしてその判決は、窃盗犯人の首を刎ねたり、あるいは崖から海にその者を突き落とす死刑執行人（pursuer, sakeber）によってしばしば執行されたとメイトランドは述べている[14]。その後、明白な重窃盗に限らず全ての重窃盗が死刑を科しうる犯罪となっていった。そして、明白な重窃盗犯人と明白でない重窃盗犯人との扱いの違いは、単に訴訟手続の違いの問題となった。前者の明白な重窃盗犯人は、ほとんど審理とは言えないような陪審によらない事実審理の後に（after a summary trial）、絞首刑に処せられる。あるいは、古い慣習によって認められた仕方で処刑された。後者明白でない重窃盗犯人は、裁判官によって吟味され、陪審によって審理され判決が出された後に絞首刑に処せられたのである[15]。なお、『ブラクトン』によれば、窃盗犯人が有罪となった場合、盗品の価値いかんによって次のような刑罰が科せられた。すなわち、死刑あるいは、王国、故郷、州、都市（city）、自治都市（borough）ないし村からの離脱宣誓（abjuration）、あるいはむち打ちとむち打ち後の解放である[16]。一定の地域からの離脱宣誓が、言わば追放刑という刑罰となっていることに注目したい（荘園裁判所の事例として、史料12・13を参照。）。そして、追放刑は、死刑とはまた異なったタイプの、共同体からの成

員排除方法であった。刑事事件において被疑者を訴える方法としては、陪審による正式起訴（indictment）と私人による私訴追（appeal）があった。以上が、国王裁判所におけるコモン・ロー上の訴訟手続きである。一方、荘園裁判所においては、コモン・ローの影響を受けつつも地域に固有の慣習法に基づいた訴訟手続きが実行されていた。

## 2　史料から見える窃盗訴訟手続き

本節では、窃盗訴訟手続きについて、荘園裁判所を中心に見てゆくが、必要に応じて国王裁判所の手続きにも触れることにする。

（1）　窃盗訴訟手続き

①裁判所で私訴追がおこなわれる際の主たる登場人物は、荘園裁判所においては、裁判官としての荘園領主の執事（steward）、荘官（bailiff）、廷吏、書記、告訴人、被告人（被訴追者）である。ちなみに、国王裁判所である巡回裁判所においては、国王裁判官、州長官（sheriff）、廷吏、書記、告訴人、被告人である（史料6・7・11）。また、史料にあらわれる盗品としては、現金、馬、牛、羊、鶏、鷲鳥などの家畜、毛皮、衣服、カーテン、タオル、穀物、木、肉、聖歌集、文法書、池の魚、泥炭など多岐に亘る。

②告訴人が被告人を私訴追する（史料3）。

③裁判官は、告訴人に被告人の罪状を説明するよう命じる（史料3）。

④告訴人が被告人の面前で罪状を説明する（史料3）。そして、その説明は記録される。

⑤告訴人は決闘か陪審による証明を申し出る（史料3・8）。

⑥裁判官は、被告人に、彼にかけられた嫌疑を申し述べて、その嫌疑をいかなる方法で晴らすかを尋ねる（史料1・2・3）。

⑦被告人は、訴えに納得しない場合には、かけられた嫌疑の全てを一語一語否認する（史料5・6・8）。

⑧被告人は、嫌疑を晴らすための証明方法を裁判官に願い出る。証明方法は決闘か陪審である。
⑨次の裁判日が裁判官によって決められる。
⑩被告人は保証人の名前を挙げる。
⑪来たる裁判日に、決闘ないし陪審が執りおこなわれる。
⑫裁判官である執事ないし荘官が、有罪か無罪かの判決を宣言する（史料1・2）。有罪であれば、刑罰が宣告される。無罪であれば、直ちに放免される。
⑬刑罰が執行される。

### (2) 窃盗訴訟手続きについての解説

①について

　荘園裁判所の裁判は屋外ないし領主の館の大広間等で開催されたが、その折には、主たる登場人物以外に多くの村人が集合し、手続きの流れを注視した。裁判は村の一大イベントであり、村人の記憶に長く残ることになった。刑事事件は単に個人間の問題ではなく、村共同体全体の重要事と考えられていた。荘園裁判所の裁判は実質的に村の裁判だったのであり、村人同士の事件であれ、村外の人物の起こした事件であれ、それは、村共同体の人々の心を不安な状態にさせる出来事であった。それゆえ、裁判に対する村人の関心は強く、裁判に村人が立ち会うことは当然のことだったのである。

②について

　裁判においては、同様の犯罪がまとめられて、一件ずつ審理された。窃盗の嫌疑をかけられた者どもを一堂に集めて順番に審理してゆくのである。裁判の段取りとして、史料によれば、裁判官が「被疑者たちをわれわれの前に呼び出すように」というように廷吏に述べると、廷吏は「かしこまりました」と答え、被疑者たちを呼び出し、全員がそろうと「全員がそろいました」というように裁判官に述べて、裁判が開始される（史料1）[17]。裁判官に促されて告訴人が、被告人を私訴追する。

③について

裁判官は、告訴人に被告人の罪状を説明するよう命じる。

④について

史料3は重罪の事例であるが、告訴人による罪状説明が詳細に記録されている。最初に、事件は神の平和、領主の平和、荘官の平和に反して起こされたのだと述べられ、強盗事件の詳細が語られてゆく。ここで特徴的なことは、「盗品は被告人の背中に背負われていた。そして彼は、占有窃盗犯、背中に物を背負って運ぶ現行犯の窃盗犯人として訴追された」[18] ことである。重窃盗現行犯は、有罪となれば絞首刑に処せられた。また、被告人によって縛られた夫婦は隣人たちによって紐を解かれ叫喚追跡（hue and cry）をおこなって村の人々と共に追跡したと記録されている。叫喚追跡とは、私人や警察の役割を果たす役人が重罪犯人（felon）を発見した場合に、彼らが近くに居合わせた住民と共に角笛を吹き、叫びながら令状なしで追跡逮捕することができたというコモン・ロー上の手続きである。

⑤について

被告人は、かけられた嫌疑を晴らすために何らかの方法で自分の潔白を証明しなければならないが、告訴人も自分の訴えの信憑性を証明することを申し出ることがあり、その証明方法は決闘か陪審であった。

⑥について

裁判官は、告訴人による罪状説明によって得られた事実を踏まえて、被告人に彼にかけられた嫌疑を改めて申し述べ、その嫌疑を被告人がいかなる方法で晴らすつもりなのかを尋ねるのである。

⑦について

被告人が、かけられた嫌疑の全てを否認した場合、裁判官は、盗品とされている物を被告人がどのようにして手に入れたかについて尋問し（史料1・2）、被告人は、例えば歳市（fair）で購入したなどと述べるのである（史料2）。尋問が繰り返されて、最終的に事実の証明が必要になったところで、ど

のようにして被告人が自分の主張を証明するかの段階に入ってゆく。

⑧について

　嫌疑を晴らすための証明方法として、中世イングランドにおいては神判（ordeal）、雪冤宣誓（compurgation; wager of law）もあったが、われわれの史料では決闘（battle）と陪審（jury）のみが話題となっている。なお、当時の陪審は、現代の陪審のように訴訟当事者を知らない第三者が、宣誓の上で有責か否かあるいは有罪か無罪かを判定するのではなくて、宣誓の上で一定の事実があったか否かをじかに吟味し証明したのである[19]。陪審は証明方法の一つと見なされていた。証明方法として決闘を選ぶか陪審を選ぶかについては複雑な事情があった。決闘に関しては、当然のことながら、神の証明という意味はあるけれども、力の強い者が勝利する可能性が大であったので、裁判上の証明方法として合理的でないことは誰もが知っていた。しかし、村のような地域社会において評判が悪く、犯罪を起こしそうだと疑われやすい者にとっては陪審は受け入れがたい証明方法であったから、そのような者はあえて決闘を希望したのである。しかし、決闘の許可は容易に下りることはなかった。13世紀の初めには、被告人の同意があるときにのみ陪審が採用されることになっていたので[20]、決闘が認められず、被告人が陪審を拒否すれば、嫌疑を晴らすための証明ができないので、被告人は陪審による証明に同意するまで投獄されることになった。最悪の場合、獄死することもあった。被告人が獄死をも厭わず陪審による証明を嫌ったのには訳があった。被告人が有罪となると被告人の財産は没収され、国庫に帰属することになるので、その没収を避けるために陪審を拒み投獄されることを選択する者がいたということである。ちなみに、史料1・2では、被告人は陪審を拒否しており、史料3では陪審を希望している。史料4は、窃盗犯人の隠匿の嫌疑で訴えられた事例であり、そこでは被告人は、「神とこの善良な人々に白黒を付ける判断を委ねる」としているが、これは陪審を選択したということである。

⑨について

　選択された証明方法を実行し、その結果に基づいた判決をおこなうための裁判日が、裁判官によって決められる。国王裁判所の事例であるが、史料8では、裁判日が正確に指示されている。

⑩について

　被告人は、次の裁判日の確実な出廷を保証する保証人（pledge）を見つけなければならないし、告訴人もまた自分の出廷を保証する保証人を探さねばならなかった。例えば史料8では、被告人は保証人を1名挙げている。中世イングランドの保証人制度は重要で独特であり、被告人の憐憫罰金（amercement）支払いのための保証人（史料6）、被告人が追放刑を免れて、村で誠実にふるまうことを保証する保証人（史料12）、そして被告人の人格保証人と思われる保証人（史料15）もあった。13世紀の終わりには、このような保証人を立てる制度は衰退しはじめたと言われているが[21]、地域における村人たちの人間関係にとって保証人制度は重要な意味を持ったのである[22]。

⑪について

　来たる裁判日に決闘ないし陪審が執りおこなわれる。史料として興味深いのは、ジョン王が決闘を観戦したいと欲して、御前試合の形で決闘がおこなわれるべく裁判官たちに命令したことである（史料7）。

⑫について

　裁判官である執事ないし荘官が、証明の結果を踏まえて有罪か無罪かの判決を宣言する。無罪の判決が出れば被告人は直ちに釈放され（史料6・18・19）、告訴人は誤った訴えをしたということで憐憫罰金を科された（史料6）。例えば史料18では、重窃盗の無罪で告訴人に20ペンスの憐憫罰金、史料19では10ペンスの憐憫罰金が科された。なお、国王裁判所において起訴陪審による正式起訴がおこなわれて無罪の判決が出されると、起訴陪審の陪審員たちは、誤った起訴をおこなったということで憐憫罰金を科された[23]。有罪であれば、刑罰の執行ということになる。

⑬について

　刑罰が執行される。軽窃盗について通常は憐憫罰金が科され、史料16・20では6ペンスが科されている。史料12・13では、軽窃盗への刑罰として村からの追放（正確には、村離脱の宣誓）が言い渡されている。ただし、「⑩について」でも言及したが、史料12では、裁判官たちの計らいで2名の保証人が被告人に付いたのであり、その保証内容は、被告人が村で誠実にふるまうことであった。このように、被告人に保証人が付くことによって刑罰としての追放が実行されない事例もあったのである。被告人はそのまま村にとどまることができた。軽窃盗の犯罪者に荘園の保証人制度によって更生の機会が与えられたということである。史料14では、5ペンスの価値の2冊の書物の軽窃盗で有罪とされた被告人が、犯罪が軽微であり彼が聖職者であるがゆえに放免となった。ここでは聖職者の特権（benefit of clergy）が行使されている。叙階された聖職者であることを証明した被告人は、教会法に従って裁かれるべく教会当局に渡されることになっていたので、聖職者は世俗の裁判権から逃れることができたのである[24]。

　重窃盗については絞首刑が科されるが（史料9・10・11）、死刑執行前に死刑執行人の手から逃れ聖域（アジール）[25]としての教会に駆け込む事例があった（史料5）。その後その者は、王国離脱の宣誓をおこなった[26]。なお、被告人を逃がしてしまった村には憐憫罰金が科された。

## 3　考察

（1）国王裁判所では、軽罪に関する科刑は裁判官の裁量に委ねられたが、重罪に関しては13世紀には固定的な死刑宣告に向かった。重罪に関する法は厳格であったのである。もし、犯人にやむにやまれぬ個人的事情があって、その厳格さを緩和する方法が必要とされたときにはどのような対応がなされ得たであろうか。ジョン・ベイカー（John Baker）は4つの方策があっ

たとしている。第1に、聖域（sanctuary）である。聖別された場所は暴力の行使によって汚されるべきではないという理論によって、教会支配地域は国王令状が通用しない場とされた。だから、窃盗犯人やその他の犯罪者は、刑事裁判権の行使に対抗する免責特権を獲得するために教会等に逃げ込んだのである。教区教会（parish church）の場合には、コモン・ローは40日間の聖域特権を認めたという。第2に、聖職者の特権である。死刑を免れる聖職者の特権は、ヘンリー2世（治世1154年-1189年）の時代に確立した。叙階された聖職者であることを証明できた被告人は、教会法に従って扱われるべく教会当局に引き渡されることになった。ということは、裁判管轄権の問題として、その被告人は、世俗の裁判所から解放されることを意味したのである。聖職者であることの証明に関して、本来的な厳格さは失われて、旧約聖書の詩編からの一文を朗読できた場合には、彼が聖職者であることが証明されたと見なされた。つまり、聖職者特権の濫用がおこなわれるようになった。第3に、恩赦である。第4に、陪審による緩和である。これは、法の厳格さを緩和する非公式の手段であった。陪審は、被告人を絞首刑から救うために証拠を無視して証言する「敬虔なる偽証（pious perjury）」をおこなうことがあった。「敬虔なる偽証」は、「一部有罪評決（partial verdict）」という形を取ることによって、重窃盗の正式起訴を軽窃盗と認定することで死刑犯罪を非死刑犯罪に引き下げることができるのであった。「一部有罪評決」の例は、例えば1367年に見いだされ、正式起訴状では20ペンスとされた羊の価値が陪審によって10ペンスと認定された。陪審は、盗品の査定に際して、被告人に特別の事情があると見た場合には、盗品の評価を12ペンス未満で評価するべく努力したのである[27]。中世の陪審による緩和は、現代の「陪審による法の無視（jury nullification）」につながる法の厳格さの緩和手段と思われ、きわめて興味深い。

　ベイカーが挙げたこれらの点についてわれわれの荘園裁判所の記録を見ると、第3の恩赦については該当するものがないけれども、その他の3つにつ

いては、それらを裏付ける事例を見ることができる。第 1 の聖域について、荘園裁判所である自由土地保有者裁判所（court baron）の事例の史料 5 によれば、重窃盗について陪審によって有罪とされた被告人は、死刑執行の刑場に連れて行かれるときに執行人の手から逃れて教会に逃げ込み、そこに一定期間滞在した後、信頼できる人々に支えられて王国離脱の宣誓をおこなった。また、ラムジィ大修道院の荘園裁判所の事例である史料 15 によれば、重窃盗の疑いで逮捕され投獄されていた被疑者が脱走してある村の教会に逃げ込み、そこに 16 日間滞在した後コロナーたちの面前で王国離脱の宣誓をおこなった。荘園裁判所が扱う事件においてもこのように聖域への逃げ込みが記録されていることは興味深い。なお、聖域に逃げ込んだ者は、このように一定期間の滞在後に王国離脱の宣誓をおこなって聖域を去る場合もあったが、少数の大修道院のみが有した特別聖域（special sanctuary）においては生涯に亘って滞在することができた。第 2 の聖職者特権について、ラムジィ大修道院の荘園裁判所の事例である史料 14 によれば、Henry は教会から 1 冊の聖歌集、個人の家から 1 冊のラテン語文法書を盗んだ疑いで逮捕されたが、陪審による有罪の評決にもかかわらず、盗品の価値が 5 ペンスと低いことと彼が聖職者であるとのことで放免と記されている。聖職者の証明について記録されてはいないけれども、盗品の種類からも推測されるように、村において彼が聖職者であることは自明だったであろう。切ない話ではあるが、言わば村の裁判所で聖職者特権が機能していたことが分かるのである。

　第 4 の陪審による緩和についてであるが、史料 21 にあるように、当該窃盗に対する最初の評価が重窃盗（盗品の価値が 12 ペンス以上）であったにもかかわらず、陪審の評決での評価は 10 ペンスの価値の動産の軽窃盗となった。これについては、何らかの事情があって陪審がこの被告人を死刑にしたくなかったために慈悲の心をもって、盗品の価値を低く評価した可能性があるのである。

　また、叫喚追跡の必要な重罪事件があって、その場に居合わせた何人かが

住民の義務である叫喚追跡に参加しなかった疑いで逮捕されたものの、陪審が彼らを未成年と認定したためにその認定を大いに配慮した裁判官によってお咎めなしとなった[28]。彼らは未成年であったがゆえに叫喚追跡をすべきかどうか判断できなかったというのである。真相は明らかでないが、可能性として、成年であるけれども有罪にしたくない事情があったときに未成年認定によって無罪とすることができたのである。なお、叫喚追跡義務違反は重罪ではなく軽罪である。また、われわれの史料にはあらわれないが、「懐胎婦人の特権」と呼ばれた、女性が被告人になったときに妊娠を理由に死刑宣告を延期してもらう制度があったが、その「懐胎審査」は陪審によっておこなわれた。これはもともと誕生予定の子供を保護するための慣行であったが、「懐胎審査」をおこなう陪審がほとんどの場合女性に有利に事実認定をしたと言われている。ベイカーによれば、この慣行は古くからのものだという[29]。法の厳格さを緩和する陪審の役割を超えて陪審が機能した可能性もあるが、軽々しく死刑をおこなわない慣行が陪審を中心に中世イングランドの刑事裁判においてゆきわたっていたように思われる。

(2) 荘園裁判所における刑事裁判においては、幾つかの点において共同体的な様相を垣間見ることができる。第1に、「④について」で見たように、史料3では、告訴人が重罪犯人に対して叫喚追跡をおこなったときに居合わせた村人は、一緒に叫びながら犯人を追跡している（史料5も参照）。この叫喚追跡においては、居合わせた村人は傍観してはならず、共に犯人を追跡せねばならないという決まりがあった。それに違反した場合には、憐憫罰金が科された[30]。これは、村において重罪事件が発生したときに住民全員が一致協力して犯人逮捕に参加しなければならないということであり、共同体の安全を共同体の成員自ら守るという意識が法に反映されていたということである。ちなみに国王裁判所の事例であるが、判決文の中で次のように述べられている。

「以下は王国の法である。すなわち、このような重罪が犯されたときに居

合わせた者たちは、叫喚追跡をおこなうべし、そしてその重罪犯人の逮捕に協力すべし、と。」[31]

　第2に、処刑の場の様相について考えてみよう。国王裁判所であるが、史料9・10・11では被告人に絞首刑が言い渡されている。別の国王裁判所の史料を見ると、判決文の中で次のように述べられている。

　「John Cochyの持ち物の中から現金40シリング［以下では、シルと略記する。］が出てきて、彼は逮捕され、代官と告訴人たちの面前に引っ立てられて、……ハンドレッド住民全員の前で絞首刑に処せられた。」[32]

　ここから分かるように、絞首刑は住民たちの面前で、公開でおこなわれたのであった。荘園裁判所の判決による絞首刑の場の様相も、同様であったと思われる。絞首刑は、言わば共同体の行事として位置づけられ、人々はその場につどったのである。

　第3に、史料15から分かるように、被告人が牢屋から逃亡したことについて、その村が憐憫罰金を科されており、史料5では、被告人が死刑執行の刑場に連れて行かれるときに逃亡したことについて、その村が憐憫罰金を科されている。このことから、当該村には、被告人の刑事手続きが終了するまで彼が逃亡しないように監視する義務があったことが分かる。村共同体が犯罪者から自己を守るべく協力していたのである。

　(3) ギース (F. Gies and J. Gies) は、「刑罰としての投獄は、中世においてはほとんど知られていなかった」と述べている[33]。たしかに、一般論としても自由刑は近代のものとされることが多い。しかし、史料21を見ると、裁判官は、被告人が犯した罪にとって2週間の拘留では十分でないので、もう1週間拘留すべしと命じている。また、本稿の注7の史料では、「Peterはその網を盗んだのであり、その価値は8ペンスであった。その価値は12ペンス以上ではないので、彼は刑罰として1ヶ月の拘留を命じられた」とされている。牢屋は未決勾留の場所として用いられることが多かったであろうが、拘留の場所としても用いられたのである。現代の刑務所とは異なって、

当時の牢屋の環境は劣悪であった。食事の不十分さに加えて、とりわけ冬場には暖房もなくそこに繋がれて監禁されることは苦痛であったに違いない。したがって、応報的な意味での刑罰として十分機能し得たのであった。もっとも、何ヶ月、何年という長期の禁固刑が科されている事例を見ることはできない。

（4）個人による私訴追においても、陪審による正式起訴においても、もしその結果が無罪であった場合には、その個人も陪審も憐憫罰金を科された。前者の例として、史料18・19がある。後者の例として、「そして、正式起訴をおこなった陪審の12名は、彼らの誤った起訴のゆえに憐憫罰金を科される」[34]という史料がある。史料18・19では20ペンスと10ペンスという比較的高額の憐憫罰金が科されているのであり、根拠のない訴追がおこなわれないように、また、訴追が乱発されないようにするための方策であった。

（5）重窃盗に関わる被告人が有罪となり死刑となった場合には、彼の持ち物であった動産は国王に没収された。そして、没収に値する動産がない場合には裁判記録にその旨記載された。例えば、「……彼は絞首刑に処された。彼は動産を持っていなかった。」[35]、「……したがって、彼は絞首刑に処される。動産なし。」[36]というようにである。このことは、国王側の譲歩によって重罪を扱っていた領主においても同様であった。すなわち、重窃盗について荘園裁判所において有罪を宣告され絞首刑に処された被告人の動産は、領主に没収されたのである[37]。

（6）史料3において、被告人Adamは、その罪状について裁判官としての執事に追求されて、自分の犯したとされる罪は、自分の病んだ心や不正によってではなく、外部にあって自分を不幸な死に引き渡そうとする虚偽、欺瞞、強欲、邪悪によって引き起こされたのだと抗弁している。この抗弁は執事によって取り上げられることはなかったようであるが、自分が犯した罪が自分によってではなく、言わばキリスト教的な意味での悪霊によって引き起こされたのだと主張しているところが興味深い（史料1も参照）。これは、

中世イングランドの狂気の抗弁（精神障害の抗弁）[38]、現代風に言えば、わが国の刑法39条の刑事責任能力の問題につながる法現象である。

## むすびに代えて

こうして見てくると、窃盗罪の認定や刑罰の量刑にあたって被告人の個人的事情が考慮され、科刑の根拠である盗品の価値査定に際して死刑回避のために陪審が配慮したこと、死刑宣告延期理由としての「懐胎婦人の特権」があったこと、死刑の執行前にそこに逃げ込むことによって死刑を免れることができる聖域概念があったこと、聖職者でなくても聖職者特権を利用することによって裁判管轄権の違いによって世俗裁判所から解放され得たことなど、言わば中世イングランドに固有の刑罰をめぐる法文化が、国王裁判所レベルでも荘園裁判所レベルでも存在していたと言えるのである。

史料抜粋[39]

［史料1］14世紀初め（4 Selden Society, no.59, pp.62-64.）
　「ここに、自由土地保有者裁判所（court baron）における国王の訴訟（plea of the crown）が始まる。
荘官：囚人たちをわれわれの前に呼び出せ。
廷吏：かしこまりました。はい、全員そろいました。
荘官：なにゆえこの男は召喚されたのか？
廷吏：閣下、C耕地で雌馬を盗んだためです。
荘官：あなたは何という名前か。
William：閣下、私の名前はWilliamです。
荘官：William、あなたは、ここにいる1頭の雌馬のゆえに捕まってこの裁判所に勾引された。そしてその雌馬は、C耕地であなたが盗んだと言われている馬である。どのようにしてあなたはこの窃盗の嫌疑を晴らそうと思うの

か？

William：閣下、もしも誰かが窃盗及び国王の平和に反する事柄について私を訴えるならば、私は、私が善良で適法な人間であることを私の身体によって［決闘によって］証明する用意があります。

荘官：William、あなたがどうやってこの雌馬を手に入れたかを述べてみよ。というのは、少なくとも、その雌馬があなたと一緒に発見されたこと、そしてあなた自身のものであるとしてそれの正当占有申し立てをしたことをあなたは否定できないからである。

William：閣下、私はこの雌馬を知りません。そして今までに決してこの雌馬を見たことはありませんでした。

荘官：それではWilliam、あなたは、あなたがその雌馬を決して盗んでいないことを、この村の善良な人々の判断に委ねることができるのだな。

William：いいえ、閣下。というのは彼らは私に対して反感を持っていますし、ひどく私を憎んでいます。なぜなら、私に不利になるような憶測をもたらす悪意ある報告があるからです。

荘官：William、あなたのために、あなたへの愛ないしあなたへの憎しみのために自分の身体と霊魂を悪霊に委ねる人が誰かいるとあなたは考えるのか？否、彼らは善良で適法な人々であり、あなたの有罪判決を望むであろうとあなたが疑う人々全員をあなたは彼らの中から忌避することができるのである。しかしあなたは正しいことをしなさい、そしてあなたの目の前に神がおわしますように、そしてあなたがおこなったあれこれの真実を述べなさい。そして悪魔の誘惑に身を任せるではない。そうではなく、真実を告白しなさい。そうすれば、慈悲を受けることもあるであろう。

William：閣下、神の御名において私に哀れみを与えてください。私は真実を告白します。私は私をあなたの誠実さに完全に委ねます。

荘官：William、あなたは、私の誠実さのゆえに正義を持つことができる。それゆえあなたが意図したことを述べなさい、そして何ごとも隠してはなら

ない。

William：閣下、私のひどい貧乏が、私のひどい窮乏が、そして悪魔の誘惑が私にこの雌馬を盗むようそそのかしたのです。そしてまたしばしば、貧乏、窮乏そして悪魔の誘惑は、私がすべきでなかった他の事柄をするように私に仕向けたのでした。

領主の執事：神はあなたを許し給う。William、あなたは少なくともこの裁判所で次のように告白した。すなわち、あなたがこの雌馬を盗んだこと、そしてその他多くの悪事を働いたことをである。さあ、あなたの犯罪者仲間たちの名前を言いなさい。というのは、あなたはあなたの悪事を共犯者たちと共におこなったとしか考えられないからだ。

William：閣下、本当のことなのですが、私の悪事において悪霊以外に仲間は決していなかったのです。

荘官：William、ほかに何か告白することないか？

William：いいえ、閣下。

荘官：彼を連れて行け。そして司祭［＝教誨師］に会わせてやるように。[40]」

[史料2] 14世紀初め（4 Selden Society, no.60, pp.64-65.）

「荘官：そしてあなた Multon 村の W は、聖ピーター祭に盗んだ3頭の雄牛を隠匿した廉で捕らえられ、この裁判所に勾引された。あなたはどのようにしてその嫌疑を晴らすのか？

W：閣下、私は、それらは私のものであり、C の歳市で私の金で購入したものであることを主張します。そしてあなたが私について否定的に推量するいかなるものについても、それらが私のものであり適法に購入したものであると抗弁する用意があります。

荘官：そしてもしあなたが、あなたが述べたように、それら3頭の雄牛を、商人たちが売買するために様々な商品を持ってそこにやって来る C の歳市であなたの金で購入したのならば、なぜあなたはそれらをそのようにこっそりそんなに長い間隠していたのか？あなたがそれらを何らかの悪しき方法で

手に入れたように私には思われるのだが。したがって、あなたに対して悪評が立っているのだから、あなたは何らかの方法でその嫌疑を晴らすのがよいのである。そして、この問題とそれ以外の全ての問題についてあなたはこの村の陪審に自らを委ねるべきである。

W：いいえ、閣下、私は陪審に自らを委ねません。というのは、前述の家畜が私自身のものであることを私の身体によって［決闘によって］証明する用意があるからです。

荘官：そして私は、事実について述べる。すなわち、たとえあなたに不利な事態を証明する人が誰もいなくても、それでもやはり、この事件とその他の事柄についてなされたあなたに関する悪しき報告のゆえに、あなたが悪しき方法でそれらの家畜を手に入れたことが事実であると私は考える。したがって、もしあなたができると考えるならば別の仕方で答えなさい。

W：閣下、再度私はあなたに前と同様に答えます。すなわち、私がこれらの家畜を悪しき方法で手に入れたと私を訴える人がいるならば、私は、それらを私は適法に購入したことを私の身体によって証明する用意があります。

荘官：(廷吏に向かって荘官は命じる。) 彼を国王の牢屋へ連れて行け。」

［史料3］14世紀初め (4 Selden Society, no.61, pp.65-66.)

「荘官：誰がこの男を訴追したのか？

廷吏：閣下、H of C です。

H of C：ここにいる私です。

荘官：では被告人の罪状を述べよ。

H of C：閣下、私はそこにいる Adam を訴えます。Adam は、神の平和に反し、領主殿の平和に反し、平和を守り維持する責任を負っているあなた様の平和に反して、上記の日に、夜にそれも寝入りばなの時にやって来て、不法にも私の家の扉を開き、窃盗の目的で侵入し、そして重罪犯のごとくなおかつ窃盗犯のごとくこれらのものを取って持ち去ったのであり、私はその一部始終を見ていたのです[41]。そして妻と私は手足を細縄できつく縛られ、そ

れが非常に悪し様だったのでわれわれは叫ぶことも助けを呼ぶこともできなかったのです。そしてその後彼は、そこにあった物品を取って持ち去りました。そして、彼がこの重罪とこの強奪を私があなたに述べた仕方でおこなった後に、彼は、Johnの家に逃げました。彼は、窃盗のゆえに、とりわけ彼が盗んだ私の物品のゆえに、そこに喜んで受け入れられ、かくまわれました。私と妻は、夜が明けるまで縛られたままそこに横たわっていました。早朝、隣人たちが犂耕のために私を訪ねて来て、壊れた扉越しにわれわれに気づき家に入り、私があなたに説明したような仕方で縛られた私と妻を発見しました。彼らはわれわれを縛っていた紐を解いてくれ、紐を解いてもらったわれわれは直ぐに重罪犯人である彼に対して叫喚追跡をおこないました。そして、村の人々と共にJohnの家に向かって彼を追跡しました。そこでわれわれは、不正に得た金銭を持ってかくまわれ、不正にも隠れていた彼を発見しました。その金銭はここにあります。もしも彼が有罪答弁をするならば、それはわれわれにとって公正なことであり、もしも彼が否認するならば、彼は不正にも否認しているのです。なぜならば、私は、重罪犯人としての彼に対して決闘によって、あるいはこの裁判所が私が証明すべく命じる仕方でそのことを証明する用意があるからです。

執事：Adam、あなたはわれわれの前にあるこのカーテンのゆえに捕らえられ、この裁判所に勾引された。あなたはそれを自分で占有していた。重罪犯人としてまた窃盗犯人としてあなたは夜間に、H of Cがあなたに対して説明したようにそれを盗み、持ち去ったのだ。あなたはどのようにして自らその嫌疑を晴らすのか？

Adam：閣下、ここにあるこの厚地の長いカーテン（drapery）は、私に不幸な死をもたらすために、私を陥れようとする虚偽と欺瞞そして強欲によって私の背中に乗せられたのです。それは、私の病んだ心や私の不正ではなく、私を不幸な死に引き渡そうとする虚偽と邪悪によるものなのです。そして私は、重罪犯人としてあるいは窃盗犯人として夜に彼の家に侵入していな

いし、それらの布地を持ち去ったりもしていません。私は、白黒をつけてもらうために私自身を村の陪審に委ねたいと思います。

執事：本件は陪審に委ねられるべし。」

［史料4］14世紀初め（4 Selden Society, no.62, pp.66-67.）

「H of C：閣下、［史料3と］同年の同日同夜の同時間に、同様の言葉で、私、告訴人 H of C は、そこにいる被告人 John of C を訴えます。すなわち、神の平和と国王の平和に反して彼は、盗んで持ち去った前述のカーテンを持って自分の家にいた前述の Adam ［史料3の Adam］をかくまったのであり、私が村の人々と共に彼を捕らえ牢屋に勾引するまで彼はかくまわれていたのです。もし John が否認するのであれば、彼は不正に否認しているのです。そして私は、彼 John に対して決闘によって、あるいはこの裁判所が命じる仕方によって証明する用意があります。

執事：John よ、あなたはどのようにしてこのかくまいについて、そして他の全ての重罪としての悪質なかくまいについて身の潔白を証明するのか。

John of C：閣下、私は、私がこのかくまいについて責めを負うべきか否か吟味して判決してもらう許可をいただきたいと思います。そのかくまいとは Adam のかくまいであり、Adam が主たる犯罪を犯し、その犯罪について Adam は訴追されたのでした。

執事：John よ、あなたがこの村の規則に反して Adam を三日三晩の間かくまったことが判明している。あなたはどのようにして身の潔白を証明するのか。

John of C：閣下、私の最初の答えを守るために、私は、神とこの善良な人々に白黒を付ける判断を委ねます。すなわち、私は、私の知る限りそれほど長いこと人をかくまっていないのであり、このことが注意深く吟味されることを心底からあなたに懇願します。

執事：本件は陪審にかけられるべし。」

［史料5］1272年頃（4 Selden Society, pp.73-74. How to hold Pleas and Courts.）

「盗品すなわち衣服、穀物、肉等を持っていて捕らえられた窃盗犯人〔現行窃盗犯人〕は、ある日逮捕され、彼を逮捕した人々によって裁判所に連れてこられた。そして私訴追された。

われわれ A、B、C はこの N を私訴追する。すなわち、夜間に N は神の平和、国王の平和、そして領主の平和の中でわれわれの家を強襲して侵入したのであり、上述の物を盗み逃亡したのだ。そしてわれわれは、叫喚追跡をおこない彼を追いかけ逮捕して、裁判所に連れてきた。もしも彼がこれを自白するならば、それはわれわれにとって良きことに思われる。もしも彼が否認するならば、彼は不正にも否認しているのだ。

このように私訴追された H〔原文のまま。正しくは N。〕は、かけられた嫌疑全てを一語一語否認して、近隣のあるいは地域の人々の陪審に自分を委ねた。そして彼は、陪審によってその嫌疑について有罪とされた。したがって、彼は有罪の判決を受けて死刑に処せられることになった。そして正義が彼に執行されるべく命じられた。彼の動産の価値は5ポンドであった。しかし彼が死刑執行の刑場に連れて行かれるときに彼は、執行人の手から逃れ教会に逃げ込み、その場で彼は信頼できる人々の意見を得て、王国離脱の宣誓をおこなった。そしてその村は、憐憫罰金を科された。」

[史料6] 1202年、Hundred of Wixamtree（1 Selden Society, no.60, pp.26-27.）

「Aubrey は、William、Adam、Geoffrey、Nicholas、Godwin、David、そして Robert を私訴追した。すなわち、彼らは国王の平和において邪悪にも夜間に彼の家に来て、彼の門と垣根を破壊し、彼の家を襲撃して扉を破壊し侵入して数羽の鶏を盗み持ち去ったのであり、Aubrey が逃げ出さなかったならば彼を殺そうとするところであった、というのである。そして彼らは出頭してそれら全てについて否認した。そして州長官（sheriff）が言うには、彼の訴えは州裁判所で審理されたのであり、そこでの判決に基づいて州長官は、何が起きたかを調べるために適法な人々を Aubrey の家に差し向けたのである。その後の法廷で適法な人々が言うには、門も垣根も破壊されておら

ず、いかなる物も持ち去られていないということであった。そして、この証言の故に、またAubreyがいかなるものもいかなる価格も示すことがなかったので、その私訴追は無効であると判断され、Aubreyには誤った私訴追のゆえに憐憫罰金が科された。そして、私訴追被告人たちは放免された。Aubreyの憐憫罰金支払いのための保証人として、ハンティンドンのHumphryとWimundが指名された。」

［史料7］1201（?）年、Devonshire（1 Selden Society, no.83, p.40.）

「われらが国王［ジョン王、治世1199年-1216年］は、強盗の私訴追においておこなわれることとなったRanulfとHughとの間での決闘、そしてWilliamとRichardとの間での決闘が国王の面前で執りおこなわれるべく裁判官たちに命じた。というのも、国王がそれを見たいと欲したからである。」

［史料8］1203年、Kentshire（1 Selden Society, no.90, p.48.）

「Beck荘園のWilliamの奉公人RichardはAlmaricを私訴追した。すなわち、Almaricは邪悪にも夜間に、国王の平和の中で、囲い込まれ施錠されていたBeckの森の囲い地から、Richardの領主のものである4シルの価値の4頭の豚、Richard自身のものである27ペンスの価値の3頭の豚を盗んだのであり、Almaricがそれらを持っているのをRichardは発見したのである。そして彼は未だにそれらを持っている。そこでRichardは、裁判所の認可を得て彼に対して証明することを申し出た。

Almaricは出頭してそれの全てを一語一語否認した。

そしてRichardが言うには、Almaricは、他の場所ではなくBeck荘園にあるRichardの領主の囲い地にいたそれらの豚を盗んだのである。そして彼はこれについて証明することを申し出た。そしてAlmaricはこれを否認した。

聖ミカエル祭（Michaelmas）〔9月29日〕から3週間後の日が次の裁判日として決められた。Almaricは、彼の保証人を一人提出し、彼らは判決を聴くことになる。」

[史料9] 1220年、Essex（1 Selden Society, no.193, pp.127-128.）

「悪評のために逮捕され投獄されたWilliamは、彼の人格を証明してもらうために、エセックス、ノーフォク、サウサンプトン等の州裁判所に身を委ねる。その結果もし裁判所で彼の容疑が晴らされるならば、彼は放免となるべし。そうでなければ彼は有罪宣告を受けるべし。

サリー州〔原文のまま〕の24名の騎士が国王の召喚に応じて来て、宣誓の上述べた。すなわち、Williamは窃盗犯であり、悪しき人間であり、彼は平和なときに多くの悪しき行為をおこなったのであり、そしてとりわけRobertの家で強盗をはたらいたのだ、と。そして彼は裁判所に身を委ねたので、彼を絞首刑にせよ。」

[史料10] 1220年、Kent（1 Selden Society, no.194, p.128.）

「悪評のためにロンドンで逮捕されたRobertは、牢屋において牢屋の番人である3人の従士の面前で自白して次のように述べた。すなわち、もしもDartfordの司祭が、彼がなくした何枚かの衣服とその他の物について調べるために牢屋に来て、Robertを牢屋から出してくれるならば、彼はその司祭に彼の衣服がどこにあるかを示し、それらを彼に手渡す、と。そこでその司祭が裁判所に来て言うには、彼の物が盗まれたのであり、それゆえにその牢屋へ出向いたのだ、と。しかし彼はそれ以上は言おうとしなかった。なぜなら、彼は司祭だったからである。そして、Robertは頻繁に自分の話を変える人間だと証言された。そして彼は、デヴォンシャー巡察において裁判官たちの面前で王国離脱の宣誓をおこなったということである。そして彼は前述のように国王の従士たちの前で自白したがゆえに、そして彼らはこの事柄を記録したがゆえに、彼を絞首刑に処すべし」。

[史料11] 1220年、London（1 Selden Society, no.195, pp.128-129.）

「(i) ロンドンの長官たちと他の適法な人々によって宣誓の上で証言された。すなわち、Rogerは毛皮のケープ、外衣、タオルを持っているところを発見された、と。それらの物は、鉤が先についた長い棒によってFulk

Woderの家の窓から盗まれたのであった。結局Rogerは、窃盗を犯したことを自白した上で共犯者私訴人（approver）になったが、その後Rogerは、自分をかくまったとして自分が訴えた者について私訴追を取り下げた後に、絞首刑に処すべしとされた。

(ii) Robin Soaperは、長官とその他の人々の面前で自白した。すなわち、Robinは、RogerがHuge Redeの家から一本の棒で前述の仕方で3と2分の1ペンスの価値のベッドの上掛けを盗むに際して、Rogerに力を貸すことを固く約束した、と。その後Robinが国王の裁判官の面前で否認するのを聴くことはできなかった。それゆえにRobinを絞首刑に処すべしとされた。その棒に付いていたらしい幾つかの鉤がRobinのシャツの中で見つかったが、その後彼は共犯者私訴人になり、全てを自白し、Rogerが私訴追した者ども及び別のもう一人を私訴追した。」

［史料12］1287年6月14日、Ramsey（Dewindt（1990），no.97, p.43.）

「窃盗の疑いで逮捕され投獄されたJohn Huntは、出頭し自分の身を神と12名の陪審員に委ねた。陪審員たちが言うには、彼らは、彼がラムジィの修道院教会から1枚のタオルを不法に取ったがゆえに軽い犯罪を疑ったのである、と。しかしながら、そのタオルは、重罪の判決を受けるほど価値のあるものではなかったので、その後彼はその地域に住むことを禁じられたのみであった。しかし、裁判官たちの助けによって彼は、Barnwell村のWilliamとWistow村のJohnという保証人をもつことができた。その保証の内容は、彼がその村とその地域で誠実にふるまうというものであった。」

［史料13］1287年6月3日、Ramsey（Dewindt（1990），no.98, p.44.）

「窃盗の疑いで逮捕され投獄されたAlice Prestは、出頭して自分の身を神と12名の陪審員に委ねた。陪審員たちは、重罪の判決を受けるほど価値のあるものではない衣服を彼女が不法に盗んだか否かについて有罪であると評決した。それゆえに、その後彼女はその地域に住むことを禁じられた。」

［史料14］1287年6月3日、Ramsey（Dewindt（1990），no.100, p.44.）

「Henry Aldewyncle は、ラムジィの教区教会で 1 冊の聖歌集を不法に盗み、また Ralph Clericus の家で不法に 1 冊のラテン語文法書を盗んだがゆえに逮捕されたのであるが、彼は出頭して自分の身を神と 12 名の陪審員に委ねた。その陪審員たちは、Henry はそれらの書物を不法に盗んだのだと評決し、それらの価値は 5 ペンスであると査定した。そのようなわけで、それらの書物は金銭的価値の少ないものであり、重罪の判決を受けるほど価値のあるものではないし、また彼は聖職者であるので放免された。」

［史料15］1287 年 6 月 3 日、Ramsey（Dewindt（1990），no.119, p.50.）

「Thomas Copping は、1275 年 12 月 21 日に Biggin 村で 1 頭の雄牛を不法に盗んだ。それについて彼は逮捕され投獄された。彼は牢屋から脱走して村人による拘束から逃がれ、Upwood 村の教会に駆け込んだ。そしてその後彼は、1276 年の 1 月 6 日にコロナーたちの面前で王国離脱宣誓（abjuration）をおこなった。

Thomas の筆頭保証人である Walter と彼の属する十人組全員に憐憫罰金。Thomas の逃亡についてその村全体に憐憫罰金。」

［史料16］1304 年 4 月 7 日、Ramsey（Dewindt（1990），no.23, p.95.（View of Frankpledge held at Ramsey.））

「ハンノキの森から許可なしに 1 本の木を持ち去った廉で Thomas Pellipar から 6 ペンスの憐憫罰金。」

［史料17］1305 年 12 月 29 日、Ramsey（Dewindt（1990），no.3, p.104.（Pleas of the Crown concerning Plaints and Trespasses.））

「Simon Kaym, Alan Herryng そして Richard Rede は、20 シルの価値のカワカマスとその他の魚を Nicholas Dobbeday の池から盗み、20 シルの価値の魚を Geoffrey Lytfot の池から夜に盗んだ。そして Hugh Dunch は、彼らの窃盗を知っていて彼らの窃盗をやめさせず彼らをかくまった。州長官の証言によれば、Alan と Richard は発見されなかった。それゆえ、彼らに法喪失宣告されるべし。Simon は出頭して重罪を否認し、自分は潔白であり、

白黒を決めてもらうために陪審に自分の身を委ねた。陪審員たちの評決は有罪であった。さらに Hugh Dunch は、出頭して、自分は潔白であると主張して自らを陪審に委ねた。評決は無罪であった。Hugh は無罪放免。」

[史料18] 1305 年 12 月 29 日、Ramsey (Dewindt (1990), no.20, pp.111-112.)

「Hugh Dunch と彼の娘 Matilda は、なぜ、1294 年 6 月 27 日に、共同水路において 2 シルの価値の Robert Kocus の 6 羽のガチョウを平和に反して暴力を用いて捕まえ、Hugh の家に運びそれらを隠したのか、そしてその結果 100 シルの損害を彼に与えたのかの訴えについて Robert に答えるために勾引された。Hugh と Matilda は出頭して自分たちは無実であると言いつつ事の真実が認定されることを望んだ。陪審員たちの評決は無罪であった。Robert は誤った訴えをしたために 20 ペンスの憐憫罰金を科され、Hugh と Matilda は直ちに釈放された。」

[史料19] 1305 年 12 月 29 日、Ramsey (Dewindt (1990), no.22, p.114.)

「John Lenejohn と Robert Kocusha が、なぜ1304年6月26日に、ラムジィからラムジィ・ミアに至る共同水路において、彼らが彼らの妻たち、Ellen と Emma と共謀して暴力を用いて Hugh Dunch のガチョウ 22 羽を捕まえて彼らの家に持って行き、1304 年 6 月 28 日まで置いておいたかの訴えにおいて、彼らは Hugh に答えるために拘禁された。Hugh は、彼らのこの行為によって巣ごもり中の 8 羽のガチョウを失ったのであり、その損害は 40 シルであった。John と Robert は出頭して、暴力と侵害行為を否認し、自分たちは無実だと言いつつ事の真実が認定されるよう望んだ。陪審員たちの評決は無罪であった。Hugh は誤った訴えをおこなったために 10 ペンスの憐憫罰金を科され、被告人たちは直ちに釈放となった。保証人は、Raveley 村の William Moyngne と Haylweston 村の John である。」

[史料20] 1311 年 1 月 11 日、Ramsey (Dewindt (1990), no.23, p.165. (View of Frankpledge held at Ramsey.))

「沼地を破壊し泥炭を掘り起こして売却した廉で William Pulter から 6 ペ

第 6 章　中世イングランドにおける窃盗罪と刑罰　209

ンスの憐憫罰金。その訴追は前回の十人組検査でなされたのであった。」

[史料21] 1313-1314 年（24 Selden Society, p.145.）

「ある男が押し込みをおこない、ある品物を持ち去った疑いで重窃盗のゆえに罪状認否の手続きがおこなわれた。そして彼は陪審に身を委ねた。陪審の評決によれば、彼はその家に押し入って10ペンスの価値の動産を持ち去った。裁判官たちが、彼はどの位の期間拘留されているかと聞いたところ、2週間とのことであった。裁判官たちは、彼が犯した罪にとって2週間は十分ではないので、もう1週間その牢屋に拘留すべしと命じた。」

〈注〉

1　Woodbine (ed.) (1968-1977), vol.2, f.150b, p.425.
2　72 Selden Society, p.90.
3　Pollock and Maitland (1898/1968), vol.2, p.498; Woodbine (ed.) (1968-1977), vol.2, f.150b, p.425.
4　Pollock and Maitland (1898/1968), vol.2, p.498, note 5.
5　72 Selden Society, p.90.
6　Pollock and Maitland (1898/1968), vol.2, pp.495-496.
7　24 Selden Society, pp.79-80.
8　*Ibid.*, p.90.
9　Pollock and Maitland (1898/1968), vol.2, p.496.
10　*Ibid.*, p.495.
11　以上について、*Ibid.*, pp.497-498 を参照。
12　*Ibid.*, p.496.
13　*Ibid.*, 496, note 4.
14　様々な慣習的な処刑として、いくつかの海港都市では、満潮時の水位よりも下に棒に縛り付けられて溺れるがままにされた。ウィンチェスターでは、手足切断の刑に処せられた。ドーヴァーでは、崖から海に突き落とされた。Sandwich, Lyon, Dover では生き埋めの刑がおこなわれたと言われている。*Ibid.*, p.496, note 7 を参照。
15　以上について、*Ibid.*, p.496 を参照。

16 Woodbine (ed.) (1968-1977), vol.2, f.151b, pp.427-428.
17 4 Selden Society, p.62.
18 *Ibid.*, p.65, note a.
19 加藤 (2013)、246 頁。
20 Gies (1990)、p.191；ギース (2008)、281 頁。この方針は、コモン・ロー上はエドワード 1 世のウェストミンスター第 1 制定法 (1275 年) によって廃止され、被告人の同意なしで全て陪審によることが定められた。
21 Gies (1990)、p.179；ギース (2008)、263 頁。
22 保証人についての最近の研究として、経済的取引との関連で扱われたものであるが、Briggs (2009) がある。
23 24 Selden Society, p.153.
24 聖職者の特権については、Baker (2002)、pp.513-515；ベイカー (2014)、第 II 部、414-417 頁を参照。
25 聖域については、Baker (2002)、pp.512-513；ベイカー (2014)、第 II 部、412-413 頁を参照。
26 史料 10 の被告人も王国離脱の宣誓をおこなっている。
27 以上について、Baker (2002)、pp.512-518, 533-534；ベイカー (2014)、第 II 部、412-420 頁、442 頁を参照。
28 24 Selden Society, p.153.
29 Baker (2002)、p.517。ベイカー (2014)、第 II 部 420 頁。同頁の注 93 も参照。
30 荘園裁判所における叫喚追跡については、Gies (1990)、pp.180-181；ギース (2008)、265-266 頁も参照。
31 24 Selden Society, pp.152-153.
32 *Ibid.*, p.78.
33 Gies (1990)、p.193；ギース (2008)、283 頁。
34 24 Selden Society, p.153.
35 *Ibid.*, p.78.
36 *Ibid.*, p.153.
37 Gies (1990)、p.190；ギース (2008)、280 頁。
38 加藤 (2004) を参照。
39 史料 1-5, 12-20 は、荘園裁判所の記録であり、史料 6-11, 21 は、国王裁判所の

記録である。なお、本稿の史料は、その内容の概要を描出したものであり、必ずしも逐語訳にはなっていない。亀甲括弧内は筆者による補足である。

40　メイトランドは、4 Selden Society, p.64, note 2 で、「裁判官は、婉曲的な言い回しで判決を下している（A justice gives judgement in the euphemistic phrase.）」と述べている。教誨師としての司祭に面会させるということは、死刑が執行されるということであったからである。日本の死刑においては、死刑囚の希望があれば、執行の直前に仏教、キリスト教、神道あるいは天理教の教誨師に面会できるという。

41　メイトランドによる 65 頁の注 a（4 Selden Society, no.60, p.65, note a.）によれば、盗品は被告人の背中に背負われていたのであり、彼は、占有窃盗犯人、背中に物を背負って運ぶ現行犯の窃盗犯人として私訴追された。

## 文献目録

### I　刊行史料

*The Court Baron Being Precedents for Use in Seignorial and Other Local Courts*, edited by F. W. Maitland and W. P. Baildon（Publication of Selden Society, vol.4, London, 1891）.［セルデン・ソサエティの刊行史料集については、本文および注において、例えば Publication of Selden Society, vol.4 を 4 Selden Society と略記する。他の巻についても同様に略記する。］

*The Court Rolls of Ramsey, Hepmangrove and Bury, 1268-1600*, edited by E. B. Dewindt（Wetteren, 1990）.

*Fleta*, vol. II, edited by H. G. Richardson and G. O. Sayles（Publication of Selden Society, vol.72, London, 1995）.

*Select Pleas of the Crown*, vol.1, A.D. 1200-1225, edited by F.W.Maitland（Publication of Selden Society, vol.1, London, 1888）.

*Year Books of Edward II*, vol.5., A.D. 1313-1314, edited by F.W.Maitland, L.W.V. Harcourt and W.C. Bolland（Publication of Selden Society, vol.24, London, 1910）.

### II　二次文献

［欧文文献］

Baker, J. H.（2002）, *An Introduction to English Legal History*, 4th edition（London）; J・H・ベイカー著、深尾裕造訳『イギリス法史入門 第 4 版』第 I 部［総論］・第 II 部［各論］（関西学院大学出版会、2014 年）。

Briggs, C. (2009), *Credit and Village Society in Fourteenth-Century England* (Oxford).

Gies, F. and J. (1990), *Life in a Medieval Village* (New York) ; ジョゼフ・ギース, フランシス・ギース著, 青島淑子訳『中世ヨーロッパの農村の生活』(講談社, 2008)。

Hall, G. D. G. (ed.) (1965), *The Treatise on the Laws and Customs of the Realm of England commonly called Glanville* (London) ; グランヴィル著, 松村勝二郎訳『中世イングランド王国の法と慣習』(明石書店, 1993)。

Pollock, F. and Maitland, F. W. (1898/1968), *The History of English Law before the Time of Edward I*, 2nd ed., 2vols. (Cambridge, 1898), reissued with a new introduction and select bibliography by S. F. C. Milsom (Cambridge, 1968).

Woodbine, G. E. (ed.) (1968-1977), *Bracton De Legibus et Consuetudinibus Angliae*, translated by S. E. Thorne, 4 vols. (London).

[邦文文献]

加藤哲実 (2013)『宗教的心性と法-イングランド中世の農村と歳市-』(国際書院)。

加藤哲実 (2004)「中世イングランドにおける狂気と法」(『法律論叢』第76巻第4・5合併号)。

# 第7章

# 近世・近代刑事法改革における量刑論と罪刑均衡

藤 本 幸 二

## はじめに

　本稿の目的は、標題にも示す通り、実定法学者による歴史的研究の射程外にある近世・近代の刑事法改革における量刑論について、「罪刑均衡」という思想との関係を検討することにある。

　本題に入る前に、本稿における量刑という語の用語法について確認しておきたい。本来、量刑とは、裁判体が個別事件に際して、法定刑を前提としてしかるべき刑罰を決定することを指す。他方で、これに関し、どのような事情がどのような形で考慮されるべきかを論じるのが、現代的意味における量刑論である。

　それゆえ立法段階において、ある犯罪についてどのような、どの程度の刑罰が法定刑として規定されるかという問題は、現代における量刑論の範疇をはみ出すものである。しかしながら、法定刑は当然ながら量刑に対して少なからぬ影響力を有する。両者の関係について論じた代表的な考え方として挙げられるのが、「量計枠論」と「量計スケール論」というものである。前者は、法定刑は量刑の上限と下限という枠を定めたものであるという考え方であり、またそれ以上の意味合いを持たないとするものであって、ここにおい

て法定刑の量刑に与える影響は限定的に捉えられる。これに対して量計スケール論とは、法定刑は量刑の上限・下限を定めているのみならず、量刑におけるある種の評価尺度、すなわち「ものさし」としての機能を有する、とする考え方である[1]。

この両者の対立を巡っては、実定法学者の間でも活発な議論がなされているところではあるが、それはさておくとしても、現代においてもなお、法定刑と量刑あるいは量刑論とは全く無縁のものと考えるべきではないことは明らかであろう。

しかしながら、本稿において対象とする近世・近代における立法段階での法定刑の確定に関しては、それに対して量刑論が有する影響力というものは現代におけるそれに比して極めて大きいものがあったと考えられる。なんとなればここで対象としている時代は、まさに立法段階において法定刑をどのように定めるかということそのものが刑事法学における重大な関心事であったのであり、既存の法秩序を前提とした新たな立法における法定刑の策定、もしくは公判における実際の量刑のみを主たる問題とする現代における量刑論の扱いとは本質的に意味合いを異にするものであったためである。当時の刑事法学者たちはいわば、ほとんどを手がかりにならない中世以降の絶対的応報刑論を前提とした刑罰体系のみを手掛かりとして、あるいはまさにそれを克服することを目的として個々の犯罪類型に対する法定刑を考慮せざるを得なかったわけであり、その意味においては犯罪に対してどのような刑罰が科せられるべきかと考える量刑論は、一義的には法定刑の決定という段階においてこそ意味合いを有していたと考えるべきであろう。それゆえ、近世・近代における刑事法改革における量刑論を対象とする報告においては、法定刑の決定についてもこの量刑論の範疇で扱っていきたいと考えるものである。

## 1 問題の所在

現代の量刑論において通説となっているのは、古典学派の応報刑論と近代学派の目的刑論の調和を目指した、「幅の理論」と呼ばれるものである。幅の理論とはドイツにおいても通説的な見解となっている考え方であり、なされた犯行の重大性を基礎としつつそれに予防的考慮を加味して最終的な刑量を決するというものである。つまり裁判所はまず犯行に基づく責任に基づいてどの程度の刑が相当であるかの「幅」を決め、その範囲内において予防の必要性等を考慮して最終的な刑量というものを決定するべきである、とされているのである[2]。

しかし近年、これに対する批判として、英米法的な見解に基づく「犯行均衡説」という考え方が提唱されている。これはもともと、英米法圏及び北欧において特別予防の思想に基づいて採用されていた不定期刑制度が、実際には機能していないのではないかという批判を契機として持ち出された理論であり、それがドイツに波及したものである、とされている[3]。

その基本的なコンセプトは、具体的な刑の重さは問責の対象となっている犯行との均衡ないし「ふさわしさ」という基準によって「のみ」決められなければならない、というものである。したがって、そこでは目的刑的な、たとえば予防の必要性や程度といった要素によって刑の重さが左右されることには否定的な立場が取られている。

日本においても同様に、罪刑均衡の考え方の導入を訴える量刑論が高まりを見せていることも事実である。しかしながら、日本の場合、こうした考え方が強調されるようになっている背景には、裁判員裁判の導入、及びそこにおいて既存の「枠」の考え方をはみ出すような量刑判断がそこにおいてなされているのではないかという見解の影響が見られるように思われる。

裁判員裁判における量刑の問題については既に様々な研究結果が報告され

ているが、その中で共通認識とされているのは、量刑の幅が、重い方向にも軽い方向にも、ともに広がっているとする見解である。いわゆる「量刑相場」に基づいて決定されていた裁判官裁判における量刑とは異なり、そこでは裁判員が「相場」に縛られない、より柔軟な判断を下す傾向があるということが指摘されている[4]。

例えば検察官の求刑との関係においても裁判員裁判においては求刑以上、もしくは求刑と同じ重さの刑が科される比率が裁判官のみの裁判に比べて高い傾向にある一方で、執行猶予を含む、より法定刑の下限に近い量刑がなされるケースも多々報告されている[5]。裁判員裁判における量刑については一般に、まさに「幅の理論」に従ってなされるべきであるとされており[6]、実務もこれに基づいていると考えられるが、こうした幅の広がりという傾向を受け、いま一度、犯行均衡説を含めた量刑理論のあるべき姿を検討する、という方向性が見受けられるとしても不思議はないだろう。

しかしながら、そもそも論を述べるのであれば、犯行に対する責任に均衡のとれた刑罰が科されるべきとする罪刑均衡原則は、もともと刑事法の近代化における最重要目的であったはずではないだろうか。刑事法の近代化の先駆者となったベッカリーアは1764年に、主著『犯罪と刑罰（Dei delitti e delle pene）』のその名も「犯罪と刑罰の均衡」と銘打たれた第六章において、次のように述べている。

「犯罪がない状態というのは一般的な関心事ではあるが、それだけではなく、それが社会に与える損害に比して十分に少なくなるということも求められてしかるべきである。それゆえ、理性ある人間が反社会的な犯罪行為を行うことに対しては、彼を犯罪へと導く誘因の程度に比して、十分に強い障害がなくてはならない。それゆえ、犯罪と刑罰との間には均衡が必要とされるのである」[7]

また、啓蒙主義を代表する知性であるモンテスキュー[8]やヴォルテール[9]もまた、同様のことを述べている。

　もちろん、彼らのこうした主張は、「苦痛の体系」と称され、生命刑と身体刑を中心として構成された中世由来の過酷な刑罰体系に対するアンチテーゼとして提唱された側面があることには留意すべきであろうが、しかしながら少なくとも原理原則に着目する限りにおいて、近年の罪刑均衡原則の強調は、量刑論のあけぼのとも言える近世・近代における状況に、一巡して戻ってきているようにも思える。もしそうであるならばこの「一巡」はなにゆえもたらされたのか、そうでないのであれば近代・近世の「罪刑均衡」と近年言われる「罪刑均衡原則」との差異はどこに見出されるのか、といった点について明らかにする必要があるのではないだろうか。

## 2　先行研究

　それでは、こういった問題意識に対しては、従来どのような解答が示されてきたのであろうか。

　量刑論の史的研究は、従来、古典学派と近代学派の間で戦わされたいわゆる「学派の争い」の中での刑罰目的論争に着目して行われたものが主流をなしていた。刑罰の目的について、応報刑と目的刑のいずれの立場を採るか、あるいは目的刑においても一般予防を重視するか特別予防に力点を置くか、といった要素が量刑論にも多大な影響を及ぼすであろうことは想像に難くなく、それゆえ研究の主眼がそこに置かれたのも無理はないことではある。そして、量刑論の史的研究は、大勢として、「学派の争い」に先だって論じられていたベルナーの「幅の理論」を基礎とするものであった[10]。「幅の理論」は、刑量の絶対的確定性を否定し、そこに「幅」が求められることこそが正義であると説く、さらに「威嚇という目的も、強制という目的も、この「幅」の内側において、刑の量定に影響を与えることができる」と論じてい

たことから、応報刑的量刑論と目的刑的量刑論を二項対立させることなく調和させ、「統合説」へと収斂していくことを可能としたものであった。

しかしながら、法定刑の決定をも含めた量刑論は、当然ながらベルナーにのみその淵源を遡ることができるわけではない。たとえばフォイエルバッハは近代的罪刑法定主義を確立させた者としてのみならず、心理強制説と呼ばれる刑罰論を打ち立てたことでもその名が知られているが、この心理強制説もまた、刑事法の立法において法定刑はどのように策定されるべきかという問題の根幹に関わるものであったことは改めて述べるまでもないだろう。にもかかわらず、ベルナー以前の刑事法史・刑事思想史に関する検討は、先に述べた事情もあり、不十分と言わざるを得ないのが実際のところである。

その中で、筆者はドイツ近世刑事法史における Poena extraordinaria（「例外刑」）について扱った拙著において、これを、犯罪と刑罰との均衡を取ることを可能にした制度であるとする仮説を提唱していた[11]。この仮説の大枠は、以下のように略述できる。

Poena extraordinaria とは、一定の要件が満たされた場合に、裁判官が己の裁量に従い、法定刑から減軽された刑罰を科すことを可能にする制度であった。これは、たとえばカロリーナ刑事法典に見られるような中世由来の身体刑中心の苛酷な刑罰体系を実務において緩和させる機能をも果たしたのであるが、他方でそこで用いられる裁量に明確な制限と基準が設けられておらず、ときには裁量の枠を超え、裁判官の恣意的な判断を許すものとして法的安定性に揺らぎを与えかねないものであった。それゆえ、カロリーナ刑事法典に続くいわゆる普通法の時代において、刑事法学者たちは、Poena extraordinaria に際して行使される裁判官の裁量に制限や基準を設けることに腐心した。その過程において、例外刑として科せられる減軽された刑罰と犯された罪に対する行為者の罪責との均衡を取ることが、説得力のある基準として認識されるようになったのである。

しかし筆者はその後、このように提示した仮説について実証を試みること

を「今後の課題」として放置し続けてきた。今回、本叢書への寄稿を通じ、「刑罰」に関して今一度考え直す機会を得たことにより、この仮説を足掛かりとしながら、ベルナー以前の 18 世紀までの刑事法典および刑事法学者における殺人罪・窃盗罪についての「量刑論」を扱い、そこから彼らの「罪刑均衡」の理念について考察することを試みたいと考えるものである。なお、様々な限界から、ここでは考察の対象を、刑事法典としてはバムベルゲンシスおよびカロリーナに、刑事法学者としてはカルプツォフとホンメルに、それぞれ絞って行うことをお断りしておきたい。

## 3 バムベルゲンシスとカロリーナ[12]

　バムベルク刑事裁判令、通称バムベルゲンシスは、1507 年にバムベルク司教領における刑事法典として、1500 年頃から同司教領における宮廷裁判所主席の座にあったシュヴァルツェンベルクの手により起草されたものである。1495 年に永久ラント平和令によりフェーデが公的に禁止され、古代以来の刑事事件の私的救済可能性の消滅と公的刑法確立への強い要請がなされたことで、同時期には各領邦や帝国都市において立法の機運が高まっていたが、バムベルゲンシスはその中でも刑事法史において重要な意味を有している。なんとなれば、このバムベルゲンシスこそが、帝国レベルにおいても進められていた統一的刑事法典編纂の進捗に多大な影響を及ぼしたためである。バムベルゲンシスは来るべき統一的刑事法典のモデルとされ、起草者シュヴァルツェンベルクは完成を見る前に没したとはいえ、やはりその編纂過程において重要な役割を果たした。そしてそれが結実したのが、制定時点での神聖ローマ帝国皇帝の名を取りカール 5 世の刑事裁判令、通称カロリーナと呼ばれる刑事法典であった。ときに、1532 年のことである。

　それではこれらの法典において、犯罪と刑罰の関係についてはどのように規定されていたのだろうか。バムベルゲンシスの第 125 条は、実体刑法と手

続法部分が明確に分別されていない同刑事法典にあって、実体刑法部分の、特に個別の犯罪類型とそれに対する科罰について定めた箇所の冒頭部に「序言」として置かれている条文であるが、そこでは、「皇帝普通法」が死刑を定めている場合を除けば死刑が規定され、あるいは科されてはならないこと、および死刑以外の身体刑については「良き、かつ、法に精通せる裁判官の衡量によりて」適用されるべきことが定められている。さらにバムベルゲンシスは、後者の理由として、「皇帝法もまた、各刑事刑の方式及び程度を示すことなくして、それらを、良き慣習と理をわきまえたる裁判官の決定とに委ね、かつ、刑罰を、非行の状況および背徳性に応じ、正義の愛好よりして、かつ、公共の利益のために、裁判官の衡量において、命じ、かつ、執行するを規定」していることを挙げている。すなわち、起草者シュヴァルツェンベルクは、刑罰の程度が「非行の状況および背徳性に応じ」ていることを科刑の前提としているのである。

　このことはカロリーナにも受け継がれている。先述のバムベルゲンシス第125条はカロリーナ第104条に、ほぼ文言を変えることなく導入されているうえに、続く第105条には次のような規定を見出すことができる。

「しかしながら、若干の犯行について、刑罰を受ける者に死をもたらすことのない身体刑を科すことは、皇帝法の許容するところである。身体刑は、以下の場合に、死刑につき上に定めるように、各領邦の良き慣習に従い、又は、法に精通せる良き裁判官の裁量により言い渡しかつ適用することができる。すなわち、朕の皇帝法が、今日及び領邦の事情に適合せず、かつ、一部［条文の］文言に照らし適切に適用することのできない若干の刑事罰を定めている場合、さらに、皇帝法が各刑事罰の形態及び程度を定めず、良き慣習又は法に精通せる良き裁判官の判断に委ねている場合において、正義の尊重及び公益への配慮に基づき、犯行の状況及び重大性に応じ、身体刑を科すことができるものとする」

これは先述した Poena extraordinaria について定めたものと解釈されているが、ここで注目すべきは、たとえ法定刑が定められていなかった場合であっても「正義の尊重及び公益への配慮に基づ」いた科刑が正当化されており、かつその程度については「犯行の状況及び重大性に応じ」ていることが求められている、という点である。この規定こそが、後述する、続く時代の刑事法学者たちが犯罪と刑罰の均衡を追求する契機となったことは明らかであろう。カロリーナにはまた、個別の犯罪類型について定めた「各論」的規定においても、「状況に応じた」あるいは「裁量に従った」量刑を認容している箇所が見出される[13]。これらのことから、これらの刑事法典においては、死刑を除く刑罰の正当化根拠としてそれが非行の状況および背徳性に応じていること、および法定刑以外の刑罰が裁判官裁量に基づいて科せられる際には特に、犯罪と刑罰との均衡が重視されていることがわかる。

しかしながら、先述した通り、これらの刑事法典における法定刑は中世由来の苦痛の体系を引き継ぐものであり、身体刑と生命刑を中心とした極めて苛烈なものであった。カロリーナ刑事法典を例にとれば、身体刑・生命刑以外の科刑が明示的に規定されているのは、刑罰を逃れるための自殺、危険動物飼育、初犯の軽微な非現行窃盗というわずか3類型に過ぎない。シュヴァルツェンベルクが法典編纂に際して参考としたのはローマ法と慣習法を中心としたドイツ固有法であり、法定刑の決定についてもそれは例外ではない。カロリーナには「朕の祖先及び朕の皇帝法の定めるところに従い処罰され」るとする規定が各所に見受けられる[14]一方で、たとえば偽誓についての規定には「神聖帝国においてかかる偽誓者の贈を行った2本の指を切断することが一般的慣習であり、朕はかかる一般的慣習となっている身体刑を廃止することを欲するものではない」[15]という記述もみられるのである。

こうした原則に従って、各犯罪類型に対する法定刑は決められていった。具体的に、両法典における各論的規定の中心に置かれている殺人と窃盗につ

いての刑罰規定を確認してみると、まず殺人罪に関して、謀殺罪に対しては車輪刑、故殺罪に対しては斬首刑が法定されている[16]。この差異について条文においては、前者を「予謀に基づく」者、後者を「衝動又は憤怒から」罪を犯す者とそれぞれ定義付けがなされた上で、前者の「悪しき意思」を重く罰する、と説明されている。さらに特徴的なのは、毒殺者について特別類型として独自の規定が置かれ、そこでは謀殺罪を基準としながらもそれ以上の加重が認容されている、という点であろう[17]。

窃盗に関してはどうだろうか。先述した通り、初犯の軽微な非現行単純窃盗罪には二倍額の賠償の支払いか、短期の拘禁刑が科せられるとされ[18]、被害が多額に及んだ場合には、これは加重要件として扱われるが、具体的な刑量については裁量に任されている[19]。また、軽微な窃盗の再犯については晒し刑と追放刑が[20]、三犯については強盗犯と同様に生命刑が予定されている[21]。特別な類型としては聖別物の窃盗あるいは聖所での窃盗が挙げられており[22]、聖別物の窃盗は火刑その他の生命刑が[23]、聖所での強盗には身体刑か生命刑が[24]規定され、それ以外の教会における窃盗は「すべての情況および特徴に応じ」て処罰されるべき[25]とされていた。

このようにカロリーナにおける法定刑の種類や程度は伝統的なものからほぼ踏み出すことはなかったが、しかしPoena extrarodinariaに関する規定に象徴される、起草者が示した刑量の決定に関する基本的精神は、続く普通法の時代に、刑事法学者たちの犯罪と刑罰の均衡に対する関心を強く喚起し、量刑論を発展させていくことにつながっていったのである。

## 4　ベネディクト・カルプツォフ

カロリーナ刑事法典の制定以降、ドイツ刑事法史は、立法ではなく法学者たちの研究と理論展開が実務をリードする、いわゆる普通法の時代を迎えることとなった。17世紀前半にその中心にあったのが、ベネディクト・カル

プツォフである。彼はライプツィヒの参審人として実務に携わりながら、1635年の主著『新ザクセン刑事実務 Practica nova imperialis Saxonica rerum criminalium』において、カロリーナ刑事法典とザクセンの裁判慣行を主な法源とした刑事法理論を展開し、継受ローマ法のみに依拠することのない「ドイツ刑事法学」を確立させた人物として知られている[26]。

先述した通り、彼を始めとする普通法時代の刑事法学者たちはカロリーナにおける Poena extraordinaria についての規定を足掛かりとして量刑論を発展させていったわけであるが、カルプツォフはそこにおいて極めて重要な役割を果たした。『新ザクセン刑事実務』の、「刑罰の加重について」と標題が付された論題において、カルプツォフは以下のように述べている。

「通常刑は常に規定され定義されており、それゆえに・・・確定的に規定された刑罰と呼ばれるが、それにも拘わらず、次のことを否定されることはない。すなわち、裁判官にとって、明白かつ妥当な根拠をもとに、自らの裁量と非行の内容、［被告人の］人格を含めた情況に応じて、刑罰をあるいは加重し、あるいは減軽し、穏やかなものとし、変更を加えることは、もっとも重要な義務なのである」[27]

これは、カロリーナに規定されたものも含めた従来の Poena extraordinaria の理解と運用に大きな改変を加えるものであった。従来、Poena extraoridinaria の科刑は、法と慣習が複数の選択的な刑罰を予定している場合や、あるいは法において処罰の対象であると規定されているわけではないが、しかし裁判官の判断によって可罰的であると認められるような非行が問題となった場合に限定されていたが、彼のこの記述により、Poena exrtraordinaria は、実務においてその桎梏から解き放たれた。いまや、法定刑のあるなしを問わず、あらゆる犯罪類型において Poena extraordinaria による刑罰の減軽が可能となったのである。

そのうえで、裁判官は Poena extraordinaria の科刑に際してどのような選択を行うべきか、という問題に関してカルプツォフは、それは決して恣意的に行われてはならず、すべての情況を考慮し、被告の犯した罪に見合った判決を見出すべく努力しなければならない、と論じた。さらにカルプツォフは、いかにも実務家としての側面も備えていた彼らしく、抽象的な理論や要求にとどまることなく、著書の中で様々な具体的犯罪類型に対してどのような刑罰が Poena extraordinaria として科せられるべきかについてまで歩を進めているのである。彼は Poena extraordinaria の柔軟な利用により、カロリーナその他の既存の法・慣習における法定刑に捉われず、責任と刑罰の均衡の実現に道を開いてみせた。

しかし他方で留意せねばならないことは、カルプツォフは三十年戦争をごく身近に経験した、17 世紀の人であったという点である。スウェーデン王グスタフ・アドルフが戦死したことで知られるリュッツェンの戦いが行われたのは彼がいたライプツィヒの郊外であり、彼が『新ザクセン刑事実務』を著す 3 年前のことであった[28]。それゆえ、カルプツォフ自身の言を借りれば、彼の「法や国家、犯罪と刑罰に関する見解はすべてルターの影響を受けた宗教的敬虔さに貫かれてい」た[29]。彼について述べる際に避けては通れない魔女裁判との関わりを挙げるまでもなく、彼自身は刑罰の第一の目的を、宗教的な根拠に裏打ちされた報復という考え方に置いていたのである。この意味においてカルプツォフは－少なくとも彼の自己認識においては－フェーデが支配的な役割を果たしていた中世の刑事法観から脱却できていなかった。

それでは、このような状況下にあってカルプツォフはどのようなかたちで犯罪と刑罰の均衡を取ろうとしていたのだろうか。バムベルゲンシスおよびカロリーナについて取り上げた殺人と窃盗を具体例とし、両法典との比較という視点から見ていきたい。

まず殺人について、カルプツォフはまず、罪の重さに関する一般論とし

第7章　近世・近代刑事法改革における量刑論と罪刑均衡　225

て、その不正性は神への敵対性によって量られる、という原則を述べる。そのうえで彼は、人間を殺害することは「人間の生と死を委任された神の使命に介入すること」[30]であると定義づけ、殺人を「忌むべき、恐ろしい犯罪」であるとしたのである。彼は聖書の記述をもとに、タリオ原則を支持し、殺人は基本的に「剣によって」[31]処罰されなければならない、と論じている。たとえば、故殺に関して、カルプツォフは、一時的な逆上や憤怒からなされた殺人は減軽の余地がないとし、カロリーナにおいて予定されていた斬首刑を肯定するのである[32]。この限りにおいて、彼における「犯罪と刑罰の均衡」は、従来の刑罰体系を正当化するために持ち出された原理であるようにも思える。

　しかしながら、殺人に関しては、カルプツォフがカロリーナに規定された法定刑から離れた独自の刑量を主張している犯罪類型もいくつか見出される。その一例が、故殺のうち、被害者によってもたらされた逆上に駆られて殺人を行ってしまったような場合である。これについてカルプツォフは、通常の故殺に対する刑罰とは異なるかたち、すなわち Poena extraordinaria による減軽を主張している[33]。他方で、金銭により依頼を請け負ってなされた謀殺に関してカルプツォフは、その実行者には斬首刑よりも一段階重い車輪刑を科し[34]、依頼者にはさらに加重された刑罰、すなわち斬首刑の後に死体に車輪刑を科し、水中に投じる付加刑が科せられるべきである、とする[35]。彼が、強盗殺人のケースにおいてすら通常の車輪刑が適切である、と考えていることからすると、ここでの刑の加重の主張は非常に目を引くものである。このように、これらのケースにおいてタリオ原則から離れるべきと考える理由としてカルプツォフは、量刑に際しては、「結果でなく罪を犯す意思こそを重視するべき」場合がある、と述べている[36]。

　では、窃盗についてはどうだろうか。窃盗という犯罪類型全体についてカルプツォフは、「窃盗は、おぞましい欲望のもとで行われる、あらゆる悪の根源にあるものであり、その他のすべての犯罪から切り離されて論じられる

べきものである。窃盗をはたらくものにとっては極めて実り多い時代にあっては、窃盗は、あまたの犯罪の中で第一の序列に位置づけられ、共同体に対して少なからぬ損害を与えるのである」[37]と述べている。彼は、この考え方を裏付けるものとして、当時のザクセンの法廷において、5グルデン以上の単純窃盗に鎖刑が科せられていることを挙げている[38]。

　しかしながら、殺人の際にあれほど声高に主張していたタリオの原則に対して、カルプツォフがここで示した姿勢は微妙なものであった。彼は、生命と財産とは等価ではないことを理由に生命刑について慎重な態度を取る論者を引用しており、少額の単純窃盗については生命刑が科されるべきではないと述べている[39]。他方で彼は、このことだけでは多額の単純窃盗に対する生命刑の賦課を否定するには足らないと考えていた。ここにおいて彼は、タリオの原則から離脱し、生命刑の賦課可能性を維持する理由として、威嚇と予防の観点を挙げている。

　「それゆえ、危険かつ重篤な病気に際しては、最も危険な治療手段が用いられるように、人間に対しても、その危険性の程度に応じて、より過酷な刑罰が科せられる。刑罰は、次の格言に従って加重されねばならない。罪が重くなれば、罰も重くなる」[40]

　カルプツォフは、犯罪防止という公共の利益のためにはタリオの原則から逸脱した刑罰が科せられることも許される、と考えていたのである[41]。このことはさらに、聖所における、または聖別物に対する窃盗についての彼の見解に現れている。先述の通り、カロリーナではこれに対して生命刑が科せられ得ることが規定されているが、このこと自体についてカルプツォフは、それが、一見すると犯罪の程度と刑罰の程度が均衡しているべきであるという考え方に反していることを認めている[42]。他方で彼は、奉納物を盗んだアカンに対しイスラエルの民が石による打ち殺しを科したとする聖書の記述を引

きつつ、刑罰の程度は、犯罪の絶対的ではなく相対的な評価に基づいて決められるべきである、と説くのである。カルプツォフによれば絶対的評価とはたとえば窃盗における被害額の多寡によって決まるものであり、相対的評価とは犯罪の不正性によって量られ、公共の利益に対する侵害や平和の破壊は最大の不正性を備えた犯罪であるとされる。こうした考え方に基づき、彼は、単純窃盗は殺人に比して公共の平穏を乱す度合が少ないわけではなく、それゆえ被害額によっては単純窃盗に生命刑が賦課されることは否定されない、と主張する。そしてそれは、聖所における、または聖別物に対する窃盗についても同様である、というわけである。

　以上、カルプツォフの個別犯罪類型に対する刑罰理論を見てきたが、バムベルゲンシスやカロリーナの時代に比して、罪刑均衡に対する強い意識が見受けられることは確かである。故殺についてこのことは明白であり、罪刑均衡の根源的な考え方とも言えるタリオの原則が彼の理論の中心に据えられ、たとえ一時的な逆上による殺人であったとしても減軽はなされるべきではないとされている。これに対して被害者によって逆上が引き起こされた場合に刑罰が減軽されるとする見解は、タリオ原則からの逸脱は見られるものの、結果だけでなく犯罪に向けた意思を処罰根拠として取り入れるという観点に基づいており、そこにはタリオだけではない新しい罪刑均衡理論の萌芽が見出せる。

　窃盗に関してもこれは同様である。多額とはいえ単純窃盗に対して、あるいは聖所における、または聖別物に対する窃盗について生命刑を科すことは、カルプツォフ自身が認めているようにタリオからの逸脱であることは疑いの余地がない。そこで彼が持ち出しているのが犯罪の程度に関する相対的評価と絶対的評価という基準である。さらに前者の判断指標として公共の利益や平和に対する侵害の程度が着目されている。もちろん、これらの要素は部族法典の時代から犯罪の不正性を量る尺度として用いられて来たものではあるが、これをタリオの原則と融合させつつ、あくまでも罪刑均衡を実現す

るための基準を提示したという面において、やはりカルプツォフの功績は高く評価されるべきものであろう。

　それでは、このようにして深化発展への道筋をつけられた量刑理論は、続く時代にはどのような変化を遂げることになったのだろうか。カルプツォフの次の世紀である18世紀に業績を残したホンメルに着目して考察してみたい。

## 5　カール・フェルディナンド・ホンメル

　ホンメルは1722年、ライプツィヒの正教授にして法学者であったフェルディナント・アウグスト・ホンメルの息子として生まれた。すなわちカントの2つ年上ということになる。彼は勉学を始めた当初は哲学や自然科学に興味を有していたが、父の影響を受けて法学に転向した。1752年にはライプツィヒ大学のレーエン法正教授となり、1760年にはドレスデン地方の上級裁判所で判決起案に携わった。彼は拷問および糾問訴訟の廃止に尽力するとともに、ベッカリーアの著書を翻訳したことで名声を得ている。同じくライプツィヒで活躍したカルプツォフとは百数十年の時を隔てているが、その間のザクセンは、相次ぐ戦争に悩まされたカルプツォフの時代とは異なり、アウグスト強健王が選帝侯を務めた17世紀末から18世紀初めにかけてヨーロッパ文化の中心地となり、繁栄の時代を迎えていた[43]。ここで彼の刑罰理論を参照することで、この百数十年間になされた刑罰理論の発展・変化の在り様を探り出してみたい。

　彼の刑事法理論の特色は、ひとつには、宗教犯罪や倫理的犯罪の伝統的な意義に対する批判に、もうひとつは、科刑における寛刑主義を強調したことに見出される。彼は裁判実務に関して次のように述べている。

　「機会がある限りにおいて、より減軽された判決を行うべきである」[44]

「全ての非行に対してあまりにも正義や正確さを強調し過ぎてはならない」[45]

　彼のこのような寛刑主義の背景には、彼自身の性格と、刑事法に関する決定論的理解があるとされる。ホンメルが 1743 年から学んだのはハレ大学であり、そこで彼は敬虔主義の影響を強く受けた[46]。他方で彼は、自身のことをエピクロス主義者であるとみなしていた[47]。個人の内面的な神への信仰と慈愛の精神を積極的に示すことを求める敬虔主義と、現世での幸福に至上の価値を見出すエピクロス主義とが彼の中で融合していたのである。また、彼は、ルターの奴隷意思説の影響下にあって、人間の自由意思を否定し、意思や思想、感覚は、神にその淵源を有する本能によって支配されている、という見解を有していた。それゆえ、人間の善行も悪行も最終的には神そのものに起因することになる、と彼は考えていたのである。ホンメルにとってはあらゆる犯罪者は「宿命に磔られた犠牲者」[48]であり、彼と同じく決定論的な思想を抱く裁判官にとって彼らに刑罰を与えることは、内的確信と公共の利益との二律背反状態に置かれることを意味する。彼の寛刑主義はそうした裁判官を少しでも救うことをも目的としていた。

　それでは、個別の犯罪類型についてホンメルはどのような刑罰を予定していたのであろうか。これまでと同様に、故殺と窃盗とを具体例として見ていきたい。

　殺人に関してホンメルは、謀殺について生命刑を科されることを容認する一方で、故殺についてはそれとは異なる考え方を示している[49]。ここにおいて彼は、グロティウスを引きながら、矯正や改善といった目的を伴わない刑罰を「不正」であると断言している[50]。

「犯罪者を改善の方向に向かわせることのないような刑罰はすべて、不正なものである。なぜなら、そこには、非行を行ったものに対してその習慣から脱するように働きかけたり、その者が今後生じさせるかもしれない衝動か

ら公共体を守ったり、それによって第三者に威嚇を行ったりといった目的を欠いているからである。そうでなければ、刑罰は益のない復讐に他ならない」

とはいえ、謀殺についての生命刑を肯定していることからもわかるように、彼はタリオの思想から完全に離脱することに成功したわけではなかった[51]。しかし、ホンメルは、ハレ大学時代に教えを受けた神学者バウムガルテンの言葉を借り、この原則は「単にユダヤの律法に過ぎず、キリスト教徒はいかなる意味においてもこれに縛られることはない」[52]と述べ、神の応報という考え方を刑罰観の根底に敷いていたカルプツォフからの決別を明確にしめしているのである。

では、窃盗についてはどうだろうか。カルプツォフは窃盗一般についての生命刑の賦課可能性を肯定していたが、ホンメルは、殺人との対比で窃盗が奪うものは「償いが可能」であるとし、窃盗を明示的に殺人より軽い罪として位置づけ、生命刑の適用可能性を否定した[53]。ホンメルは、単純窃盗犯を「現在における宿命に磔られた犠牲者」であるとして生命刑対象犯罪のリストから外してみせたのである。さらに彼は、窃盗犯はその不名誉性ゆえに、それと知られること自体が加害者から名誉を失わせる効果があるとし、重い処罰は無用であるとする判断を示している[54]。ここにも、自然法および啓蒙主義から彼が受けた影響の強さが見て取れる。窃盗は不名誉をもって罰せられるべきであるとするかれの考えは、応報思想のみならず、威嚇という刑罰目的にも基礎づけられているのである。

これらの個別犯罪類型に関するホンメルの見解は、特に罪刑均衡という観点からすると、カルプツォフと比較してどのように評価されるべきであろうか。

まず目を引くのは、彼が、カルプツォフと同様に宗教的な刑罰観にも依拠しつつ、それらの呪縛から逃れることができている、という点である。ホン

メルは、従来の宗教的刑罰観が前提としていた、ある意味で崇高に過ぎる人間観から離れ、人間の持つ感情的な弱さに正面から誠実に向き合う態度を示している。カルプツォフが用いた相対的評価は、人間個人の行いが社会に対して与える影響を重視し過ぎた結果、本来犯罪者が個人として負うことのできないはずの責任を、刑罰というかたちで賦課することを可能にするものであった。さもなければ、窃盗に対して生命刑を許容するというタリオの原則からも外れた考え方は、およそ正当化されるはずのないものであった。これに対して、決定論を強く指向するホンメルの刑事法理論は、人間に過度の期待を置くものではなかった。しかしそれを通じてはじめて、人間が犯した罪そのものの程度に応じた刑罰の決定が可能となったのである。謀殺という最も重い、特別な犯罪類型にはタリオの原則がそのままに適用され、生命刑が科せられることは仕方ないにしても、故殺を含めたその他の犯罪類型においては、もはやタリオに縛られる必要はない、とホンメルは結論づけたのである。

　さらに、カルプツォフと比較したとき、ホンメルにおいて顕著となる特徴が、啓蒙の影響である。著書の中でグロティウスやベッカリーアがたびたび引用されていることからもそれは自明であるが、ホンメルは彼らの犯罪観・刑罰観を自身の理論に自覚的に導入していた。約100年の時を経た後に展開される近代学派の刑法学を先取りするものであったとも言える彼の決定論的刑事法学は、それゆえ、矯正・改善や威嚇といった、目的刑論的な刑罰のあり方を指向するものであった。もちろん、謀殺の例を見ても明らかであるように、ホンメルの中で応報刑という考え方が全て捨て去られたわけではないが、その意味において、ホンメルにおける罪刑均衡は、それまでのタリオを前提としたものとは大きく異なっていた。窃盗に対する科罰について、その不名誉性ゆえに犯人と特定されること自体が不利益を科すものであって、重い刑罰は必要ない、と述べたとき、ホンメルの脳裏にはタリオ原則とは異なるかたちでの「罪刑均衡」が考えられていたことだろう。ホンメルは、1769

年のテレジアーナ刑法典においていまだ生命刑や追放刑が予定されていた自殺や近親相姦、獣姦、異端者との同衾、涜神、魔術、損害を伴わない偽誓といった犯罪については全て不可罰であるとし、堕胎や多額の単純窃盗、聖所での窃盗、姦通、反逆、通貨偽造についても生命刑が科せられてはならない、と考えていた。これは当時あまりに先進的に過ぎたため、結果として彼の思想が実定法にくみ取られることはなかったが、しかし罪刑均衡という点においてホンメルの刑罰理論が画期的なものであることは疑いの余地はないだろう。

## おわりに

以上、16世紀のバムベルゲンシス・カロリーナ両刑事法典と17世紀のカルプツォフ、さらに18世紀のホンメルについて、そこでの法定刑や量刑理論を見てきた。もちろん普通法時代の刑事法学がもたらした業績は数多あり、ここで取り上げたのはそのごくごく一部に過ぎないが、それを念頭においたうえで以上の考察から暫定的にであれ導き出される仮説はどのようなものであろうか。

まず、カロリーナからカルプツォフにかけての時代においては、Poena extraordinaria の理論等の影響の下、法定刑にこだわりすぎることなく、個別の事件について情況に応じた量刑がなされるべきことが強調されている点が目を引く。繰り返し述べている通り、この背景にあるのは、中世以来の生命刑・身体刑を中心とした苛烈な刑罰の濫用に歯止めをかけねばならないという目的意識である[55]。それゆえ、ここでの罪刑均衡は、伝統的な法慣習に由来する（せざるを得ない）法定刑に対しそれを緩和するための論理として用いられているのであり、実のところ、「均衡」がどのように量られるのかという問題については十分な考慮がなされているわけではなかった。量刑論におけるカルプツォフの最大の功績は罪刑均衡を実現するために Poena extraordinariaの適用可能性を拡大したことにあるが、しかし彼が罪刑の均衡を基礎づけるものとして重視したのは一義的にはタリオ原則にとどまっていた。ただし、彼は犯罪の相対的評価という概念を案出することで、刑罰が、単に特定の犯罪行為がもたらした結果のみに対するタリオを超えた重さを持つ可能性を正当化しており、この点については続く時代の罪刑均衡に関する理論の深化に道を拓いたものと言えよう。

　決定的な転換が示されたのはホンメルにおいてである。自然法学と啓蒙の薫陶を受けた彼は、タリオ原則を完全に否定するところまでは行きつかなかったがしかし、もはや刑事法がそれに縛られる必要はないと明言して、大胆な寛刑主義を打ち出した。そこにはまた、応報ではなく行為者の矯正・改善や威嚇による犯罪予防等の刑罰目的に関する新しい観点が盛り込まれてすらいる。冒頭で述べた通り、こうした目的刑思想が持つ量刑理論に対する影響力が拡大していくにつれ、罪刑均衡の優先度は後退していくこととなるのだが、少なくともホンメルの段階においては提唱されはじめたこうした目的論はそこまでの影響は及ぼしていなかった。その意味においては、本研究が目的の一つとして掲げた罪刑均衡原則の確立時期については、カルプツォフからホンメルに至る間に絞り込むことができる、と考えてよいだろう。

　しかしながらまだ解明されない点は数多い。タリオ原則からの離脱を、罪刑均衡原則確立を示すひとつの指標とするにしても、それがどこにおいてなされたのかは明らかになっていない。また、ホンメルおよび同時期の法学者の理論が実務にどの程度の影響を与えたのかも不明なままである。この前後の刑事法学者の刑罰理論あるいは裁判記録の検討によるさらなる分析を今後の課題として、ひとまず本稿を閉じたいと思う。

〈注〉

1　小島透「量刑判断における法定刑の役割」『香川法学』第26巻3・4号（2007年）32頁。

2　小島信太郎「量刑における犯行均衡原理と予防的考慮 (1)」『慶應法学』第 6 巻 (2006 年)、12-13 頁。

3　同、65-66 頁

4　原田國男「裁判員裁判における量刑傾向：見えてきた新しい姿」『慶應法学』第 27 巻 (213 年)、166-167 頁。また、最高裁判所事務総局『裁判員裁判実施状況の検証報告書』(2012 年、以下『検証報告書』) 23 頁。なお、『裁判員裁判実施状況の検証報告書』は，裁判員制度ホームページの「裁判員制度の実施状況について【データ】」ページから入手した。

5　原田・前掲 (註 4) 168 頁。

6　井田良・大島隆明・園原敏彦・辛島明「裁判員裁判における量刑評議の在り方について」『平成 21 年度司法研究所報告』(2012 年)、6 頁以下。

7　ベッカリーア、小谷眞男訳『犯罪と刑罰』(東京大学出版会、2011 年)、24 頁。

8　Montesque, Esprit des Lois Livre VI Chapitre XVI.

9　Voltaire, Prix de la justice et de l'humanité, P.533.

10　小島・前掲 (註 2)、13 頁。

11　藤本幸二『ドイツ刑事法の啓蒙主義的改革と Poena Extraordinaria』(国際書院、2006 年)、165-170 頁

12　以下、バムベルゲンシスの訳文については塙浩「バンベルク刑事裁判令 (バンベルゲンシス)」『フランス・ドイツ刑事法史　塙浩著作集 4』、(信山社、1992 年)、237-361 頁に、カロリーナ刑事法典については上口裕「カール 5 世裁判令試訳 (1)・(2)・(3・完)」『南山法学』第 37 巻第 1・2 号 (2014 年)、149-200 頁、第 3・4 号 (2014 年)、299-348 頁、第 38 巻第 1 号 (2014 年)、243-288 頁に基づく。

13　例として、カロリーナ刑事法典第 109 条、第 112 条、第 178 条。

14　例として、カロリーナ刑事法典第 117 条、第 118 条、第 120 条。

15　カロリーナ刑事法典第 107 条。

16　バムベルゲンシス第 162 条、カロリーナ刑事法典第 137 条。

17　バムベルゲンシス第 155 条、カロリーナ刑事法典第 130 条。

18　バムベルゲンシス第 183 条、カロリーナ刑事法典第 157 条。

19　バムベルゲンシス第 186 条、カロリーナ刑事法典第 160 条。

20　バムベルゲンシス第 187 条、カロリーナ刑事法典第 161 条。

21　バムベルゲンシス第 188 条、カロリーナ刑事法典第 162 条。

22　カロリーナ刑事法典第 171 条。

23 カロリーナ刑事法典第172条。
24 カロリーナ刑事法典第173条。
25 カロリーナ刑事法典第171条。
26 藤本・前掲（註11）、113-116頁。
27 Benedikt Carpzov, *Practica Nova Imperialis Saxonica Rerum Criminalium*, Pars III, Quaestio.132, Nr.6.
28 彼の生涯について、藤本・前掲（註11）、110-112頁。なお、Siegfried Hoyer, Bendikt Carpzov in Leipzig, in : Benedikt Carpzov, Neue Perspektiven zu einem um strittenen sächsischen Juristern, hrsg. Von Günter Jerouschek, Wolfgang Schuld und Walter Gropp, Tübingen 2000, S.27-41 を参照。
29 藤本・前掲（註11）、113頁。
30 Carpzov, Practica nova, Quaestio.1, Nr.2
31 Ibid., Quaestio.1, Nr.8,12.
32 Ibid., Quaestio.6, Nr.7ff.
33 Ibid., Quaestio.6, Nr.10.
34 Ibid., Quaestio.19, Nr.19.
35 Ibid., Quaestio.19, Nr.15.
36 Ibid., Quaestio.1, Nr.17.
37 Ibid., Quaestio.77, Nr.1.
38 Ibid., Quaestio.78, Nr.13,30.
39 Ibid., Quaestio.78, Nr.97.
40 Ibid., Quaestio.77, Nr.20.
41 Ibid., Quaestio.77, Nr.31.
42 Ibid., Quaestio.77, 46.
43 ホンメルの業績および生涯について、Rainer Polley, *Die Lehre vom gerechten Strafmaß bei Karl Ferdinand Hommel (AD 1722-1781) und Benedikt Carpzov (AD 1595-1666)*, Diss. jur. Kiel, 1972, S11ff.
44 Karl Ferdinand Hommel, *Rhapsodie quaestionum in foro quotidie obvenientium neque tamen legibus decisarum*, Byruthi 1783, Leitwort.
45 Ibid.
46 Polley, a.a.o. (Anm.43), S.24.
47 Hommel, *Kleine Plappereyen*, Lipzig 1773, S.16ff.

48 Hommel, *Über Belohnung und Strafe nach türkischen Gesetzen*, Neudruck der 2. Ausgabe von 1772 mit Einführung und Erklärungen herausgegeben von Heinz Holzhauer, Berlin 1970, §111, S.99

49 Hommel, *Philosophische Gedanken über das Criminal-Recht*, aus den Hommelischen Beccaria herausgegeben und mit einer Vorerinnerung und einigen Anmerkungen begleitet von Karl Gottlob Rössig, Breslau 1784, S.109

50 Hommel, *Des Herrn Marquis von Beccaria unsterbliches Werk von Verbrechen und Strafen*, Neuausgabe Berlin 1966, §2, note d.

51 Polley, a.a.o. (Anm.43), S.35.

52 Hommel, a.a.o. (Anm.50), S.11ff.

53 Hommel, a.a.o. (Anm.49), §68, S.138.

54 Hommel, a.a.o. (Anm.50), §23, S.101,note d.

55 例として、カロリーナ刑事法典序文。また、同第1条、第104条など。

# 第8章

## スウェーデンの刑罰理論について：
### 刑罰文化を踏まえた一考察

松　澤　　伸

## 1　スウェーデン刑法の源流：
### 北欧刑法の中のスウェーデン刑法

　スウェーデンの刑罰文化を語り始めるにあたり[1]、まずは、スウェーデン法の歴史的発展過程から見ていくことにしたい[2]。歴史を振り返ることは、その法文化を見定めるにあたって、まず基本的な視点を提供すると考えられるからである。

　スウェーデンをはじめとする北欧諸国の法は、英米法・大陸法とは異なる第三の法圏である北欧法系に属するといわれることがある。そして、その理由の1つとして、ローマ法の影響が少ないことがあげられる。すなわち、北欧法においては、プラグマティックな様相をもったゲルマン慣習法が、ローマ法のような体系化を経験せず、そのままプラグマティックな形で法典化されたため、独特の法体系をもち、特に、そこで働く法律家の思考方法も、独特のものとなったとされているのである。

　これは、中世イタリアなどでローマ法を学んだ者による、いわゆる学識法曹階級が形成されたかどうかという点と大いに関係がある。スウェーデンと

同じ北欧に属するデンマークの場合は、裁判官をはじめとする法律家の役割は、地方の有力者によって担われることが続き、ついに近代に至るまで、そのような階級が生まれることがなかった。これに対し、スウェーデンでは、そうした学識法曹が、限定的とはいえ、すでに1700年代ごろから誕生し、裁判所において、法を適用・運用しており、学識法曹の影響がかなりの程度あったことが認められている。スウェーデン法は、プラグマティック・機能主義的な傾向をもつ北欧法の中では、デンマーク法よりも、より大陸法的な、理論的・体系的思考への傾斜が見られるが、そのひとつの源流は、ここにも見ることができると思われる。

ここで、北欧刑法学の全体的な流れについて若干説明しておきたい。北欧刑法学は（刑法学に限らず、北欧法は、と言ってよいと思われるが）、デンマーク＝ノルウェー系と、スウェーデン＝フィンランド系に大別できる。これは、歴史的な経緯が影響しているところである。ノルウェーは1524年のカルマル連合崩壊から1814年まで、デンマークと同君連合を組んでいた。ノルウェー憲法はついさきごろ改正されるまで、デンマーク語で書かれていた。また、フィンランドは、1323年から1809年まで、スウェーデンの支配下にあり、その法制度に強く影響されてきた。

これらの歴史的経緯は、刑罰文化にもあらわれており、スウェーデン＝フィンランド系には、一つの特徴が見られる。これは、刑罰論におけるいわゆるデザート・モデル（均衡モデル）の重視としてあらわれてくる。そこで、次に、デザート・モデルが登場するまでのスウェーデン刑法の動きを見ていくことにしよう。

## 2　スウェーデン「犯罪法典」の制定

スウェーデンの現行刑法典の草案は、「保護法草案」と呼ばれ、1960年代、日本においても、つとに著名であったところである。その基本思想は、文字

通り犯罪者の保護、すなわち、処遇思想であり、いわゆるフェリー草案（1921 年のイタリア刑法草案）の影響が強いともいわれてきた。しかし、「保護法草案」がその後どうなったかについては、我が国では、実は、あまり知られていない。そこで、我が国で一世を風靡した「保護法草案」がどうなったのか、そのひとつ前の刑法典から、振り返ってみたいと思う。

　スウェーデンにおける、いわば、「旧刑法典」というべき法典であるが、これは、1864 年に制定されたストラーフラーゲン（Strafflagen 1864:11 s.1）という法律である。スウェーデンでは、略して、SL と呼ばれることもある。この刑法典は、その後、今述べた「保護法草案」をもとにした新たな刑法典にとって代わられることになる。

　「保護法草案」をもとにした新たな刑法典、現行刑法典は、1962 年に制定され、1964 年に施行された。ブロッツバルケン（Brottsbalken 1962:700）という法律がこれである[3]。スウェーデンでは、BrB と略称される。旧刑法典とは、まったく異なる名前が付けられていることが重要である。ブロッツバルケンとは、「犯罪法」という意味である。したがって、ここまで「刑法典」と呼んできたが、正確には、「犯罪法典」と呼ばなければならない。「犯罪法典」という名称は、刑罰という概念に替えて、制裁という概念を用いようとしたことと関連している。先に、日本では、「保護法草案」という名前で知られていたと書いたが、「保護法」というのは、実は、現行刑法典の草案として、刑法審議会が、1956 年に答申した案の名前のことをいうのである。

　もともと、旧刑法典を改正するための刑法審議会は、1938 年に設置された。これは、当時の司法大臣であり、天才的刑事法学者の呼び声が高かったカール・シュリュイター（Karl Schlyter）の肝いりで設置された委員会であり、当時は、特別予防を基礎においた刑法理論、すなわち、近代学派刑法学を前提として、新たな刑法を立法することを目標としていた。近代学派刑法学とは、19 世紀中盤から 20 世紀初頭にかけて発展した刑法学の理論の一つで、最大公約数的に表現すれば、生物学的・社会学的に把握された人間を

基礎におき、その人間が犯罪行為を行うのは、素質的要因や環境的要因にもとづくのであるから、それに対する責任は、非難を向ける国家側からみた予防責任として把握されることになり、刑罰は、過去に行われたそうした犯罪行為が行為者によって再び将来行われないようにするための改善・教化の手段である、とする考え方である。刑罰論としては、いわゆる予防刑論と呼ばれる考え方、すなわち、刑罰とは、犯罪行為を行う危険性のある行為者に科される負担としての処遇であるとする理解を、理論的に基礎付けたのがこの近代学派刑法学ということになる。

　シュリュイターの最終的な目標は、いわゆる応報的な意味での刑罰を全て廃止すること、すなわち、処遇思想・リハビリテーション思想の徹底であったといわれている。ただ、1962年の「犯罪法典」では、刑罰が全て廃止されるにはいたらなかったわけである。

　「犯罪法典」では、罰金と拘禁刑をもって刑罰（straff）とされており、それ以外（条件付判決・保護監督など）は、（狭義の）制裁（påföljd）と称されている。制定当初の「犯罪法典」は、近代学派的な側面が非常に強い法典で、たとえば、犯罪性の重い者に対する不定期の保護拘禁いわゆる抑留（internering）、アルコール中毒者や精神障害者に対する特別の措置等の規定もおかれていた。これが、先述した、フェリー草案に似ているという評価がなされている理由でもある。

## 3　リハビリテーション思想の衰退

　しかし、その後の特別予防効果への疑問、リハビリテーション思想の衰退とともに、これらの「犯罪法」的な規定は批判を受け続け、次第にそういった規定は削除されていった。具体的には、様々な形で規定されていた特別予防を実現するための特殊な制裁の規定はほぼすべてが廃止され、後に述べる量刑法の改正で、「犯罪法」あるいは「保護法」の面影はほぼ完全になく

なっているといってよい。

　スウェーデンにおけるリハビリテーション思想の衰退については、その他の北欧諸国にもおいても同様の動きを見ることができる。その理由は、およそ、二つに大別できると考えられる[4]。

　ひとつの理由は、リハビリテーション思想に基づく犯罪者の矯正効果が、思ったほどかんばしくなかった、ということである。当時、アメリカ合衆国においては、すでに、処遇効果を疑問視し、リハビリテーション思想を批判するいくつかの研究が公刊され始めていた。スウェーデンにおいても、60年代後半から、同様の結論を提示する重要な研究がいくつか公表された。1966年に公表されたベングト・ベルィエソンの『制裁の効果について』[5]と題された研究、あるいは、1974年に公表されたウラ・ボンデソンの『収容者社会における収容者』[6]と題された研究は、その中でも特に著名なものである。これらの研究では、拘禁刑の長さと矯正の効果はほぼ無関係であること、閉鎖施設における拘禁刑は再社会化にとって妨げとなること、等の事実が指摘されたのである。

　もう一つの理由は、リハビリテーション思想による処遇は、法的安定性の面からみて、疑問に思われる点が多い、ということである。リハビリテーション思想に基づく処遇は、その効果がどの程度期待できるか、ケースごとに異なっている。そのため、どのような判決が適切なのか、そのケースについてどのような判決が行われるか、予測可能性がほとんど存在しないのである。したがって、同じような行為を行った者に対してかなり異なった刑罰が科される可能性があり、その点、まったく不正義なものと感じられたわけである。

　こうして、リハビリテーション思想に対する不信感は、徐々に強くなり、ついには、急速にその支持を失っていくことになる。

## 4 「新古典主義」の登場

そして、ここに新たな刑罰思想が登場してくることになる。この思想をはっきりとした形で示したのが、1977年、スウェーデン犯罪防止委員会刑事政策部会により公刊された『新たな刑罰体系：理念と提案』[7]という報告書である。当時の第一線の学者・実務家からなる委員会の手になるこの報告書における基本的な考え方は、以下のようなものである。すなわち、「犯罪に対する制裁によって犯罪者の保護や改善を図ることは不可能であり、そうした刑罰は正義に適ったものともいえない。むしろ、犯罪に対して相応する刑罰を科することによって、犯罪に均衡した刑罰を科することが正義にかなった刑罰である」と。

スウェーデン、ならびに北欧では、この報告書に示されたような考え方のことを、「新古典主義」[8]と呼ぶことがある。これは、リハビリテーション思想に対抗する姿勢が、かつての古典学派刑法学と類似するように見られることから名付けられたものと考えられる。古典学派刑法学とは、18世紀から19世紀に発展した刑法学の理論の一つで、最大公約数的に表現すれば、理性的人間を基礎におき、その人間が自由意思で犯罪行為を行うことを選択したのだから、それに対して道義的責任を問うことが可能であり、刑罰は過去に行われたそうした犯罪行為に対する反作用としての応報である、とする考え方である。刑罰論としては、いわゆる応報刑論と呼ばれる考え方、すなわち、刑罰とは悪いことをしたことを理由として行為者に科される非難としての害悪である、とする理解を、理論的に基礎付けたのがこの古典学派刑法学ということになる。

「新古典主義」は、確かに、この考え方に似た面がある。すなわち、刑罰の正統性・罪刑の均衡・刑罰の客観的な予測可能性、といった特徴は、古典学派刑法学と一致している。しかし、この点が、あるいは、誤解を生む面を

もっていたかもしれない。すなわち、古典学派刑法学と「新古典主義」を対比した場合、重大な誤解を招く可能性があるのである。実際に、さまざまな誤解があると思われるが、その誤解の最たるものは、「新古典主義」を、単なる絶対的応報刑論の焼き直しだ、と見る理解である。

　古典学派刑法学における応報刑論は、その内部においてもさまざまな見解が主張されているが、もっとも古典的な応報刑論が、絶対的応報刑論と呼ばれる理論である。この見解は、古くは、ハンムラビ法典におけるタリオ＝同害報復の思想に見られるものであり、より洗練されたものとしては、カントが主張した以下のような言葉に、その意図が集約されている。すなわち、「市民社会がそのすべての構成員の合意によって解散する場合であっても監獄の中の最後の殺人犯人はその前に死刑に処せられなければならない」と。

　こうした絶対的応報刑論に対しては、あまりにも抽象的・哲学的であり、刑罰制度を合理的に正当化するための説明になっていない、とか、有効な犯罪対策を行うことを邪魔する、不毛で非合理的な考え方であるといった形で批判がなされてきた。

　そこで、我が国の通説は、絶対的応報刑論が無意味であることを批判し、刑罰の合理的根拠付けとして、予防論との接合が図られたわけである。すなわち、基本的に応報刑論の立場に立ちつつも、応報刑の枠内で可能な限り、一般予防のみならず特別予防の要請をも考慮しようとする考え方が、現在の日本の通説となっている。いわゆる相対的応報刑論がこれである。

　対して、「新古典主義」が示した思想は、我が国の通説が苦慮しつつ取り入れた一般予防・特別予防の考慮を、原理的に排除する考え方である。そのうえ、行為に見合った害悪を犯罪者に科することを要求する。そうして見ると、「新古典主義」は、刑罰論の理論的発展に逆行し、絶対的応報刑論に先祖帰りしているように見えるわけである。

　しかし、「新古典主義」は、絶対的応報刑論とは、まったく異なる思想である。「新古典主義」において示されている思想は、行為を行ったことに対

する報いとしての刑罰ではなく、行為の責任に相応する刑罰を科することが正義にかなう、という思想である。すなわち、責任は非難である。それが故に、犯罪者には、害悪＝苦痛という形で、その非難のメッセージを伝える。これは行為責任に見合った均衡のとれたものでなければならない、という合理的かつ明快な理由付けによるものなのである。そして、一般予防・特別予防的考慮が排除されるのは、刑罰にはそれらの予防的効果はないという実証的な調査結果からの帰結、そして、責任相応刑の徹底、刑罰の客観的予測可能性の確保という理論的要請からの帰結なのである。

## 5　スウェーデン刑罰論の理論的基礎

「新古典主義」の思想は、アメリカにおいて70年台後半以降に展開された、デザート・モデルと呼ばれる考え方と基本的に一致する。実際に、スウェーデンにおける「新古典主義」の思想が理論的な形に整序されるにあたっては、アメリカの量刑ガイドラインの基本思想であるデザート理論の体系化において重要な寄与を行った、ドイツの学者であるアンドレアス・フォン・ハーシュ（Andreas von Hirsch）の役割を忘れることはできない。彼は、1970年代中盤から、アメリカにおける量刑ガイドライン策定に大きな寄与をしてきた学者であり、その後も、スウェーデンの刑法学者であるニールス・ヤーレボルィ（Nils Jareborg）との共同研究により、スウェーデンの刑罰理論に大きな影響を与え続けている。

　フォン・ハーシュの見解[9]によれば、刑罰の正当化根拠において重要なのは、まずもって非難である。そして、刑罰は、犯罪者に対する非難として、回顧的に機能することになる。しかし、同時に、非難それだけでは、刑罰制度それ自体の正当化根拠としては不十分である。刑罰制度それ自体は、将来の犯罪の予防のため、展望的に機能するからである。ここで、非難と予防という、相反する要素を、いかにして調和させるか、という昔から刑法学者を

悩ませてきた問題が生じることになる。これについて、フォン・ハーシュは、イギリスの法哲学者H・L・A・ハート（H. L. A. Hart）の見解に示唆を受けつつ、刑罰制度それ自体の正当化と、個々の刑罰の配分についての正当化根拠を、分離して考察する。すなわち、フォン・ハーシュによれば、刑罰制度それ自体の正当化としては、予防と非難の両面が考慮され、個々の刑罰の配分については、非難のみが考慮される。そして、個々の刑罰の配分において考慮されるのは、非難のみであるから、そこから、非難に相応した刑罰をもって個々の量刑を行うべしという、量刑における「均衡原理」が導かれることになるのである。

ちなみに、我が国では、非難と予防をいかに調和させるかという問題については、応報を通じて予防目的を達成するという、相対的応報刑論が通説的地位を占めていることは先に述べたとおりである。しかし、相対的応報刑論の説明では、個々の処罰においても予防目的を考慮することになるため、犯罪者を予防の道具に貶めてしまうという難点がある。さらに、実践的に見ても、予防的考慮を量刑のレベルで考慮することになるため、個々の犯罪者にどの程度の刑罰が科されるのかということは必ずしも明らかにならず、予測可能性を害するといえるであろう。さらには、恣意的な量刑を導く恐れがあるとさえいえるかもしれない。それに対し、ハートやフォン・ハーシュによる、刑罰制度の正当化と個々の刑罰の正当化を分けて考察するシステムは、こうした弊害を避けると同時に、理論的にも明快な基礎を提供することになる。

こうした方向性をさらに発展させているのが、ヤーレボルィである[10]。ヤーレボルィは、刑罰制度そのものの正当化についてはその根拠を明らかにするのであるが、個々の処罰については、それが「なぜ」正当化されるかについては述べず、「どのように」用いるのが正当なのかについて論じようとする。すなわち、ヤーレボルィは、非難と予防の相互矛盾性を指摘しつつ、これに回答を与えるにはより微妙な差異を意識する必要がある、とする。そ

して、正当化についての「問い」とそれに対する「解答」を三段階に分ける必要があることを指摘する。すなわち、立法段階、判決段階、行刑段階の三段階である。

まず、①立法段階というのは、刑罰制度そのものの正当化根拠が問われる段階である。ここでは、一般予防の観点により、刑罰制度そのものが正当化されることが示される。次に、②判決段階については、一種の応報原則に基づいてシステムが構築されているとし、その刑罰が行為者の行為にふさわしいものであるということから、行為者の責任を問うこと、また刑罰を科することが正当化されるとする。しかし、これは刑罰の配分の原理を説明するだけであるから、なぜ刑罰制度それ自体が正当化されるのかということについて説明するものではない。すなわち、配分の仕方の正しさそれ自体が、罪刑の均衡という原理によって説明されるということである。ヤーレボルィの言葉によれば、これは、「なぜ」という問いに答えるものではなく「どのように」という問いに答えるものである。そして、最後に、③行刑段階においては、特別予防的観点が重視されることが指摘される。

## 6 「刑罰価値」に基づく量刑

さて、「新古典主義」による思想にもとづき、スウェーデンでは、制裁主義から刑罰主義への移行が生じた。その頂点は、1988年の量刑に関する規定の大改正である。ここにおいて、リハビリテーション思想は「犯罪法典」から完全にその姿を消し、刑罰を中心とした制裁論が導入されることになったわけである。

この量刑法の大改正の基本にすえられているのは、「刑罰価値」という概念である。「刑罰価値」に基づく量刑という基本的な考え方は、1986年、拘禁刑委員会により公刊された答申『犯罪に対する制裁』において示されたものであり、1988年の改正においては、つぎのように規定された。

29章1条
①　刑は、法適用の統一性の利益を意識しつつ、当該一罪または当該数罪の刑罰価値に従って、適用しうる法定刑の範囲内で定められなければならない。
②　刑罰価値の判断にあたっては、当該行為がもたらした損害、毀損又は危険、被告人がそれらについて認識しもしくは認識すべきであった事情、及び、被告人が有していた意図もしくは動機を考慮しなければならない。当該行為が、他者の生命又は健康、もしくは人の安全に重大な攻撃をもたらした場合は、特にこれを考慮しなければならない。

　この規定によれば、刑罰価値の内容は、①当該行為がもたらした損害、毀損又は危険と、②被告人がそれらについて認識しもしくは認識すべきであった事情、及び、被告人が有していた意図もしくは動機、に大別できる。すなわち、刑罰価値は、当該犯罪の他の犯罪に対する重さ、ひらたくいえば、「犯罪の重大性」及び「行為者の責任」によって決定されることになる。行為者が故意又は過失により、法益を侵害又は危険に至らしめたという、その内実に相応する刑罰を科する、というわけである。
　以上のように、スウェーデンでは、刑罰価値を基礎において、これに均衡する刑罰を科することを量刑の基本原則としている。あわせて、スウェーデン刑法29章2条及び3条は、刑の加重事情と刑の減軽事情を非常に詳細に定めている。ここでは、これらの事情には、一般予防的考慮・特別予防的考慮は一切含まれていないことを述べておきたい。相応刑に関係しない予防的考慮は、量刑には反映されえないのである。ここまでは、新古典主義、デザート・モデルの原則形態が徹底して守られているわけである。

## 7 「衡平理由」における「ヒューマニティ」

こう見てくると、新古典主義、デザート・モデルの考え方は、犯行に均衡した刑罰が自動的に科され、そこにはまったく実質的考慮の加わる余地はなく、具体的妥当性が保たれ得ないように思われるかもしれない。しかし、少なくともスウェーデンにおいては、29 章 4 条が、前科がある場合の刑の加重を定めるほか、「衡平理由」という概念が導入され、こうした具体的妥当性を図る仕組みが作られている。これらが、相応刑を修正する量刑事情についての規定ということになる。

重要なのは、29 章 5 条に定められている、「衡平理由」に基づく一連の事情である。「均衡理由」は、5 条 1 項本文にもあるように、「刑罰価値に加えて」考慮される事情であり、すでにそのことから刑罰価値と無関係なことがわかる。「衡平理由」の内容は、9 つに分けて規定されている。

29 章 5 条
① 量刑にあたって、裁判所は、罪の刑罰価値のほか、理由ある範囲で、下記の事情を考慮しなければならない。
一 被告人が、罪の結果、重大な身体的傷害を受けたかどうか、
二 被告人が、高齢又は健康の不良の結果、その罪の刑罰価値に従って量定された刑罰により、理由なく厳しく扱われるかどうか、
三 罪の種類との関連で尋常でない期間が罪の実行以来経過しているか、
四 被告人が、その能力に応じて、罪の有害な作用を防ぎ、除去し、又は限定しようとしたかどうか、
五 被告人が自首したか、または犯罪の捜査にとって重要な意味を持つ情報を提供したかどうか、

六　被告人が、その罪の結果、国外退去となることにより、損害を受けることになるかどうか、

七　被告人が、その罪の結果、職場からの解任もしくは解雇、又は職業活動もしくは事業活動における障害もしくは明白な困難性を受けるかどうか、又は受けると考えられる根拠のある事由が存在するかどうか、

八　罪の刑罰価値によって量られる刑罰が罪の結果にたいするその他の法的制裁との関連で不均衡に厳しいものと思われるかどうか、

九　その他、被告人が、罪の刑罰価値により動機づけられるより短期の刑を要求されることが必要とされるような事情があるか。

②　1項に定める事情が存在する場合、裁判所は、個別的な理由がこれを必要とするならば、その罪の法定刑よりも軽い刑を宣告することができる。

それぞれ、1号から順に、①重大な身体的傷害、②高齢又は健康不良、③時間の経過、④罪の有害な作用の防止、⑤自首と犯罪に関する情報提供、⑥国外退去、⑦職場解雇等、⑧他の制裁との関係、⑨その他、と名づけることもできるであろう。

さて、これらの衡平理由が量刑において考慮されてよいとする理由については、様々な理由があるとされている。「衡平理由」の一つの根拠として考えられるのは、「ヒューマニティ」である。「ヒューマニティ」は、人道性あるいは人間性と訳すことができるが、かえってわかりにくくなる面があるため、本稿では、「ヒューマニティ」のままで表現することとする。

こうした事情が量刑に影響を与えることについては、均衡原理の潜脱ではないかとの批判もあり得るかもしれない。しかし、「ヒューマニティ」に基づく刑罰権の行使の制限は、量刑段階における刑罰の適切な配分と十分に合致しうると思われる。すなわち、量刑段階においては、非難が正義に基づいて伝達されることが必要であるが、「ヒューマニティ」も、その根拠を「正

義」にもつものであり、仮に形式的に刑が均衡していても、「ヒューマニティ」に適っていなければ、実質的にみて、「正義」に適っていない、という事態もありうるのである。そうであるとすれば、5条に掲げられた事情による刑の減軽は、量刑における均衡原理とも矛盾なく整合するものと思われる。

　この「ヒューマニティ」という概念は、極めてスウェーデン的、あるいは北欧的な考え方だと思われる。すなわち、人間重視の思想、人間を大事にする思想である。

　もともと、北欧は、ヨーロッパ社会の中でも、非常に貧しい地域であった。そもそも人口が少なく、過酷な気候により、人口維持が困難でもあった。そうした地域では、人間を大事にしなければ、社会自体が立ち行かなくなる。気に入らないからといって社会から排除すれば、社会が機能しなくなってしまうわけである。こうした思想・文化は、北欧各国において広く根付いたものである。たとえば、19世紀にデンマークで活躍したニコライ・グルンドヴィ（Nikolaj Frederik Severin Grundtvig）という哲学者・教育者・神学者の思想は、これを体系化するものであった。グルンドヴィの思想は、国民の間の格差を極力少なくしていくという発想であり、北欧の人々の意識には、そういった意識が強く働いていると考えられる。

　実は、こういった人間重視の思想は、1864年の旧刑法典制定のときからスウェーデン刑法における原則とされることが確認されており、「犯罪法典」においても受け継がれ、さらには、今般の「刑罰価値」に基づく相応刑という考え方にも通底しているものである。

　ウプサラ大学元教授のゲルハルト・シムソン（Gerhard Simson）は、以下のように述べている。「我々現在に生きる者は、テーミスがもはや機械的かつ盲目的に秤を操作するのではなくて、彼女の前にいるのが誰であるかを見、検討することを希望する。法律に反して罪を犯した人間を知って初めてその行為を評価し、正しい判決を言い渡すことが可能になる」[12]と。

形を変え、あらわれ方を変えても、スウェーデン刑法における刑罰に対する理念は、一貫し続けているといえるであろう。これこそが法文化であり、こうしたゆるぎない根本思想こそが、文化と呼ぶに値するものであると思われるのである。

## むすびにかえて：
### 「寛容性」と日本の刑罰論

　最後に、スウェーデンの刑罰文化を学んだ上で、ひるがえって日本における刑罰論・量刑理論は、いかに発展すべきであろうか。刑罰文化からみると、おそらく、スウェーデンとはかなり違っているということになるであろう。しかし、現在、我が国においては、裁判員制度の導入で、量刑について、わかりやすく説得力のある理論が求められており、こうした議論状況を見る限り、明快かつ洗練されたスウェーデン流の均衡原理に基づく量刑理論は、日本においても有効であると考えられ、これを根付かせることも十分に可能であると思われる。そもそも、アメリカとスウェーデンの刑罰文化もかなり異なっているが、その問題関心が一致しているため、ベースには同じ理論を置くことができたともいえる。

　但し、アメリカの場合は、デザート・モデルの後、スウェーデンと異なる方向性に発展していったことも指摘しなければならない。いわゆる、ロー・アンド・オーダーによる威嚇と抑止モデルの台頭がこれである。しかし、スウェーデンが、新古典主義・デザート・モデルを堅持し、威嚇モデルへの方向に進まなかったのは、アメリカと同様の問題意識がありながら、人間重視の姿勢があったからであろう。

　そして、こうした人間重視の思想は、日本においても、あるいは、アメリカではなく日本であるからこそ、適用が可能であると思われる。実は、スウェーデンにおける重要な価値として、ヒューマニティと並ぶ、あるいは、

ヒューマニティの内容として語られる価値観がある。「寛容性」がこれである[13]。

本来、我が国は、文化的寛容性をもっていた。こうした寛容性は、刑罰制度においても花開く可能性があるといえるであろう。均衡原理に基づく正義の実現と、それを補正する「寛容性」に基づく衡平理由というシステムは、日本の刑罰文化とも十分に整合的に思えるのである。

〔付記〕

末筆となるが、本稿を、故萩原金美教授の御霊前に捧げることをお許しいただきたい。そもそも、本稿のもととなった第19回法文化学会大会における報告は、ながらく法文化学会の理事を務められた萩原教授からのご依頼に応えるというのが最大のきっかけであった。萩原教授は、周知のように、我が国のスウェーデン法研究の第一人者であり、私は、同じ北欧諸国に属するデンマーク刑法を比較法の対象国として選び、これについて、その刑法解釈学方法論を中心に、これまで研究をすすめてきた過程で、教授から、数え切れないご指導を賜ってきた。その萩原教授が、2017年11月9日、不帰の客となられた。誠に痛恨の極みであるが、教授は、近年体調がすぐれない中にあっても、多くのご著書を公刊され、後進の北欧法研究者に、多くの示唆を与えてくださっていた。ここに、萩原教授のご偉業を偲び、謹んで本稿を献呈したい。

〈注〉

1　本稿は、広く、北欧の刑罰文化を基礎に据えて論じることになることを初めにお断りしておきたい。筆者は、デンマーク刑法の研究を中心に，20年ばかりにわたって北欧法を見てきた関係上、本稿も、無意識的に、デンマーク法から見たスウェーデン法の姿というものがあらわれている可能性がある。

2　デンマークから見た側面であるが、下記に述べた事情につき、松澤伸『機能

主義刑法学の理論』(信山社、2001年)の以下の箇所を参照。北欧、特にデンマークにおけるゲルマン慣習法の体系化に関しては31-35頁、第三の法圏論については42-49頁、特にスウェーデンに関しては47-48頁。
3　下記の記述については、宮沢浩一訳「スウェーデン刑法典：1965年」(法務資料第406号、1968年) 133頁以下参照。
4　以下の記述については、Ragner Hauge, *Straffens Begrunnelser*. Oslo: Universitetsforlaget, 1996, s.260ff. 特に、矯正効果の観点については s.263ff., 法的安定性の観点については s.267ff.
5　Bengt Börjeson, *Om påföljders verkningar*. Stockholm: Almqvist & Wiksell, 1966.
6　Ulla V. Bondeson, *Fången i Fångsamhället. socialisationsprocesser vid ungdomsvårdsskola, ungdomsfängelse, fängelse och internering*. Stockholm: Norsteds, 1974.
7　Brottsförebyggande rådet, *Nytt Straffsystem: Idéer och Förslag*. Stockholm: Brottsförebyggande rådet, 1977.
8　北欧諸国における「新古典主義 Nyklassicism」ないし「新古典派」の形成と発展に関しては、Hauge・前掲注 (4) 313頁以下。また、特にスウェーデン刑法29章・30章の内容及び経緯等に関して英語で読める論文として、Nils Jareborg, 'The Swedish Sentencing Reform', in C.M.V. Clarkson and R. Morgan (ed), *The Politics of Sentencing Reform*. Oxford: Oxford University Press, 1995.
9　フォン・ハーシュの見解については、参照すべき文献を含め、松澤伸「スウェーデンにおける刑罰の正当化根拠と量刑論」罪と罰51巻3号 (2014年) 78頁以下を参照。
10　ヤーレボルィの見解については、参照すべき文献を含め、松澤・前掲注 (9) 80以下参照。
11　この改正一般については、坂田仁「一九八八年のスウェーデン刑法一部改正について」八木國之先生古稀祝賀論文集 (下巻) (法学書院、1992年)118頁以下。
12　宮沢訳・前掲注 (3) 135頁。
13　スウェーデンでは、「ヒューマニティ」は、刑罰の正当化根拠の文脈で議論されるのであり、犯罪者と犯罪者でない者を同じ人間としてみることが重要であり、そのことから、「尊重」(respekt)、「同情」(medkansla)、「寛容」(tolerans) といった視点からの刑罰の限界付けが試みられるのである。

[編者・執筆者紹介　＊は編者]

高塩　博（たかしお・ひろし）　＊
1948年生まれ。國學院大學法学研究科博士課程単位取得。法学博士（國學院大學）。國學院大學法学部教授（日本法制史専攻）。
主な業績：『江戸時代の法とその周縁―吉宗と重賢と定信と―』（汲古書院、2004年）、『近世刑罰制度論考―社会復帰をめざす自由刑―』（成文堂、2013年）、『江戸幕府法の基礎的研究』論考篇・史料篇（汲古書院、2017年）など
現在の関心：江戸時代の幕府法および藩法、江戸時代の刑罰制度など。

髙田久実（たかだ・くみ）
1987年生まれ。慶應義塾大学大学院法学研究科後期博士課程単位取得退学。武蔵野学院大学国際コミュニケーション学部専任講師（日本近代法史専攻）。
主な業績：「拷問制度と旧刑法典の編纂―偽証と誣告の狭間に―」『司法法制部季報』142号（2016年）、「明治初年期における"紙幣"の法秩序―断罪無正条条例の規範形成機能―」林康史編著『法文化叢書第13巻貨幣と通貨の法文化』（国際書院、2016年）、「刑事裁判費用制度成立小史」『司法法制部季報』144号（2017年）。
現在の関心：近代日本の法典編纂、刑事法史。

児玉圭司（こだま・けいじ）
1977年生まれ。慶應義塾大学大学院法学研究科後期博士課程単位取得退学。舞鶴工業高等専門学校人文科学部門教授（日本近代法史専攻）。
主な業績：「明治前期の監獄における規律の導入と展開」『法制史研究』64号（2015年）「人足寄場をめぐる言説空間」岩谷十郎編『再帰する法文化』（国際書院、2016年）など。
現在の関心：明治期における監獄制度の形成過程、戦前の日本における監獄学（刑事政策学）の継受・確立過程など。

赤城美恵子（あかぎ・みえこ）
1975年生まれ。東北大学大学院法学研究科博士後期課程基礎法学専攻修了。博士（法

学）。帝京大学法学部准教授（法制史専攻）。
主な業績：「清朝初期における「恤刑」（五年審録）について」『東洋文化研究所紀要』152 冊（2007 年）、「清代における秋審判断の構造――犯罪評価体系の再構成」『法制史研究』63 号（2014 年）、「清朝前期における熱審について」『帝京法学』30 巻 1 号（2016 年）ほか。
現在の関心：清朝時代における司法システムの変容。


王　雲海（Wang Yunhai）

1960 年生まれ。法学博士。一橋大学大学院法学研究科教授（刑事法・比較刑事法専攻）。主な業績：『日本の刑罰は重いか軽いか』（集英社新書、2008 年）、『賄賂はなぜ中国で死罪なのか』（国際書院、2013 年）、Wang Yunhai, Liang Bin, Lu Hong and other co-authors, The death Penalty in China: Policy, Practice, and Reform, (Columbia University Press, 2016)。
現在の関心：情報技術の発達と普及のなかで国家権力・「官意」と大衆主義・「民意」との無原則的結合により進んでいる「厳罰化」・「汎罰化」の現象に対する法社会学的・法文化論的解明、および、法治主義・「法意」に基づく刑事法・刑事罰の再人道化・再文明化・再合理化の提唱である。


藤原　凛（ふじわら・りん）

1983 年生まれ。一橋大学大学院法学研究科博士課程修了、博士（法学）。函館大学商学部専任講師（刑事法、比較法専攻）。
主な業績：「韓国における陪審員裁判の導入と施行－司法改革の文脈の中で」（翻訳）『東アジアにおける市民の刑事参加』（国際書院、2011 年）、「韓国の死刑執行停止に関する研究（1）」『一橋法学』第 14 巻第 3 号（一橋大学大学院法学研究科、2015 年）、「韓国の死刑執行停止に関する研究（2・完）」『一橋法学』第 15 巻第 1 号（一橋大学大学院法学研究科 2016）、「韓国における死刑の執行停止とその後の刑事政策」『一橋法学』第 16 巻第 2 号（一橋大学大学院法学研究科、2017 年）。
現在の関心：東アジアにおける企業犯罪と法文化の比較研究、食品安全確保における刑事法の役割－日本・中国・韓国の異同など。

## 加藤哲実（かとう・てつみ）

1948年生まれ。早稲田大学大学院法学研究科博士後期課程民事法学専攻単位取得退学。博士（法学）。明治大学法学部教授（法社会学・法社会史専攻）。
主な業績：『法の社会史―習俗と法の研究序説―』（三嶺書房、1991年）、『法社会学』（三嶺書房、1994年）、『宗教的心性と法―イングランド中世の農村と歳市―』（国際書院、2013年）、『市場の法文化』（編著：国際書院、2003年）ほか。
現在の関心：精神医療におけるコミュニティ・ケア、中世イングランドにおける法習俗。

## 藤本幸二（ふじもと・こうじ）

1974年生まれ。一橋大学大学院法学研究科修士課程修了、同博士課程修了。博士（法学）。
岩手大学人文社会科学部准教授。西洋法制史専攻。
主な業績：『ドイツ刑事法の啓蒙主義的改革と Poena Extraordinaria』（国際書院、2006年）、「啓蒙主義的刑事法改革における民事死の位置づけ」眞田芳憲編『生と死の法文化』（国際書院、2010年）、「日本の刑事司法は「中世」に位置づけられるべきか」高橋則夫・只木誠・田中利幸・寺崎嘉博編『刑事法学の未来：長井圓先生古稀記念』（信山社、2017年）。
現在の関心：刑事再審の思想史的再検討。

## 松澤　伸（まつざわ・しん）

1968年生まれ。早稲田大学法学部卒業、法学（博士）。早稲田大学法学学術院教授（刑法専攻）。
主な業績：『機能主義刑法学の理論』（信山社、2001年）、『デンマーク司法運営法』（成文堂、2008年）。
現在の関心：刑罰の正当化根拠、共犯論、文書偽造罪。

# 索引

## アルファベット

E.C. ワインズ　75
H・L・A・ハート　245
J.C. ベリー　75, 77
Poena extraordinaria　218

## あ　行

アンドレアス・フォン・ハーシュ　244
一身性　35
一党支配　141
一般予防　137
違法政治資金供与　157
応報刑論　18, 242
恩赦　167

## か　行

懐胎婦人の特権　194
可疑　12, 100, 101, 102, 103, 105, 106, 108, 109, 110, 115
可矜　12, 100, 101, 102, 103, 105, 106, 108, 109, 110, 116
可罰的違法性　125
神の平和　188
カロリーナ　219
感化院　12, 76, 78
換刑　10, 25, 28, 30, 39, 44, 49, 50, 51, 52

緩決　105, 114, 115, 116, 121, 122
監獄主義論　84
監獄則　11, 68, 69
企業犯罪　14, 151
企業法説　152
疑罪　13, 107, 108, 109, 117
旧監獄法　132
凶悪犯罪　130
教育刑　132
叫喚追跡　188
行刑密行主義　138
矯正関係　132
共同体　16, 185, 194
共犯者私訴人　206
禁獄ノ罰金　32, 38
禁固刑　196
国親思想　138
軽罪　182
経済財産犯罪　143
経済犯罪　135
刑事責任能力　197
軽窃盗　16, 184
刑罰　181
刑罰価値　18, 246, 248
刑罰観　130
刑罰をめぐる法文化　182, 197
刑務作業　132
決闘　188, 189
権力社会　14, 146
拘禁関係　132

絞首刑　184, 195
強盗罪　181
衡平理由　18, 248
公務員横領収賄罪　135
国策産業　151
互恵的計画経済体制　151
コモン・ロー　15, 186

## さ　行

罪疑惟軽　110
罪刑均衡　16, 213
罪刑の均衡　137
罪刑法定主義　124
裁量的な概念　126
殺人償命　134
三段論的犯罪論体系　124
死刑　183
死刑観　136
死刑執行　184, 191, 195
死刑存置国　136
質的な概念　125
社会危害性　126
社会進化論　83, 84
社会体制論　14, 145
社会的・世間的・民間的罰　133
社会的制裁　133
社会特質論　14, 145
社会復帰　133
重罪　182
重窃盗　16, 184, 185
循環出資　152

証明方法　189
新古典主義　18, 242, 247, 251
新ザクセン刑事実務　223
身代限　10, 11, 25, 26, 38, 47, 48, 49, 50, 51, 52
神判　189
人民利益の代弁者　142
心理強制説　218
スペンサー　12, 82, 83, 84, 85, 86
聖域　191
生活指導　132
清獄　102, 103
政治的死刑　140
政治犯罪　143
聖職者の特権　191
成長至上主義　151
西洋列強　141
雪冤宣誓　189
絶対的死刑　133
窃盗　182
窃盗罪　125, 181
窃盗訴訟手続き　186
相続　10, 26, 27, 29, 36, 50

## た　行

大公無私　142
滞獄　13, 101, 102, 106, 107, 113, 114
体制犯罪　143
大日本監獄協会　11, 73, 80, 81
代納　10, 25, 28, 29, 36, 40, 44, 49, 51, 52
滞納留置　31, 37

中華民族の存亡　142
追放刑　185, 190
罪疑惟軽　100, 108, 110
デザート・モデル　244, 247, 251
同一視理論　154
特別予防　240

## な 行

永山基準　136
永山事件　136
ニールス・ヤーレボルィ　244
肉体強迫　31, 36, 37
ニコライ・グルンドヴィ　250
日本型行刑　132

## は 行

陪審　188, 189
陪審による法の無視　192
排他的世襲家族経営　152
パタナリズム　138
幅の理論　215
バムベルゲンシス　219
「反企業」意識　175
犯行均衡説　215
犯罪観　13, 123
犯罪定義　128
反財閥　15, 174
犯罪論体系　124
秘密資金　159
文化社会　14, 146

文化的死刑　138
文化論　14, 145
粉飾決算　15, 151
ベンサム　12, 82
法人の刑事責任能力　153
法文化　13, 123, 147, 152
法律社会　147
保証人　190
穂積陳重　69, 82

## ま 行

麻薬犯罪　130
見えざる刑罰　14, 130
見える刑罰　14, 129
無罪推定　133

## や 行

要償ノ勾留　31, 32, 37, 38
四つの要件論　128

## ら 行

量刑論　16, 213
量的概念　125
両罰規定　154
倫理的な企業　175
累進処遇令　132
ロー・アンド・オーダー　251

## わ 行

賄賂罪　127
和の文化　139

[叢書刊行委員］（※は叢書刊行委員長）
高塩　博＊　國學院大學
岩谷十郎　慶應義塾大学
岩波敦子　慶應義塾大学
王　雲海　一橋大学
津野義堂　中央大学
出口雄一　桐蔭横浜大学
森　征一　常磐大学
山内　進　一橋大学名誉教授

## 刑罰をめぐる法文化

法文化（歴史・比較・情報）叢書 ⑯

編者　高塩　博

2018年10月1日初版第1刷発行

・発行者――石井　彰　　　　・発行所

モリモト印刷（株）

株式会社　国際書院
KOKUSAI SHOIN Co., Ltd.
3-32-5, HONGO, BUNKYO-KU, TOKYO, JAPAN.

© 2018 by Socitey of the Study of Legal Culture

〒113-0033 東京都文京区本郷 3-32-6-1001
TEL 03-5684-5803　　FAX 03-5684-2610
Eメール：kokusai@aa.bcom.ne.jp
http://www.kokusai-shoin.co.jp

（定価＝本体価格 3,600 円＋税）
ISBN978-4-87791-293-2 C3032 Printed in Japan

本書の内容の一部あるいは全部を無断で複写複製（コピー）することは法律でみとめられた場合を除き、著作者および出版社の権利の侵害となりますので、その場合にはあらかじめ小社あて許諾を求めてください。

# 法

**王雲海編**
## 名誉の原理
―歴史的国際的視点から
87791-207-9 C3032　　　　A5判　269頁　3,600円

［法文化（歴史・比較・情報）叢書⑧］「名誉と不名誉の法的原理」の追究を通して、その裏に潜在している「文化的原理」および世界各地の「精神」を明らかにし、よりよく共存する世界の方途を思想する。　　　　　　　　　　　　　　　(2010.5)

**眞田芳憲編**
## 生と死の法文化
87791-208-6 C3032　　　　A5判　255頁　3,400円

［法文化（歴史・比較・情報）叢書⑨］「いのちの尊厳」をめぐり法文化論的探求をおこなう。いのちをめぐる、歴史の中の、医療技術・いのちの尊厳、家族崩壊の中での、それぞれの「生と死の法文化」を追究する。　　　　　　　　　(2010.6)

**屋敷二郎編**
## 夫婦
87791-234-5 C3032　　　　A5判　333頁　3,600円

［法文化（歴史・比較・情報）叢書⑩］変容する社会、国家を背景に見据えつつ、「夫婦」の法文化を法哲学・法制史学・比較法学・法実務などの多元的な学際的アプローチによって意欲的に探究する。　　　　　　　　　　　　　　　(2012.8)

**堅田　剛編**
## 加害／被害
87791-247-5 C3032　¥3600E　　A5判　215頁　3,600円

［法文化（歴史・比較・情報）叢書⑪］テーマの「加害／被害」の関係がなぜスラッシュなのか。公害事件など関係の逆転現象さえあるように見える事態がある。いま法的な責任の所在について足場を固める必要性を説く　　　　　　　(2013.5)

**小柳春一郎編**
## 災害と法
87791-262-8 C3032　　　　A5判　223頁　3,600円

［法文化（歴史・比較・情報）叢書⑫］災害対応に当たって公的制度のみならず、歴史における災害、災害と民事法、災害と司法制度、国際的文脈での災害などさまざまな角度からの法的研究である。
　　　　　　　　　　　　　　　　(2014.11)

**林　康史編**
## 貨幣と通貨の法文化
87791-275-8 C3032　　　　A5判　頁　3,600円

［法文化（歴史・比較・情報）叢書⑬］現代における貨幣制度は経済におけるグローバル化がすすみ、国家とコミュニティーの関係が貨幣制度を介して再考される。本書では貨幣と通貨の構造を理論面、制度面から解明しようとする。　　(2016.9)

**岩谷十郎編**
## 再帰する法文化
87791-279-6 C3032　　　　A5判　215頁　3,600円

［法文化（歴史・比較・情報）叢書⑭］古来より地域・国境を超えてきた普遍としての法、国家・社会の固有としての法。双方の対立・親和を通して紡いできた法のアイデンティティの今日的「再帰性」を追究した。　　　　　　　(2016.12)

**中野雅紀編**
## 身分：法における垂直関係と、水平関係
87791-285-7 C3032　　　　A5判　197頁　3,600円

［法文化（歴史・比較・情報）叢書⑮］「身分」をいま法学において問い直すことは重要である。民法における「親族・相続」、刑法の「身分犯」、憲法における「国家」と「社会」の分離の問題など課題は多い。　　　　　　　　　(2017.12)